Dr. med. Detlef Grunert

Das große Ayurveda-Kinder-Gesundheitsbuch

bessere Gesundheit – mehr Lebensfreude – höhere Intelligenz

via nova
Verlag Via Nova

Wichtiger Hinweis

Autor und Verlag haben große Sorgfalt darauf verwandt, dass der Inhalt des Werkes dem aktuellen Stand der modernen medizinischen Wissenschaft und der Wissenschaft des Ayurveda zum Zeitpunkt der Fertigstellung des Buches entspricht. Jede Wissenschaft ist jedoch in ständiger Entwicklung. Forschung und klinische Erfahrung erweitern unser Wissen und verändern damit im Laufe der Zeit auch diagnostische und therapeutische Methoden.

Für Dosierungsanweisungen und therapeutische Empfehlungen kann vom Autor und vom Verlag keine Garantie übernommen werden. Der Leser und Benutzer wird dazu angehalten, vor der Anwendung Indikation und Dosierung sorgfältig zu überprüfen. Jede Therapie und jede Dosierung erfolgt auf eigenes Risiko des Benutzers. Lassen Sie sich im Zweifelsfall und bei allen schwerwiegenden Erkrankungen von einem Kinder- und Jugendarzt und bei Bedarf von einem Ayurveda-Spezialisten beraten. Jede Therapie langandauernder, chronischer und schwerwiegender Erkrankungen gehört in die Hand eines erfahrenen Kinder- und Jugendarztes. Auch Vorsorgen im Kindes- und Jugendalter lassen Sie bei Ihrem Kinder- und Jugendarzt durchführen.

Geschützte Warennamen werden in der Regel kenntlich gemacht. Aus dem Fehlen eines entsprechenden Hinweises kann jedoch nicht geschlossen werden, dass es sich um einen freien Warennamen handelt.

1. Auflage 2007

Verlag Via Nova, Alte Landstraße 12,
36100 Petersberg

Telefon: (06 61) 6 29 73
Fax: (06 61) 9 67 95 60
E-Mail: info@verlag-vianova.de
Internet: www.verlag-vianova.de

Umschlaggestaltung:
Marketing Design Service GmbH, Hamburg

Layout und Satz:
typo-service kliem, 97647 Neustädtles

Druck und Verarbeitung:
Fuldaer Verlagsanstalt, 36037 Fulda

ISBN 978-3-86616-074-3

Inhaltsverzeichnis

Die Erziehung muss in Übereinstimmung mit der dem Wesen nach guten Natur des Kindes erteilt werden. Der wesentliche Faktor ist, das Kind in einer Atmosphäre der Liebe und Zärtlichkeit aufzuziehen. Auch wenn es von einem idealen Standpunkt aus gesehen so sein sollte, dass die menschlichen Qualitäten sich parallel zur Güte entwickeln – wenn es nötig wäre, zwischen großen allgemeinen Qualitäten und der Güte zu wählen, dann müssten wir Letztere wählen.

(Der XIV. Dalai Lama)

Einführung

Warum dieses Buch?

Beginnen möchte ich mit einem Satz aus den alten Schriften des Ayurveda:

> Eine gute Versorgung und Förderung der Kinder ist die Grundlage der Gesundheit und der Entwicklung einer Kultur!

Nach über 20-jähriger praktischer und wissenschaftlicher Arbeit auf dem Gebiet der Kinder- und Jugendmedizin muss ich die Frage stellen, ob unsere Kinder tatsächlich richtig „versorgt" und gefördert werden.

Beinahe täglich wird in der Presse, in Funk und Fernsehen über den zunehmend schlechten Gesundheitszustand der Kinder und Jugendlichen in Deutschland berichtet. Zunehmend viele Kinder sind übergewichtig und haben Störungen der Motorik. Nur eines von zehn Kindern im Alter von 6 bis 7 Jahren kann noch einen Klimmzug. Viele Kinder sind kraftlos und unbeweglich. Erkrankungen wie Neurodermitis, Asthma bronchiale und auch Allergien nehmen zu. Die Anzahl der Kinder mit Haltungsschwächen und Haltungsschäden steigt. Auch psychomotorische und psychosomatische Störungen nehmen zu. In meiner Praxis hat sich die Anzahl von Kindern mit ADHS (Aufmerksamkeitsdefizit-Hyperaktivitäts-Syndrom) in 15 Jahren verzehnfacht!

Abb. 1: Kinder einer neuseeländischen Schule

Abb. 2: Gesunde und fitte Jugendliche in Indien

Und: In den PISA-Studien sind deutsche Kinder nicht im Spitzenfeld zu finden.

Bekannt ist, dass Bewegungsmangel und schlechte Ernährung bei über 80 % aller wichtigen Krankheiten eine Rolle spielen. Bei sogenannten Zivilisationskrankheiten wie Adipositas (Fettsucht), Haltungsschwächen mit Problemen der Wirbelsäule, Bluthochdruck etc. sind es praktisch 100 %.

Ich bin der Überzeugung, dass es Zeit ist umzudenken!

Wir müssen uns die Frage stellen: Was ist wichtig für die Entwicklung, Gesundheit, Fitness und Intelligenz unserer Kinder?

Derzeit kümmern sich viele um „Kleinigkeiten“ wie zum Beispiel die Feinmotorik und vergessen dabei die Grundlagen der körperlichen und geistigen Fitness wie Kraft, Ausdauer, allgemeine Beweglichkeit etc. Oder: Man versucht, bei Bauchschmerzen, Leistungsabfall, allgemeiner Schwäche usw. Körper und Geist des Kindes mit Medikamenten, „Kügelchen“, Bachblüten oder Ähnlichem zu besänftigen, anstatt an die richtige Ernährung, einen guten Stoffwechsel und eine gute Verdauung zu denken.

Denken Sie positiv! Denken Sie natürlich im wahren Sinne des Wortes! Und: Denken Sie tatsächlich ganzheitlich!

Insbesondere mit der richtigen Ernährung und der richtigen Bewegung können Sie Fitness und Intelligenz Ihrer Kinder verbessern, Sie können Zivilisationskrankheiten verhindern und die Gesundheit erhalten.

Sie werden sich sicher fragen, was Kinder mit Ayurveda zu tun haben. Welchen Nutzen habe ich für mein Kind, seine Gesundheit, sein Wohlbefinden, seine Leistungsfähigkeit und Intelligenz, wenn ich mich mit Ayurveda beschäftige?

Diese und viele andere Fragen werden in diesem Buch beantwortet. Dabei wird das Wissen der „westlichen“ Medizin mit dem Wissen von Ayurveda verbunden. Das Wissen dieser jahrtausendealten Wissenschaft vom Leben ist höchst modern und aktuell. Es wird von vielen Menschen bereits bewusst oder unbewusst genutzt.

Etwas sehr Wichtiges habe ich während meiner Tätigkeit mit gesunden und kranken Kindern, Jugendlichen, Erwachsenen und manchmal auch Tieren gelernt. Jedes Lebewesen hat individuelle Eigenschaften! Wenn wir verschiedene Kinder und Jugendliche betrachten, ihr Erscheinungsbild, ihre Ernährung, ihr Verhalten, ihre Toleranz auf „Umwelteinflüsse" etc., so stellen wir fest, dass sie sich unterscheiden und dass ihre Bedürfnisse unterschiedlich sind. So bevorzugen sie unterschiedliche Nahrungsmittel, unterschiedliche Bewegungsarten („Sport"), unterschiedliche Witterung usw., um sich wohl zu fühlen und gesund und fit zu bleiben.

Welches ist nun die Kernfrage von Ayurveda?

Welche Eigenschaften hat mein Kind? Diese Frage müssen Sie für Ihre Kinder beantworten, wenn Sie wissen wollen, welche Bewegung, welcher Sport, welche Ernährung, welche Lebensweise usw. günstig, gesundheitsfördernd und leistungsverbessernd sind. Das Ziel von Ayurveda ist ein langes, erfolgreiches Leben bei körperlichem und seelischem Wohlbefinden, bestmöglicher Gesundheit und hoher Leistungsfähigkeit. Dies sind sicher auch Ihre Ziele für Ihr Kind.

Auch zwei Kinder mit gleicher Größe und gleichem Gewicht können unterschiedliche Bedürfnisse hinsichtlich der Nahrung etc. haben. Individuelle Unterschiede sind nicht durch technische Untersuchungen wie Kernspin oder im Labor festzustellen und auch nicht alleine durch Bestimmung von Körpergröße und -gewicht, aber dennoch existieren sie! Diese Unterschiede werden im Ayurveda durch die Konstitution beschrieben.

Wenn Sie die Konstitution Ihres Kindes kennen, wissen Sie auch, welche Ernährung, welcher Sport, welche Bewegung, welche Umgebung etc. ideal wären, um die Gesund-

Abb. 3 und 4: Kinder mit unterschiedlicher Konstitution

heit zu erhalten und um Ihr Kind optimal zu fördern. Sie kennen außerdem die Risikofaktoren, die zu gesundheitlichen Störungen, Krankheiten und Energieverlust führen können.

Im Mittelpunkt der ayurvedischen Denkweise steht der Mensch und damit Ihr Kind mit seinen unterschiedlichen Eigenschaften.

Was möchte ich persönlich mit diesem Buch erreichen?

Einerseits möchte ich Ihnen viele Ratschläge und Tipps für Ihre Kinder und Jugendlichen geben, die Sie auch tatsächlich verwerten und umsetzen können.

Andererseits möchte ich zum Denken und zur Diskussion anregen. Die Kinder und Jugendlichen sind das höchste Gut in unserer Gesellschaft und bedürfen daher besonderer Aufmerksamkeit und Förderung. Daher werde ich auch an einigen Stellen in diesem Buch meine persönliche Meinung aus Sicht des Kinder- und Jugendarztes zum Ausdruck bringen, auch auf die Gefahr hin, dass dies für den einen oder anderen in unserer Gesellschaft unangenehm sein könnte.

Die individuelle Konstitution

1

Wer ist mein Kind? Das ist die zentrale Frage, die Sie sich stellen müssen, um für Ihr Kind/IhrenJugendlichen seinen individuellen Weg zu Gesundheit, Wohlbefinden, Intelligenz und Leistungsfähigkeit zu finden.

Wenn Sie verschiedene Kinder und Jugendliche betrachten, ihr Erscheinungsbild, ihre Ernährung, ihr Verhalten, ihre Toleranz auf „Umwelteinflüsse" etc., so stellen Sie fest, dass sich diese unterscheiden und dass ihre Bedürfnisse völlig unterschiedlich sein können. Das gilt selbstverständlich nicht nur für Menschen, sondern auch für andere Lebewesen, wie z. B. Elefanten oder Pferde etc.

Abb. 5: Kinder mit unterschiedlicher Konstitution

Abb. 6:
„Um ein Lebewesen wirklich zu verstehen, muss man sozusagen in es hineinschlüpfen und seinen Herzschlag spüren."

Menschen und auch andere Lebewesen mit unterschiedlicher Konstitution bevorzugen z. B. unterschiedliche Nahrungsmittel, unterschiedliche Sportarten, unterschiedliche Temperatur und Witterung usw., um sich wohl zu fühlen und leistungsfähig, gesund und fit zu bleiben. Diese individuellen Unterschiede sind nicht durch moderne technische Untersuchungen wie CT oder Kernspin nachzuweisen und auch nicht alleine durch Bestimmung von Körpergröße und -gewicht, aber dennoch existieren sie! Diese individuell unterschiedlichen Merkmale bestimmen nach Ayurveda die Konstitution.

- Jedes Kind (und jeder Jugendliche) ist individuell einzigartig. Es unterscheidet sich von allen anderen Kindern durch die Zusammensetzung seiner Eigenschaften.
- Diese unterschiedlichen Eigenschaften bestimmen die Konstitution nach Ayurveda.
- Die Konstitution ist Grundlage der Gesundheitsvorsorge und Therapie im Ayurveda.
- Die Konstitution bestimmt die optimale Art der Ernährung, die optimale Bewegung etc. und auch die individuellen Möglichkeiten und Fähigkeiten. Kennen Sie die Konstitution Ihres Kindes, kennen Sie auch seine Eigenheiten, seine Stärken und Schwächen.

Welche Einflüsse bestimmen die Konstitution?

Nach Ayurveda wird die Konstitution bestimmt durch:

1. *einen Faktor, auf den Sie keinen Einfluss haben:*
   - genetische mütterliche und väterliche Faktoren (Vererbung)
2. *mehrere Faktoren, die v. a. die Mutter ganz oder teilweise beeinflussen kann:*
   - die Ernährung der Mutter vor und während der Schwangerschaft

Frische und frisch zubereitete Nahrung, die alle Nährstoffe, Vitamine, Spurenelemente etc. enthält, leicht verdaulich ist, aus ayurvedischer Sicht sogenannte sattvische Ernährung (siehe im Kapitel Ernährung), ist günstig für die Konstitution. Nahrung mit viel rajas (sehr scharf, viel Kaffee, viel blutiges Fleisch ...) oder viel tamas (Konserven, Schweinefleisch, viel schlechte Fette ...) ist ungünstig. Besonders ungünstig wirken sich fehlende Nährstoffe, Vitamine, Spurenelemente usw. aus.

- *Der Zustand der Gebärmutter*

Der Zustand der Gebärmutter wird positiv beeinflusst durch optimale Ernährung und gute Sauerstoffversorgung des Körpers (z. B. durch Atemübungen und gute „Bewegung" wie Yoga, Walking etc.). Verschlechtert wird der Zustand durch Nikotin, manche Medikamente, schlechte Atmung, fehlende Bewegung und hohen Stress.

- *„Gifte“ (im Ayurveda Ama genannt) vor, während und nach (beim Stillen) der Schwangerschaft wie Rauchen, Alkohol, sonstige Suchtmittel und bestimmte Medikamente*

Diese Faktoren wirken einerseits über die Mutter, aber auch direkt auf das ungeborene Kind oder den Säugling! Jede Art von „Giften“ ist prinzipiell ungünstig. Jedes unnötige Medikament inkl. homöopathischer Medikamente etc. soll in der Schwangerschaft und während der Stillzeit gemieden werden. Medikamente, die über die Muttermilch auf den Säugling übergehen und die beim Säugling Nebenwirkungen haben können, sollen nur bei strenger Indikationsstellung eingenommen werden. In diesen Fällen ist es für den Säugling manchmal besser, wenn das Stillen eingestellt wird.

- *Hoher Stress während der Schwangerschaft inkl. hoher Lärmpegel (auch laute Disco-Musik)*

Hoher Stress wirkt ungünstig auf die Gebärmutter und über die Stresshormone auch direkt ungünstig auf das Kind. Angenehme Musik und andere Stress mindernde Faktoren (z. B. Yoga in der Schwangerschaft) wirken dagegen positiv.

- *Frühkindliche Einflüsse*

Günstig wirkt sich Stillen (Einschränkungen siehe oben) oder ansonsten vollwertige Säuglingsnahrung aus. Wichtig ist, dass die Eltern und insbesondere die Mutter ruhig und stressfrei mit dem Säugling umgehen. Die Umgebung soll angenehm warm (aber nicht zu warm) sein. Frische Luft und wenn möglich etwas Sonne wirken sich positiv aus.

Ungünstig ist Mangelernährung, z. B. durch zu geringe Muttermilchmenge oder eine schlecht ernährte Mutter. Jede Art von

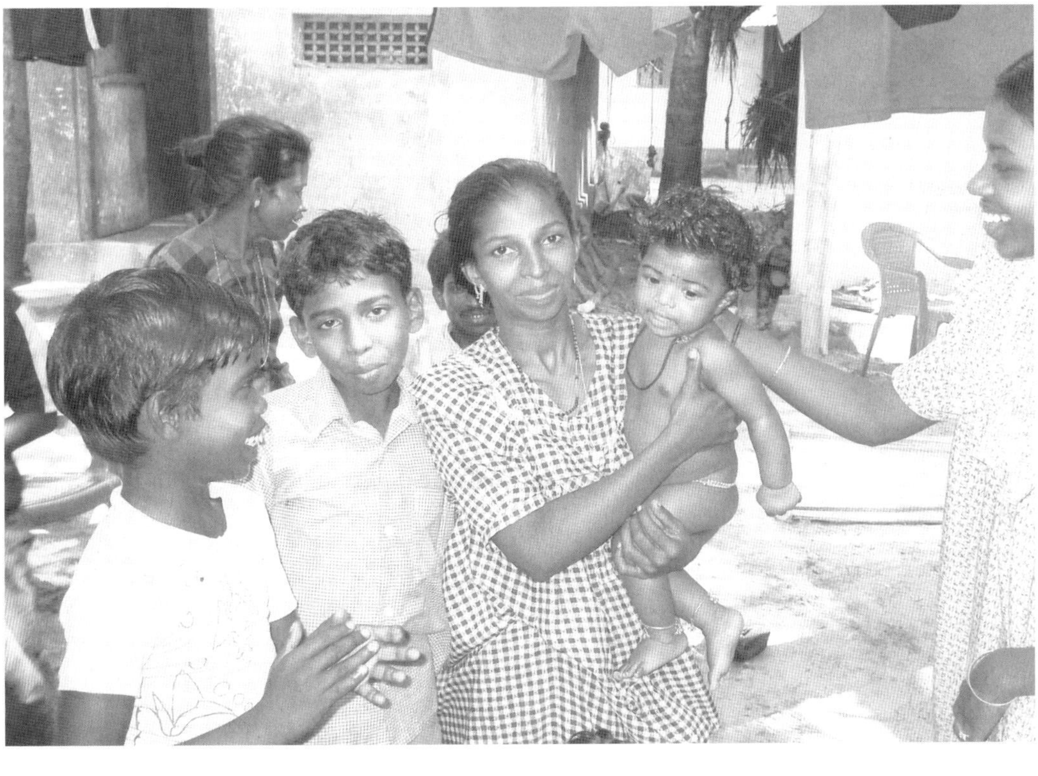

Abb. 7: Kinder in einem südindischen Dorf

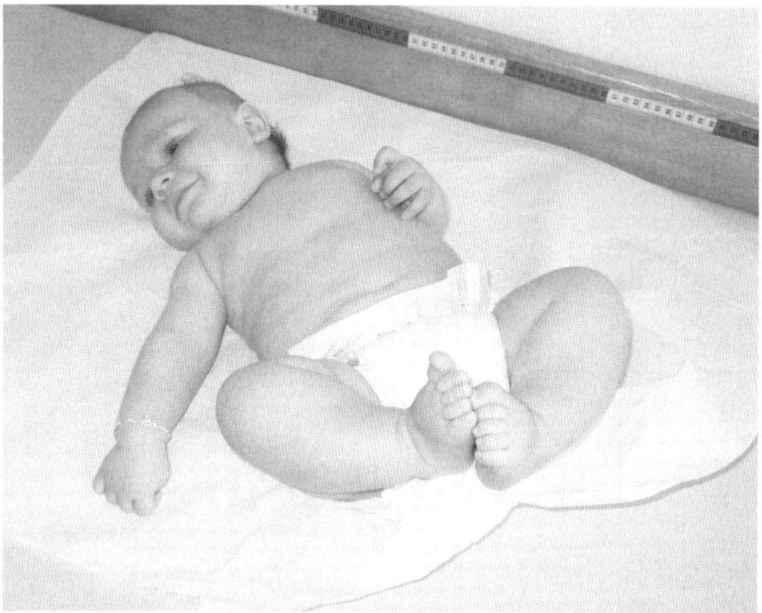

Abb. 8:
Säugling mit hohen Kapha-Anteilen

Abb. 9:
Neugeborenes mit hohen Vata-Anteilen

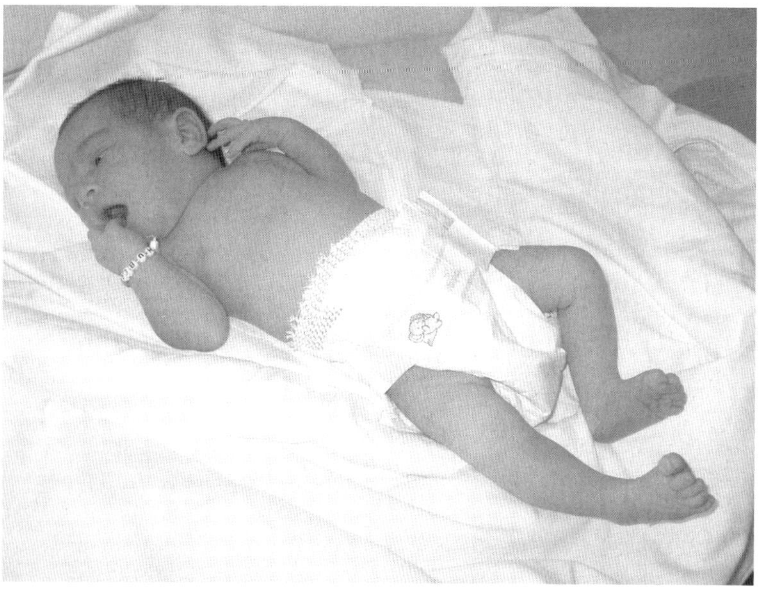

unnötig gegebenen Medikamenten kann sich ebenfalls ungünstig auswirken. Hierzu gehören auch die vielfach nutzlosen und unnötig gegebenen Medikamente gegen sogenannte Blähungen etc. (siehe zu diesem Thema auch unter Blähungen/Bauchschmerzen). Ebenso sind die meisten homöopathischen Medikamente, Bachblüten etc. für Säuglinge überflüssig und können sich ebenfalls ungünstig auf die Konstitution auswirken! Rauchende Eltern erhöhen das Risiko für ihr Kind, an Neurodermitis, Allergien, Asthma bronchiale oder auch an ADHS (Aufmerksamkeitsdefizit-Hyperaktivitäts-Syndrom) usw. zu erkranken!

Günstig für die Konstitution und die Entwicklung ist häufige Beschäftigung mit dem Säugling und Förderung der Bewegung.

Um ein Kind optimal zu ernähren, zu erziehen und fördern zu können, ist es günstig, seine spezifische Konstitution zu bestimmen. Dies erfordert im Säuglingsalter einige Erfahrung, ist aber durchaus ab dem Kleinkindesalter, häufig sogar bereits im Säuglingsalter, mittels Fragebogen möglich. So können die Eltern und auch der Kinderarzt ein besseres Verständnis für das Verhalten und mögliche Krankheitsrisiken eines Kindes entwickeln.

Beispiele:

- Das sehr ruhige Kind mit hohen Kapha-Anteilen neigt besonders zu Erkrankungen wie Bronchitis, Sinusitis und Asthma bronchiale. Diese Kinder neigen außerdem zu Übergewicht. Kinder mit hohem Kapha müssen bewegt werden, um eine gute Entwicklung zu erreichen.
- Das sehr leichte, eher hektische Kind mit hohen Vata-Anteilen neigt besonders zu Erkrankungen wie Neurodermitis, Pseudo-Krupp (akute Laryngitis mit Atemnot), Verstopfung (Obstipation), psychosomatischen Erkrankungen mit z. B. häufigen Bauchschmerzen oder Kopfschmerzen. Diese Kinder bewegen sich sehr viel, ihnen fehlt aber in der Regel die Ausdauer

und Kraft. Sie müssen in diesen Bereichen besonders gefördert werden.

- Das unruhige, manchmal aggressive Kind mit mittlerem Körperbau und hohen Pitta-Anteilen hat ein erhöhtes Risiko für Allergien, Entzündungen (Mittelohrentzündung, Hautinfektionen, Lungenentzündung ...), Erkrankungen mit hohem Fieber (Risiko für Fieberkrämpfe), im Jugendalter für Akne usw. Diese Kinder fallen oft schon als Neugeborene durch ausgedehnte Schreiphasen auf. Kinder mit hohem Pitta sind in der Erziehung von allen Konstitutionstypen am schwierigsten! Wichtig ist bei Kindern mit diesem Konstitutionstyp besonders konsequentes Verhalten der Eltern und später der Erzieher und Lehrer.

Die Phase der Kindheit formt den Menschen und ist deshalb besonders wichtig! Kinder bilden permanent neues Gewebe und sind daher stark abhängig von der optimalen Zufuhr von Nährstoffen und Wasser. In der Kindheit bis mindestens zum 5. Lebensjahr überwiegt unabhängig von der Konstitution zusätzlich der Einfluss von Kapha. Krankheiten mit viel Schleim von der einfachen Erkältung über die Bronchitis bis zur Lungenentzündung treten daher in diesem Alter gehäuft auf. Zwischen dem 5. Lebensjahr und dem Beginn der Pubertät ist der zusätzliche Kaphaeinfluss nur noch gering. Die Kinder wachsen langsamer, die Krankheitsanfälligkeit ist gering, Körper, Geist und Seele sind relativ ausgeglichen.

Mit Beginn der Pubertät nimmt der Einfluss von Pitta zu. Die Phase bis zum Abschluss der Pubertät ist durch seelische und manchmal auch körperliche Instabilität geprägt. Entzündliche Erkrankungen der Haut (Akne), aber auch psychosomatische Erkrankungen mit Bauch- oder Kopfschmerzen treten gehäuft auf. Zeichen der Instabilität sind auch Störungen und Erkrankungen der Gewebe, wie z. B. der M. Osgood-Schlatter (Erkrankung am Ansatz des M. quadrizeps femoris), und ein gehäuftes Auftreten von Ansatztendinosen (Tennis-Ellenbogen etc.). Die Instabilität des Fortpflanzungsgewebes führt bei weiblichen Jugendlichen zu unregelmäßigen, schmerzhaften oder verstärkten Menstruationsblutungen. Beim männlichen Jugendlichen ist das Hodengewebe vermehrt anfällig für Entzündungen, z. B. bei Mumps. Das Jugendalter ist, bedingt durch den hohen Pittaeinfluss, auch geprägt durch die Anfälligkeit für Sucht- und Genussmittel wie Nikotin und Alkohol. Suchtprävention ist daher eine wichtige Aufgabe der Eltern, Lehrer und Jugendärzte in diesem Alter!

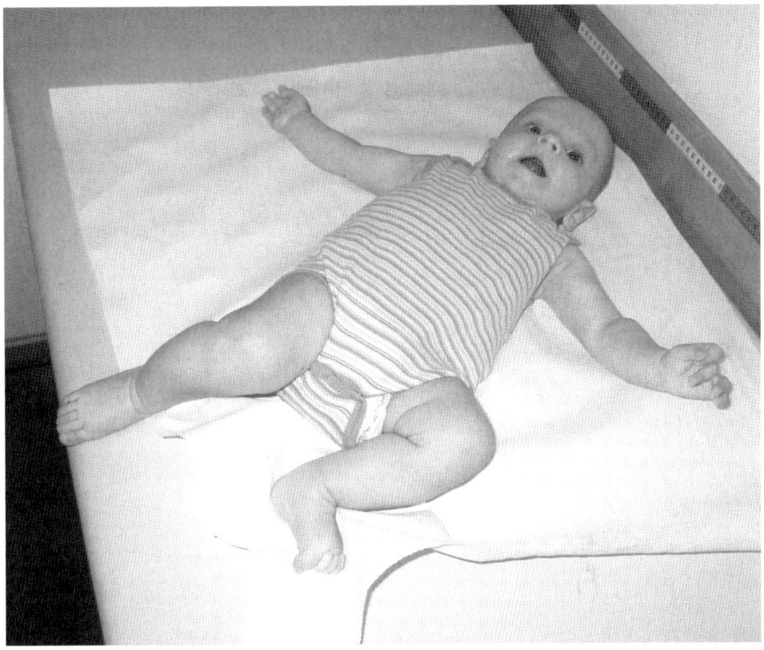

Abb. 10: Säugling mit hohen Pitta-Anteilen

> Aus ayurvedischer Sicht ist der „Esser“ wichtig und nicht das einzelne Nahrungsmittel, das „bewegte“ Kind oder der Sport treibende Jugendliche und nicht die Sportart oder die Trainingsmethode usw. D. h., das Individuum mit seinen Eigenschaften steht im Mittelpunkt der ayurvedischen Denkweise.

Von den Elementen zu den Doshas

Abb. 11: Raum, Wasser und Erde

Auf den nächsten Seiten möchte ich Ihnen die Denkweise des Ayurveda näherbringen.

Jedes Lebewesen und damit auch jeder Mensch ist nach Ayurveda zusammengesetzt aus den „Elementen“ Raum, Wind, Feuer, Wasser und Erde, allerdings zu unterschiedlichen Anteilen. Diese Elemente wiederum bilden die drei Bioenergien (Doshas) Vata, Pitta und Kapha. Vata besteht dabei aus Raum und Wind, Pitta aus Feuer mit etwas Wasser und Kapha aus Wasser und Erde.

Das klingt vielleicht fremd oder verwirrend. Ziel im Ayurveda ist jedoch, die vielen Millionen Individuen in eine überschaubare Zahl von Konstitutionen (Typen) einzuteilen. Und das gelingt mit dem System der Elemente und der Doshas, wie Sie sehen werden, einfach und perfekt.

> Man muss alles so einfach machen wie möglich, nur nicht noch einfacher.
> (Albert Einstein)

Die fünf Elemente

Die fünf Elemente des Ayurveda entsprechen nicht unseren chemischen Elementen. Gemeint sind vielmehr die Eigenschaften von Raum, Wind, Feuer, Wasser und Erde.

DIE WICHTIGSTEN EIGENSCHAFTEN DER FÜNF ELEMENTE:

- **Raum:** leicht, fein, glatt, klar, durchlässig
- **Wind:** beweglich, leicht, kalt, rau, trocken, durchdringend
- **Feuer:** heiß, leicht, beweglich, durchdringend
- **Wasser:** flüssig, kalt, weich, schwer
- **Erde:** schwer, stabil, dicht, hart, unbeweglich

Um die Denkweise zu verdeutlichen, habe ich drei Beispiele aus dem Bereich des Sports gewählt:

Denken Sie etwa an den Läufer Dieter Baumann. Welche Eigenschaften würden Sie ihm zuordnen? Leicht, schnell und beweglich ist hier sicher die richtige Beschreibung. Nach ayurvedischer Sichtweise entspricht dies den Eigenschaften von Raum und Wind.

Oder nehmen Sie als Beispiel den Tennisspieler Boris Becker. Bei ihm sind Beschreibungen wie „hohe Energie“ (heiß), und „beweglich“ sicher zutreffend – die Eigenschaften des Elementes Feuer.

Als letztes Beispiel denken Sie an den Schwergewichtsboxer Vladimir Klitschko. Ihm können wir Eigenschaften wie schwer, stabil, hart und „hohe Energie“ (heiß) zuordnen. Diese Eigenschaften finden Sie bei den Elementen Erde und Feuer.

Anhand der Beispiele können Sie leicht erkennen:

Jeder Mensch enthält zwar alle denkbaren Eigenschaften, aber in sehr unterschiedlicher Menge. Auch Dieter Baumann hat eine gewisse Stabilität und auch Energie – auch Boris Becker besitzt etwas Stabilität und Vladimir Klitschko ist durchaus auch beweglich. Die oben beschriebenen Eigenschaften überwiegen aber bei weitem. Die Anteile der fünf Elemente des Ayurveda und damit die Eigenschaften sind bei jedem Menschen unterschiedlich. Und: Schon beim Säugling und im Kleinkindesalter sind diese Eigenschaften zu erkennen!

Die drei Doshas (Bioenergien)

Die Eigenschaften der Elemente finden wir in den Doshas wieder. Die Kenntnis von den Bioenergien (Doshas) und ihren Eigenschaften ist die Grundlage zum Verständnis dessen, was der Ayurveda als Konstitution bezeichnet. Er unterscheidet grundsätzlich drei verschiedene Doshas, die in verschiedener Zusammensetzung Grundbestandteile jedes Lebewesens sind.

In **Vata** finden sich die Eigenschaften der Elemente Raum und Wind. Vata ist daher leicht, beweglich, kalt, rau, trocken und durchdringend.

In **Pitta** sind die Eigenschaften von Feuer und etwas Wasser vereint. Pitta ist also heiß, leicht ölig, flüssig, sauer und durchdringend.

In **Kapha** spiegeln sich die Eigenschaften von Wasser und Erde wieder. Kapha ist somit kalt, schwer, feucht, schleimig, unbeweglich, süß und weich.

Jeder Mensch besitzt alle drei Bioenergien, allerdings in unterschiedlicher „Menge“. Geprägt wird ein Individuum durch seine Hauptbestandteile, d. h., ein sehr hoher Vata-Anteil prägt z. B. den Vata-Typ bzw. die Vata-Konstitution, ein überwiegender Pitta-Anteil den Pitta-Typ und ein überwiegender Kapha-Anteil den Kapha-Typ. Häufiger als diese „reinen oder singulären Formen“ in der Konstitution sind beim Menschen „Mischformen“ zu beobachten – also Vata-Pitta oder Pitta-Kapha und Vata-Kapha. Der völlig ausgeglichene Vata-Pitta-Kapha-Typ ist extrem selten! Es sind also insgesamt sieben Konstitutionen möglich.

Vielleicht fragen Sie sich an dieser Stelle: Welchen Nutzen haben wir von der individuellen Einteilung nach den Doshas?

Denken Sie nochmals an unsere Beispiele:

Tennis-Ass Boris Becker ist athletisch gebaut, mittelgroß bis groß, hat eine helle Haut, rote Haare und besitzt eine sehr hohe Energie („Bumm-bumm-Becker“). In ihm finden sich typische Pitta-Eigenschaften wieder.

Der Langstreckenläufer Dieter Baumann ist sehr leicht gebaut, eher klein und schnell. Seine Haupteigenschaften entsprechen Vata.

Der Schwergewichtsboxer Vladimir Klitschko ist sehr groß, stark, hart („Steelhammer“), mit sehr hoher Energie. Dies entspricht den Eigenschaften von Pitta und Kapha.

Alle drei Hochleistungssportler sind in unterschiedlichen Sportarten erfolgreich. Sie haben unterschiedliche Stärken und Schwächen. Sie bevorzugen sicher unterschiedliche Nahrungsmittel und Geschmacksrichtungen und lieben unterschiedliche Witterung und Temperatur usw. Diese unterschiedlichen Fähigkeiten und Möglichkeiten und die unterschiedlichen Vorlieben sind durch ihre unterschiedliche Konstitution bedingt.

Das System der Doshas und die Einordnung eines Kindes oder eines Jugendlichen hinsichtlich seiner Konstitution machen eine individuelle Auswahl der Ernährung und Bewegung (Sport) und bei Bedarf eine individuelle Therapie im Ayurveda überhaupt erst möglich. Durch Einordnung jedes Menschen in eine von nur sieben Schubladen (Konstitutions-Typen) kennen wir seine Stärken und Schwächen, und damit ist auch eine individuelle Förderung seiner Fähigkeiten und Stärken und eine individuelle Verbesserung seiner Schwächen durchführbar.

Mit Hilfe dieses Buches werden Sie die Stärken und Schwächen Ihres Kindes und vielleicht auch Ihre eigenen persönlichen Stärken und Schwächen kennen lernen.

Von der Theorie zur Praxis

Die Auswahl der passenden Ernährung, der geeigneten Nahrungsergänzung, der geeigneten Bewegung, der passenden Sportarten, der richtigen Therapie usw. basiert auf folgenden Grundlagen:

1. Jeder Mensch ist individuell einzigartig.
2. Die Menschen unterscheiden sich in ihren Eigenschaften, haben aber auch übereinstimmende Merkmale.

Abb. 12 und 13: Unterschiedliche Eigenschaften

3. Die Summe der unterschiedlichen und der übereinstimmenden Merkmale bestimmt die Konstitution (Prakriti) nach Ayurveda.
4. Abweichungen von der eigenen Konstitution, sog. Störungen (Vikriti), können erkannt werden.
5. Konstitution und evtl. vorhandene Störungen sind Grundlage der Gesundheitsvorsorge und der Therapie im Ayurveda.
6. Die Konstitution ermöglicht eine individuelle Förderung der Kinder und Jugendlichen.
7. Das Erkennen von Störungen ermöglicht eine rechtzeitige Anpassung der Ernährung, die Auswahl von Nahrungsergänzungsmitteln, die Auswahl von Bewegung und Sport in der Therapie oder die Auswahl von sonstigen therapeutischen Maßnahmen.

Zum besseren Verständnis und für besonders Interessierte finden Sie in der folgenden Tabelle die **Merkmale und Eigenschaften der Doshas** zusammengestellt:

	Vata	Pitta	Kapha
Hauptfunktion	**Steuerung der Bewegung; entspricht den Funktionen des Nervensystems**	**Funktionen des Stoffwechsels**	**Struktur und Schmierung**
Normale Funktion	**Kontrolle jeder Bewegung; Kontrolle der Sinnesorgane; Kontrolle von Ein- und Ausatmung; Kontrolle des Blutkreislaufs; Kontrolle der Ausscheidung; höhere Funktionen des Gehirns; Kontrolle des Bewusstseins und der geistigen Tätigkeiten**	**Verdauung; Regelung der Körpertemperatur; Bildung der Körpergewebe und Abfallstoffe; Hunger- und Durstgefühl; Ausstrahlung; Intelligenz und Mut; Kontrolle der Emotionen; Verarbeitung von Wissen;**	**Zusammenhalt der Zellen, Gewebe und Organe; Schutz vor Verschleiß durch Schmierung; Stabilität und Kraft; Ausdauer; Abwehrkraft; Lebensfreude; Ruhe und Geduld; Langzeitgedächtnis; Fruchtbarkeit**
Hauptbestandteile („Elemente")	**Raum und Wind**	**Feuer und etwas Wasser**	**Wasser und Erde**
Eigenschaften	**kalt, leicht, rau, trocken, beweglich, klar, durchdringend**	**heiß, leicht ölig, flüssig, scharf, sauer**	**kalt, schwer, feucht, schleimig, unbeweglich, süß, weich**

Die Organsysteme werden im Ayurveda folgenden Doshas zugeordnet:

Organsystem	Zuordnung im Ayurveda
Herz-Kreislaufsystem	**Vata und Pitta; zur Stabilisierung Kapha**
Atmungssystem	**Vata; zur Stabilisierung Kapha**
Bewegungsapparat (Knochen und Muskeln)	**Kapha**
Gehirn und Nervensystem	**Vata; zur Stabilisierung Kapha**
Hormonsystem	**Vata und Pitta**
Energiestoffwechsel	**Pitta**

Wie Sie erkennen, sind für das gute Funktionieren des Lebewesens Mensch alle drei Doshas notwendig. Jedes hat seine Funktion und keines ist schlechter oder besser als das andere. Die richtige Ernährung, die richtige Bewegung und der richtige Sport haben einen positiven Einfluss auf alle Organsysteme und auf alle Doshas.

Von den Doshas zur Konstitution

Welchen Konstitutions-Typ besitzt Ihr Kind?

Hierzu müssen Sie sich zuerst die Frage stellen: Wie viel Vata, Pitta und Kapha steckt in meinem Kind?

Nach Ayurveda existieren drei Grund-Typen mit sehr unterschiedlichen Eigenschaften. Die Begriffe Typ oder Konstitution können dabei gleichwertig verwendet werden. Zur groben Einschätzung finden Sie in der Tabelle die prinzipiellen Merkmale des Vata-, Pitta- und Kapha-Typs. Jedem dieser Typen habe ich ein Symbol zugeordnet:

- Für Vata steht die leichte, bewegliche, schnelle Gazelle.
- Für Pitta steht die dynamische, Energie geladene, muskulöse Raubkatze.
- Für Kapha steht der kräftige, stabile Bär.

	Vata-Konstitution	**Pitta-Konstitution**	**Kapha-Konstitution**
Typische Merkmale	**größer oder kleiner als der Durchschnitt; leicht und eher sehr schlank; beweglich und aktiv; kreativ und sensibel**	**muskulöser (athletischer) als der Durchschnitt; dynamisch und voll Energie; emotional; entschlossen und konzentriert**	**kräftiger und schwerer als der Durchschnitt; stabil und eher stämmig gebaut; ruhig und beständig; zufrieden und verlässlich**
Symbol			

Der richtige Weg für jeden Typ

Wenn Sie die individuelle Konstitution Ihres Kindes bestimmt haben, erfahren Sie auch, warum es bestimmte Nahrungsmittel bevorzugt und welche Ernährung optimal ist, welche Bewegung und für ältere Kinder und Jugendliche welche Sportarten die richtigen für sie sind. Sie erkennen außerdem, welche Umgebung, welche Temperatur und welche Witterung ideal wäre. Sie lernen Ihr Kind mit seinen Vorlieben und Abneigungen besser zu verstehen. Sie erkennen seine Schwachstellen und Risikofaktoren, die zu Leistungsabfall, gesundheitlichen Störungen und evtl. zu Krankheiten führen können. Und: Sie können diese dann beseitigen oder vermeiden.

Die individuelle Konstitution ist der Schlüssel zu Wohlbefinden, Gesundheit, Intelligenz und hoher Leistungsfähigkeit in jedem Alter.

> Dieses Werkzeug, unser Körper, wird uns nur für eine kurze Zeit zur Verfügung gestellt: Für dieses Leben.
> (Dilgo Khyentse Rinpoche)

Die sieben Konstitutions-Typen

Durch unterschiedliche Kombination der drei Doshas sind insgesamt sieben Konstitutionen möglich. Geprägt wird ein Individuum dabei durch seine Hauptbestandteile.

Singuläre Konstitution

Ein sehr hoher Vata-Anteil prägt den Vata-Typ bzw. die Vata-Konstitution, ein überwiegender Pitta-Anteil den Pitta-Typ und ein überwiegender Kapha-Anteil den Kapha-Typ.

Gemischte Konstitution

Häufiger als diese „reinen oder singulären Formen“ in der Konstitution sind beim Menschen „Mischformen“ zu beobachten. Bei der Vata-Pitta-Konstitution überwiegen Vata- und Pitta-Eigenschaften. Bei Pitta-Kapha-Konstitution Pitta- und Kapha-Eigenschaften und bei Vata-Kapha-Konstitution die Eigenschaften von Vata und Kapha.

Tridosha-Konstitution

Der völlig ausgeglichene Vata-Pitta-Kapha-Typ ist extrem selten! Hier finden sich Vata-, Pitta- und Kapha-Eigenschaften in kompletter Harmonie und perfekter Balance.

Es sind also insgesamt sieben Konstitutionen möglich.

Merke:

- Jeder Mensch besitzt alle drei Doshas (Bioenergien) Vata, Pitta und Kapha – nur in unterschiedlicher Menge. Leben ist nicht möglich ohne Beweglichkeit, ohne Energie oder ohne Stabilität.
- Die Anteile der drei Doshas (Bioenergien) und ihrer Eigenschaften bestimmen die Konstitution.
- **Die sieben Konstitutionstypen sind:**
  - **Vata, Pitta, Kapha**
  - **Vata-Pitta, Vata-Kapha, Pitta-Kapha**
  - **Vata-Pitta-Kapha**
- Die Kenntnis der eigenen Konstitution ist Grundlage für Gesundheit, Leistungsfähigkeit und Wohlbefinden!

Folgende Symbole werden im Buch für die sieben Konstitutionstypen verwendet:

Vata-Konstitution: 

Pitta-Konstitution: 

Kapha-Konstitution: 

Vata-Pitta-Konstitution: 

Vata-Kapha-Konstitution: 

Pitta-Kapha-Konstitution: 

Vata-Pitta-Kapha-Konstitution: 

Die eigene Konstitution

Die Konstitution (Prakriti) ist die Summe aller angeborenen, also genetisch vererbten Eigenschaften plus die Summe der frühkindlichen Umwelteinflüsse. Sie bestimmt alle körperlichen Eigenschaften und ist Grundlage der psychischen Eigenschaften eines Individuums. Bei der Ausprägung der Konstitution spielen auch bestimmte Konstellationen zum Zeitpunkt der Zeugung und Geburt, z. B. mütterliche und väterliche Eigenschaften, der Zustand der Gebärmutter, Umwelteinflüsse und die Ernährung der Mutter während der Schwangerschaft, eine Rolle.

Die eigene Konstitution bestimmt einerseits die persönlichen Eigenschaften. Andererseits kann bei Kenntnis der eigenen Stärken und Schwächen auch die gesamte Lebensweise darauf abgestimmt werden. Gewünschte Eigenschaften können dadurch gezielt gefördert und unerwünschte Eigenschaften abgeschwächt oder vermieden werden.

Abb. 14: Reiterin und Pferd im Gleichgewicht

Störungen der eigenen Konstitution

Abweichungen von der eigenen Konstitution, dem eigenen Gleichgewicht der Doshas, der individuellen ayurvedischen „Norm“, werden als **Störungen (Vikriti)** bezeichnet: Sie können durch vielerlei Einflüsse entstehen und beeinflusst werden, vor allem durch Faktoren wie falsche oder schlechte Ernährung, falsche oder fehlende Bewegung, Tages- oder Jahreszeit, Gewohnheiten, Umwelt, Kindergarten und Schule und auch durch die Einnahme von Medikamenten.

Das wichtige Gleichgewicht der Doshas ist gestört

Eine Störung führt zur Veränderung im lebenswichtigen Gleichgewicht der Doshas. Aus kinderärztlicher Sicht betrachtet führt dies zu Leistungsabfall, gestörter Beweglichkeit, gestörter Kraft und Stabilität usw. Diese Störungen können zu Gesundheitsproblemen und im schlimmsten Fall zu schweren Erkrankungen führen. Richtige Ernährung und richtig ausgeübter Sport und Bewegung sind im Ayurveda ein wesentlicher Teil der Gesundheitsvorsorge. Sind bereits Störungen aufgetreten, ist die richtige Ernährung, der richtige Sport und die richtige Bewegung sogar Grundlage jeder Therapie! Dieser starken Wirkung der Ernährung sowie von Bewegung und Sport müssen wir uns bei der Förderung und Erziehung unserer Kinder immer bewusst sein.

Stellen Sie sich zum besseren Verständnis Vata (Steuerung und Bewegung) und Kapha (Stabilität und Schmierung) als zwei Seiten einer Waage vor. Ist Vata und damit die Beweglichkeit erhöht, ist gleichzeitig Kapha und damit die Stabilität vermindert. Ist umgekehrt die Stabilität zu hoch, fehlt es an

Abb. 15: Labiles Gleichgewicht

Beweglichkeit. Zwischen Vata und Kapha liegt Pitta (Stoffwechsel und Energie). Sowohl eine überschießende Energie wie auch ein verminderter Stoffwechsel sind unerwünscht. Nur bei perfektem Zusammenspiel aller Faktoren und wenn das individuelle Gleichgewicht erhalten ist, ist höchste Leistung ohne Gesundheitsstörungen möglich.

- **Unter Störung (Vikriti) wird im Ayurveda in der Regel die Erhöhung eines Doshas verstanden.**
- **Beachte:**
  Jedes Dosha hat die Eigenschaft, sich selbst vermehren zu wollen!

Abb. 16: Kinder mit hohen Kapha- und Pitta-Anteilen üben Beweglichkeit.

Zwei Beispiele zum besseren Verständnis

Nehmen wir einmal an, Ihr Kind ist ein Kapha-Typ.

Seine hauptsächlichen Eigenschaften, d. h. beispielsweise die hohe Stabilität und das eher hohe Gewicht, stellen auch sein höchstes Risiko dar.

Ihr Kind isst sehr gerne, bewegt sich eher wenig und betreibt als Schulkind oder im Jugendalter keinen Sport. Die Folge ist eine Zunahme des Gewichts bei gleichzeitiger Abnahme von Beweglichkeit, Schnelligkeit und Kraft. Schließlich wird der Stoffwechsel schlechter und die Energie geht verloren.

Zum Ausgleich ist es daher wichtig, auf viel „Bewegung" und beim Sport besonders auf Beweglichkeit und Schnelligkeit zu achten und dabei den Stoffwechsel anzuregen. Die Ernährung sollte leicht und energiereich sein.

Nehmen wir als zweites Beispiel ein Vata-Kind.

Kinder und Jugendliche mit Vata-Konstitution sind leicht und beweglich. Sie betreiben gerne Sportarten, in denen Beweglichkeit und geringes Gewicht gefragt sind, wie z. B. Turnen, Leichtathletik (v. a. Laufen) etc. Durch intensives Training in diesen Sportarten wird Vata mit seinen Eigenschaften leicht und beweglich jedoch weiter erhöht. Dies kann zu Gewichtsabnahme, Gelenk- und Knochenproblemen, Schlafstörungen, Schmerzen usw. führen.

Zum Ausgleich sind in diesem Fall kräftigende Übungen (Krafttraining, Radtraining, Yoga etc.) und auch ruhige Übungen (z. B. aus dem Yoga) notwendig, um Stabilität und Regeneration zu erreichen. Die Ernährung sollte leicht verdaulich, aber gehaltvoll und energiereich sein.

Einzelheiten hierzu siehe in den folgenden Kapiteln.

Typische Störungen

Bei Vata-Erhöhung kann es zu Gewichtsabnahme, allgemeinem Leistungsabfall, Schlafstörungen, Nervosität, Angst, Gelenk- und Knochenproblemen, Schmerzen, Verdauungsstörungen, trockener Haut usw. kommen. Typische Erkrankungen sind:

Abb. 17: Kinder mit hohen Vata- und Pitta-Anteilen brauchen Stabilität und Ruhe.

ADHS (Aufmerksamkeitsdefizit-Hyperaktivitäts-Syndrom), Neurodermitis, Pseudo-Krupp (akute Laryngitis mit Atemnot), Verstopfung (Obstipation), psychosomatische Erkrankungen mit z. B. häufigen Bauchschmerzen oder Kopfschmerzen etc.

Bei Pitta-Erhöhung können Gewebeabbau (auch Muskelabbau), Reizbarkeit, Entzündungen, Fieber, Störungen der Leberfunktion, extreme Hitzeempfindlichkeit usw. auftreten. Typische Erkrankungen sind: Allergien, Entzündungen (Mittelohrentzündung, Hautinfektionen, Lungenentzündung …), Erkrankungen mit hohem Fieber (Risiko für Fieberkrämpfe), im Jugendalter Akne, Menstruationsschmerzen usw.

Bei Kapha-Erhöhung können Gewichtszunahme (Übergewicht), Gelenkschwellungen, fehlende Beweglichkeit und Schnelligkeit, Trägheit, Verschleimungen etc. die Folge sein. Typische Erkrankungen sind: Adipositas (Fettsucht), Diabetes mellitus Typ 2, Bronchitis, Rachenmandelhypertrophie (sog. „Polypen"), Nebenhöhlenentzündung (Sinusitis), Asthma bronchiale usw.

Bevor wir uns mit der Bestimmung der individuellen Konstitution und der Störungen näher befassen, kommen wir zur Beschreibung der sieben Konstitutions-Typen.

> Um den unendlichen Wert aller Dinge wahrnehmen zu können, müssen wir dem Leben unsere volle und ganze Aufmerksamkeit zuwenden.
>
> (Jack Kornfield)

Vata-Konstitution

Prinzipielle Eigenschaften: Kinder und Jugendliche mit Vata-Konstitution sind beweglich und schnell wie ein Gepard oder eine Gazelle. Sie sind körperlich und geistig immer aktiv und kommen dadurch nur schwer zur Ruhe.

Grundmerkmale: Die Vata-Konstitution ist geprägt durch die Eigenschaften der leichten Elemente Raum und Wind. Die Haupteigenschaften sind daher kalt, leicht, rau, trocken und beweglich.

Stärken: Die Vata-Konstitution zeichnet sich durch hohe Beweglichkeit und Schnelligkeit aus.

Schwächen: Es fehlen vor allem Stabilität, Wärme und Ruhe. Die Ausdauer und die körperliche sowie psychische Belastbarkeit sind eher gering. Der Stoffwechsel und die Verdauung sind nicht optimal.

Körperliche Merkmale: Kinder und Jugendliche mit Vata-Konstitution sind sehr klein oder groß und haben einen leichten Körperbau. Der Knochenbau ist leicht und die Gelenke sind schmal und gut sichtbar. Die Muskulatur ist schwach ausgeprägt. Der gesamte Bewegungsapparat ist zart gebaut und störanfällig. Die Haut ist fein, bräunlich und eher trocken, die Haare sind meist dünn. Der Brustkorb ist schmal, das Atemvolumen eher gering. Die Augen sind eher klein und unruhig. Die körperliche Belastbarkeit ist eher gering.

Abb. 18 und 19

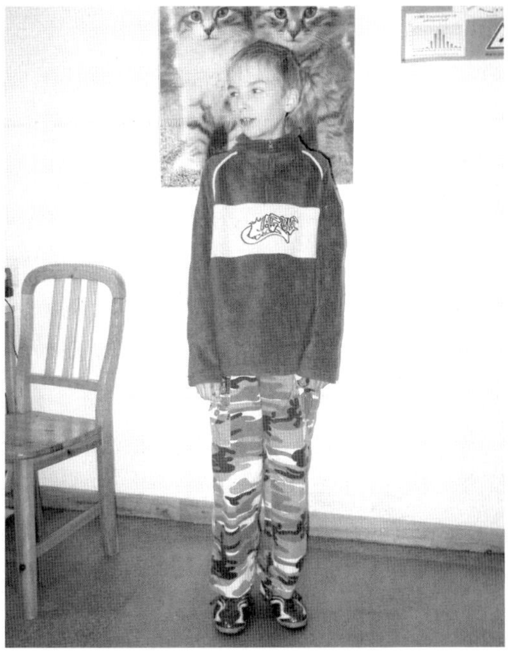

Psychische Merkmale und Gedächtnis: Vata-Typen sind sensibel und begeisterungsfähig. Ihr Nervensystem ist jedoch sehr empfindsam und reagiert leicht auf Stress. Der Schlaf ist bei Vata-Konstitution eher flach und kurz. Schlafstörungen sind häufig. Das Selbstbewusstsein ist instabil und wechselnd. Das Kurzzeitgedächtnis und die Auffassungsgabe sind sehr gut ausgeprägt. Das Langzeitgedächtnis ist weniger leistungsfähig. Die psychische Belastbarkeit ist niedrig.

Stoffwechsel und Ernährung: Der Stoffwechsel ist eher niedrig, der Appetit und die Verdauung sind häufig unregelmäßig. Die passende Ernährung ist für die körperliche und geistige Stabilität besonders wichtig. (Höchst-)Leistungen sind nur bei optimaler Ernährung möglich. Günstig sind regelmäßige, nahrhafte, warme, leicht verdauliche Mahlzeiten. Vata-Typen bevorzugen die Geschmacksrichtungen süß (Kohlenhydrate), sauer und salzig. Ungünstig sind Rohkost, kalte Getränke, Nahrungsmittel, die zu Blähungen führen können, und die Geschmacksrichtungen scharf, bitter und herb. Vata-Typen sind eher trocken. Daher muss auf eine ausreichende Flüssigkeitszufuhr geachtet werden.

Aufgrund des niedrigen Stoffwechsels sind Vata-Typen auf Wärmezufuhr von außen angewiesen. Sie lieben daher Wärme und hassen Kälte und Wind. Vor allem die kalte Jahreszeit in Mitteleuropa ist für sie problematisch.

Bewegung und Sport: Vata-Typen sind immer in Bewegung. Durch das geringe Körpergewicht und die Beweglichkeit werden Sportarten und Bewegungen wie Langstreckenlaufen, Ballett, Gymnastik, Aerobic etc. bevorzugt. Dabei muss auf einen Ausgleich unbedingt geachtet werden. Aus ayurvedischer Sicht sollen insbesondere Kraft und Ausdauer geübt werden. Auch eine gute Regeneration ist wichtig. Vata-Typen müssen zur Ruhe quasi gezwungen werden.

Lebensweise: Um zufrieden zu sein, benötigen Kinder mit hohen Vata-Anteilen eine warme, ruhige Umgebung, viel Ansprache und ausgeglichene Bezugspersonen. Menschen mit Vata-Konstitution sind offen und sehr kommunikativ. Sie können sich aber nur schwer auf ein Thema konzentrieren. Kreativität und Ideenreichtum sind ihre Stärken. Deshalb besitzen Dichter, Komponisten und Künstler in der Regel hohe Vata-Anteile (neben Pitta) in ihrer Konstitution. Menschen mit reiner Vata-Konstitution fehlt aber oft die geistige und auch körperliche Ausdauer, um ihre vielen Ideen umzusetzen.

Typische Beschwerden und Krankheiten: Reine Vata-Typen sind von allen Konstitutionen am unstabilsten. Erkrankungen mit Schmerzen und psychosomatische Erkrankungen wie Bauchschmerzen, Kopfschmerzen etc. sind häufig. Vata-Typen sind sehr stressanfällig. Ein- und Durchschlafstörungen, Verdauungsstörungen mit Verstopfung, Leistungsabfall treten sehr leicht auf.

Tipps für Vata:

Für Kinder und Jugendliche mit Vata-Konstitution sind besonders wichtig:

- Leichtverdauliche, nahrhafte, warme/ „wärmende“ Mahlzeiten und genügend Flüssigkeit; warme Getränke bevorzugen.
- Nahrungsergänzung mit genügend Vitaminen und Spurenelementen, evtl. spezielle ayurvedische Nahrungsergänzung.
- Ausreichende Regeneration (Aktiv: z. B. „Babygymnastik“, Baby-Schwimmen in sehr warmem Wasser, Yoga, Ausgleichssport etc. Passiv: Babymassage, Massagen evtl. mit Ayurvedaölen, warmes Bad etc.).

- Genügend Ruhe und Entspannung (Aktiv: Yoga, beruhigende Atemübungen etc. Passiv: Schlaf).
- Bewegung und Sport: Gutes Üben von Kraft und Ausdauer ist die Grundlage. Die Beweglichkeit soll dabei nicht vergessen werden. Bereits im Säuglingsalter sind täglich kräftigende Übungen notwendig und sinnvoll. Im Kleinkindalter und im Kindergarten ist tägliches Üben von Kraft und Ausdauer für eine optimale Entwicklung erforderlich! Auch in der Schule ist täglicher Sport notwendig, um eine optimale körperliche und geistige Leistungsfähigkeit zu erreichen und zu erhalten.

Pitta-Konstitution

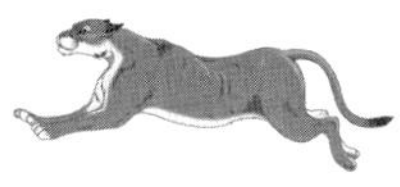

Prinzipielle Eigenschaften: Kinder und Jugendliche mit Pitta-Konstitution besitzen die Energie eines Leoparden oder Tigers und sind ständig damit beschäftigt, diese Energie in die richtigen Bahnen zu lenken. Pitta-Typen sind körperlich und geistig sehr leistungsfähig, dynamisch und erfolgreich.

Grundmerkmale: Die Pitta-Konstitution ist vor allem geprägt durch die Eigenschaften des Elements Feuer. Das Element Wasser spielt eine untergeordnete Rolle. Die Haupteigenschaften sind daher heiß und scharf.

Abb. 20 und 21

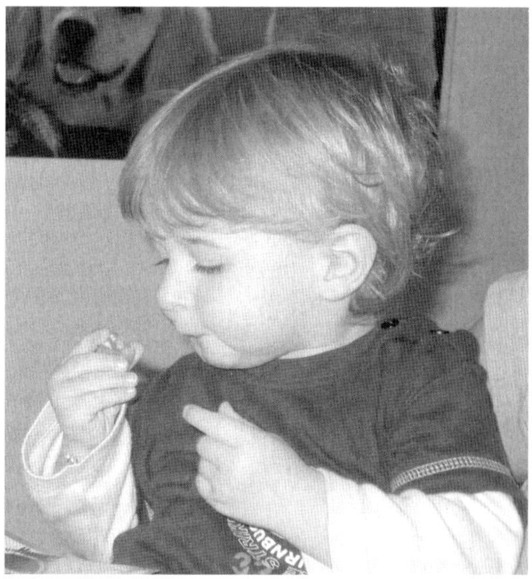

Stärken: Typisch für die Pitta-Konstitution sind die hohe innere Energie und der exzellente Stoffwechsel.

Schwächen: Es fehlt vor allem an Stabilität, innerem Gleichgewicht und an Beweglichkeit. Die psychische Belastbarkeit ist nicht besonders hoch. Pitta-Typen sind sehr stressanfällig.

Körperliche Merkmale: Kinder und Jugendliche mit Pitta-Konstitution sind mittelgroß bis groß und muskulös/athletisch gebaut. Die Muskulatur ist gut ausgeprägt. Die Knochen sind nicht schwer, aber elastisch und stabil. Die Gelenke sind weich und locker, manchmal überstreckbar. Der Bewegungsapparat ist recht stabil, nur Sehnen und Gelenke sind anfällig. Die Haut ist hell, warm, häufig mit Sommersprossen. Die Haare sind fein, häufig rötlich und ergrauen frühzeitig. Der Brustkorb ist weit und elastisch, das Atemvolumen ist gut. Die Augen sind mittelgroß und lichtempfindlich. Die körperliche Belastbarkeit liegt im mittleren Bereich.

Psychische Merkmale und Gedächtnis: Pitta-Typen sind sehr zielgerichtet und durchsetzungsfähig. Sie scheuen keine Konflikte. Ihre Persönlichkeit ist durch Brillanz und Schärfe, aber auch durch Eigensinn bis zur Sturheit und Egoismus geprägt. Das Selbstbewusstsein ist sehr hoch. Der Schlaf ist eher kurz und normalerweise fest. Die Qualität von Lang- und Kurzzeitgedächtnis liegt im mittleren Bereich. Die psychische Belastbarkeit ist mittel ausgeprägt.

Stoffwechsel und Ernährung: Der Stoffwechsel und der Appetit sind hoch, die Verdauung ist gut. Pitta-Typen schwitzen sehr viel und benötigen bei hohen Temperaturen sehr viel Flüssigkeit zum Ausgleich und zur Kühlung. Es muss auch permanent für einen Nachschub an Energie gesorgt werden. Die Energiereserven sind aufgrund des hohen Stoffwechsels rasch aufgebraucht. Wichtig sind hier Kohlenhydrate, auch als Zwischenmahlzeit. Pitta-Typen bevorzugen die Geschmacksrichtungen süß, bitter und herb. Auch Rohkost ist geeignet. Ungünstig sind fettige Nahrungsmittel und die Geschmacksrichtungen scharf, sauer und sehr salzig.

Pitta-Typen hassen verständlicherweise die Hitze und lieben mittlere bis kühle Temperaturen und etwas Wind zur Kühlung. In der Mittagshitze des Sommers ist die Leistungsfähigkeit eingeschränkt. Dagegen sind sie auch bei regnerischem, kühlem Wetter leistungsfähig.

Bewegung und Sport: Kinder und Jugendliche mit hohen Pitta-Anteilen lieben Bewegung und benötigen Bewegung auch zum Stressabbau. Schon als Säugling müssen sie bewegt werden, um sie „bei Laune“ zu halten. Pitta-Typen findet man sehr häufig im Leistungssport. Ihre hohe Energie und ihr Ehrgeiz machen Höchstleistungen häufig erst möglich. Pitta-Typen lieben auch das Risiko und betreiben häufig Risiko- und Extremsportarten wie Klettern etc. Sie lieben prinzipiell jeden Sport, müssen aber immer auf einen guten Ausgleich ihrer Energien achten. Aus ayurvedischer Sicht sollen Kraft, Ausdauer und Beweglichkeit in ausgewogenem Verhältnis trainiert werden. Die Balance muss stimmen! Auch auf eine ausreichende Regeneration muss unbedingt geachtet werden. Kinder und Jugendliche mit viel Pitta neigen manchmal dazu, sich zu überfordern.

Lebensweise: Kinder mit hohen Pitta-Anteilen benötigen immer einen Ausgleich zu ihrer hohen inneren Energie, um zufrieden zu sein. Diese Kinder fallen oft schon als Neugeborene durch ausgedehnte Schreiphasen auf. Diese werden häufig als Bauchschmerzen oder Nabelkoliken fehlgedeutet und unsinnigerweise mit angeblich blähungswidrigen Mitteln behandelt. Diese unruhigen, manchmal aggressiv wirkenden Kinder benötigen ruhige, starke und konsequente Bezugspersonen. Kinder mit hohem Pitta sind in der Erziehung von allen Konstitutionstypen am schwierigsten! Wichtig ist hier besonders konsequentes Verhalten der Eltern, der Erzieher und Lehrer. Durch Üben von Kraft und Ausdauer kann das Stresspotential dieser Kinder gesenkt werden.

Aufgrund der hohen Energie, Kreativität und Durchsetzungsfähigkeit kombiniert mit hohem Selbstbewusstsein finden sich Menschen mit hohen Pitta-Anteilen in der Konstitution in Führungspositionen, bei erfolgreichen Künstlern und kreativ arbeitenden Menschen, im Leistungs- und Hochleistungssport etc.

Jugendliche mit Pitta-Konstitution können hervorragend argumentieren. Sie diskutieren sehr gerne, können allerdings schlecht zuhören. Ihre Stimme ist eher hoch und hat eine gewisse Schärfe. Auch berechtigte Kritik empfinden sie häufig als persönlichen Angriff.

Pitta-Typen schätzen den Wettkampf und suchen dabei gleichzeitig Anerkennung. Sie neigen zu Perfektionismus sich selber gegenüber und erwarten perfekte Leistung auch von anderen.

Typische Beschwerden und Krankheiten: Pitta-Typen neigen zu Allergien, Entzündungen, Erkrankungen mit hohem Fieber, Verdauungsstörungen mit Durchfall, Bluthochdruck, Lebererkrankungen, Übersäuerung etc. Sportler mit hohen Pitta-Anteilen neigen zu Gelenk- und Sehnenentzündungen sowie zu Problemen an den Muskelansätzen. Eine typische Erkrankung aus diesem Bereich ist der sogenannte „Tennisellenbogen“. Pitta-Typen sind relativ stark stressanfällig. Bei hohem Stress kann es zu Schlafstörungen mit Hitzewallungen und zu Infektanfälligkeit kommen.

Tipps für Pitta:

Für Kinder und Jugendliche mit Pitta-Konstitution sind besonders wichtig:

- Der hohe „Brennstoffverbrauch“ muss gedeckt werden. Leichtverdauliche, nahrhafte, mild gewürzte („kühlende“) Mahlzeiten mit einem hohen Kohlenhydratanteil („süßer Geschmack“) und genügend Flüssigkeit; keine heißen Getränke.
- Nahrungsergänzung mit genügend Vitaminen und Spurenelementen, evtl. spezielle ayurvedische Nahrungsergänzung.
- Ausreichende Regeneration (Aktiv: zum Beispiel „Babygymnastik“, Baby-Schwimmen, Yoga, Ausgleichssport etc. Passiv: Babymassage, Massagen evtl. mit Ayurvedaölen etc.).
- Genügend Ruhe und Entspannung (Aktiv: Yoga, beruhigende und kühlende Atemübungen etc. Passiv: Schlaf), um Körper und Geist im Gleichgewicht zu halten.
- Bewegung und Sport: gutes, ausgeglichenes Üben von Kraft, Ausdauer und Beweglichkeit als Grundlage. Bereits der Säugling und auch das Kleinkind im Kindergarten benötigen viel Bewegung (täglich Bewegung und Sport!) zum Stressabbau! Auch in der Schule ist täglicher Sport notwendig, um die optimale körperliche und geistige Leistungsfähigkeit zu erreichen und zu erhalten.

Kapha-Konstitution 

Abb. 22 und 23

Prinzipielle Eigenschaften: Kinder und Jugendliche mit Kapha-Konstitution besitzen die Kraft und Stabilität eines Bären. Dadurch sind sie äußerst widerstandsfähig und verfügen auch über äußere und innere Stabilität, Ausgeglichenheit und Ruhe.

Grundmerkmale: Die Kapha-Konstitution ist geprägt durch die Eigenschaften der Elemente Wasser und Erde. Die Haupteigenschaften sind daher schwer, unbeweglich, kalt und auch flüssig.

Stärken: Die Kapha-Konstitution zeichnet sich aus durch hohe Stabilität, eine große Toleranz gegenüber körperlichen und psychischen Belastungen und durch große Kraft. Kapha-Typen sind kaum stressanfällig.

Schwächen: Es fehlen vor allem Beweglichkeit, Leichtigkeit und Schnelligkeit. Flexibilität ist keine Kapha-Stärke.

Körperliche Merkmale: Kinder und Jugendliche mit Kapha-Konstitution sind meist mittelgroß bis groß und ausgesprochen kräftig und stabil gebaut. Die Muskulatur ist gut ausgeprägt. Die Knochen sind schwer und stabil. Die Gelenke sind kräftig und gut geschmiert. Der Bewegungsapparat ist sehr stabil und belastbar. Ihre Haut ist hell, weich, feucht und kühl. Die Haare sind dunkel und kräftig. Der Brustkorb ist groß, aber eher unelastisch, das Atemvolumen ist hoch. Die Augen sind groß, ausdrucksvoll und ruhig. Auch das Immunsystem ist sehr stabil. Die körperliche Belastbarkeit ist sehr hoch.

Psychische Merkmale und Gedächtnis: Kapha-Typen lieben Ruhe, Bequemlichkeit und Komfort. Sie sind in der Lage zu genießen. Sie haben nur einen geringen eigenen Antrieb und das Selbstbewusstsein ist nicht sehr hoch. Kapha-Typen sind kaum anfällig für Stress und leiden nur sehr selten unter psychischen oder psychosomatischen Erkrankungen. Sie haben im wahrsten Sinne des Wortes „ein dickes Fell“. Der Schlaf ist ruhig und tief. Schlafstörungen sind sehr selten. Das Langzeitgedächtnis ist sehr gut. Kapha-Typen vergessen nie. Die psychische Belastbarkeit ist sehr hoch.

Stoffwechsel und Ernährung: Der Stoffwechsel und der Appetit sind eher gering, die Verdauung ist eher träge. Und obwohl Kapha-Typen eher wenig essen, neigen sie zur Gewichtszunahme. Die richtige Ernährung ist für den Erhalt der Beweglichkeit, für eine ausreichende innere Energie und für den Erhalt eines normalen Körpergewichts sehr wichtig. Leichte, warme, kräftig gewürzte Mahlzeiten sind besonders gut. Nahrung, die fett und schwer aussieht, muss gemieden werden. Kalte Mahlzeiten und auch kalte Getränke sind ungünstig. Kapha-Typen sollen die Geschmacksrichtungen scharf, bitter und herb bevorzugen und süß, sauer und salzig meiden, da diese Kapha vermehren.

Kapha-Typen sind recht tolerant gegen Umwelteinflüsse. Sie lieben allerdings die Wärme und mögen am wenigsten Kälte und Feuchtigkeit. Etwas Wind dagegen schadet nicht, v. a. ein warmer Sommerwind.

Bewegung und Sport: Reine Kapha-Typen und Kinder sowie Jugendliche mit sehr hohen Kapha-Anteilen müssen sich zu Bewegung und Sport praktisch zwingen. Schon als Säuglinge sollen sie intensiv bewegt werden! Die fehlende Energie muss von außen zugeführt werden. Ein guter „Trainer“ ist hier wichtig! Eltern und Erzieher müssen darauf achten, dass genügend Bewegung in den Tagesablauf eingebaut ist (täglich Sport!).

Menschen mit hohen Kapha-Anteilen findet man im Leistungssport immer dann, wenn Stabilität und Masse gefragt sind, so z. B. beim Kugelstoßen, Gewichtheben, Bodybuilding, Kampfsport im Schwergewicht (hier in der Regel zusammen mit viel Pitta!) usw. Für Hobbysportler ist reines Krafttraining sehr ungünstig, auch wenn dies am leichtesten fällt.

Aus ayurvedischer Sicht sollen Ausdauer und Beweglichkeit intensiv und in ausgewogenem Verhältnis trainiert werden.

Wichtig: Kapha-Typen müssen sich beim Üben anstrengen. Sie sollen durchaus ins Schwitzen kommen. Die Regeneration soll nicht vergessen werden. Sie kann jedoch auf das notwendige Minimum beschränkt werden.

Lebensweise: Kinder und Jugendliche mit Kapha-Konstitution wirken auf ihre Umgebung liebenswert und ruhig und haben eine angenehme, ruhige Stimme. Schon als Säuglinge sind sie auffallend freundlich und ruhig. In Kindergarten, Schule und Beruf beginnen sie Aufgaben langsam und beenden sie auch langsam, aber konsequent und gründlich. Der eigene Antrieb und die eigene innere Energie sind so gering, dass sie immer wieder einen Anstoß von außen benötigen. Menschen mit hohen Kapha-Anteilen sind z. B. in administrativen Berufen zu finden. Im Leistungs- und Hochleistungssport finden sich reine Kapha-Typen praktisch nicht. Wenn, dann liegt immer eine Kombination mit Pitta vor.

Typische Beschwerden und Krankheiten: Kinder und Jugendliche mit viel Kapha neigen zu Erkrankungen, die man unter sogenannte Zivilisationskrankheiten einordnen kann. An erster Stelle steht die Fettsucht (Adipositas) mit allen Folgekrankheiten wie Arteriosklerose bis hin zum Herzinfarkt (kommt leider nicht selten bereits im Jugendalter vor!). Kapha-Typen neigen außerdem zu Krankheiten mit Schleimansammlungen wie Asthma bronchiale oder Sinusitis, mit Verschlechterung des Stoffwechsels wie beim Diabetes mellitus oder der Cholesterinerhöhung im Blut. Auch wenn es hart klingt: Die Verantwortung für die oben genannten Erkrankungen und ihre Folgen liegt zum großen Teil bei den Eltern und zu einem weiteren Teil an unserem Kindergarten- und Schulsystem (mangelnde Bewegung, schlechte Gesundheitserziehung, schlechte Vorbilder etc.)!

Kapha-Typen kann man durch Bewegung und Sport kaum überfordern.

Tipps für Kapha:

Für Kinder und Jugendliche mit Kapha-Konstitution sind besonders wichtig:

- Leichte, warme, kräftig gewürzte Mahlzeiten mit einem sehr geringen Fettanteil und nicht zu viel Flüssigkeit; heiße Getränke.
- Nahrungsergänzung mit genügend Vitaminen und Spurenelementen, evtl. spezielle ayurvedische Nahrungsergänzung.
- Bequemlichkeit überwinden! Ruhe und Entspannung nur kurz und soweit notwendig (Aktiv: intensive „Babygymnastik", Baby-Schwimmen, Sport und Bewegung, Yoga, anregende Atemübungen etc. Passiv: kein Mittagsschlaf!).
- Regeneration nicht vergessen (Aktiv: Yoga, Ausgleichssport etc. Passiv: anregende „Babymassagen", anregende Massagen evtl. mit Ayurvedaölen, „heißes Bad", Sauna etc.).
- Bewegung und Sport: gutes intensives Training von Ausdauer und v. a. Beweglichkeit. Bereits der Säugling und auch das Kleinkind im Kindergarten benötigen viel und intensive Bewegung zur Aktivierung des Stoffwechsels etc.! Im Kindergarten muss auf intensive tägliche Bewegung geachtet werden. Auch in der Schule ist täglicher Sport notwendig, um die optimale körperliche und geistige Leistungsfähigkeit zu erreichen und zu erhalten.

Vata-Pitta-Konstitution

Prinzipielle Eigenschaften: Kinder und Jugendliche mit Vata-Pitta-Konstitution sind gekennzeichnet durch große Beweglichkeit, hohe Energie, Kreativität und Lebensfreude sowie durch Zielstrebigkeit, Ehrgeiz und Intelligenz.

Abb. 24 und 25

Grundmerkmale: Die Vata-Pitta-Konstitution ist geprägt durch die Elemente Raum, Wind und Feuer. Die Haupteigenschaften sind daher beweglich und heiß.

Stärken: Die prinzipiellen Eigenschaften (siehe oben) sind gleichzeitig die Stärken bei Vata-Pitta-Konstitution.

Schwächen: Es fehlen vor allem Stabilität, Ruhe und inneres Gleichgewicht. Die psychische Belastbarkeit ist eher niedrig.

Körperliche Merkmale: Kinder und Jugendliche mit Vata-Pitta-Konstitution sind unterschiedlich groß. Sie sind schlank und unterschiedlich muskulös. Der Knochenbau ist leicht bis mittelschwer. Der gesamte Bewegungsapparat ist mittelmäßig störanfällig. Der Brustkorb ist mittel, das Atemvolumen meist gut. Die körperliche Belastbarkeit ist meist gut, wenn alle Regeln beachtet werden.

Psychische Merkmale und Gedächtnis: Vata-Pitta-Typen sind sensibel, begeisterungsfähig, kreativ und in der Regel ausgesprochen intelligent. Ihr Nervensystem ist jedoch sehr empfindsam und reagiert leicht auf Stress. Vata-Pitta-Typen wollen immer perfekt sein und neigen zu Perfektionismus. Der Schlaf ist bei Vata-Pitta-Konstitution eher flach und kurz. Schlafstörungen treten häufig auf. Das Selbstbewusstsein ist gut bis sehr gut, aber manchmal instabil. Das Kurzzeitgedächtnis und die Auffassungsgabe sind sehr gut ausgeprägt. Auch das Langzeitgedächtnis ist leistungsfähig. Die psychische Belastbarkeit ist eher niedrig.

Stoffwechsel und Ernährung: Der Stoffwechsel ist sehr hoch, der Appetit und die Verdauung sind häufig unregelmäßig. Die passende Ernährung ist für die körperliche und geistige Stabilität besonders wichtig. Geistige und sportliche (Höchst-)Leistungen sind nur bei optimaler Ernährung möglich. Günstig sind regelmäßige, nahrhafte, leicht verdauliche Mahlzeiten. Vata-Pitta-Typen bevorzugen die Geschmacksrichtung süß (Kohlenhydrate) und sind auch auf die permanente Zufuhr von Kohlenhydraten angewiesen. Auch auf eine ausreichende Flüssigkeitszufuhr muss geachtet werden.

Je nach Überwiegen von Vata oder Pitta lieben Vata-Pitta-Typen mehr die Wärme oder eher kühle Temperaturen. Auch der zwar niedrige, aber vorhandene Kapha-Anteil spielt hier eine Rolle.

Bewegung und Sport: Die hohe Energie, der gute Stoffwechsel und die große Beweglichkeit ermöglichen Höchstleistungen auf vielen sportlichen Gebieten. Schon als Säuglinge sind Vata-Pitta-Typen sehr aktiv und immer in Bewegung. Sie lieben Bewegung und sind unzufrieden, wenn sie ruhig liegen müssen. Im Schulalter und in der Jugend werden je nach Körpergewicht und Körpergröße Sportarten wie Laufen (meist Mittel- bis Langstrecke), Radfahren, Sprungdisziplinen, Sportklettern u.a. bevorzugt. Vata-Pitta-Typen sind in der Auswahl der Sportarten kaum eingeschränkt. Lediglich reine Kraftsportarten sind wenig sinnvoll. Vata-Pitta-Typen neigen aufgrund ihres Ehrgeizes dazu, sich zu überfordern. Daher muss unbedingt auf einen Ausgleich und eine gute Regeneration geachtet werden. Beim Training sollen Vata-Pitta-Typen nur selten an ihre Leistungsgrenze gehen. Aus ayurvedischer Sicht sollen insbesondere Kraft und Ausdauer geübt werden. Auch das äußere und innere Gleichgewicht muss immer wieder hergestellt werden. Hierzu sind ausgleichende Atemübungen und Yoga geeignet.

Kinder und Jugendliche mit Vata-Pitta-Konstitution sollen nicht immer an ihre Leistungsgrenze gehen!

Lebensweise: Vata-Pitta-Kinder ähneln den Kindern mit hohen Pitta-Anteilen (siehe dort). Auch sie benötigen immer einen Ausgleich zu ihrer hohen inneren Energie, um zufrieden zu sein. Wie alle Kinder mit hohen Pitta-Anteilen benötigen sie ruhige, starke und konsequente Bezugspersonen.

Menschen mit Vata-Pitta-Konstitution sind kreativ und ideenreich. Sie lieben die schöne Natur sowie Malerei und Musik. Viele Künstler besitzen eine Vata-Pitta-Konstitution. Der Aufenthalt in der Natur ist günstig für Vata und Pitta.

Typische Beschwerden und Krankheiten: Beschwerden können aus dem Vata-Bereich (siehe bei Vata-Konstitution) oder aus dem Pitta-Bereich (siehe bei Pitta-Konstitution) auftreten. Kinder und Jugendliche mit Vata-Pitta–Konstitution sind meist stabiler als reine Vata-Typen, aber eher unstabiler als typische Pitta-Menschen.

Tipps für Vata-Pitta:

Für Kinder und Jugendliche mit Vata-Pitta-Konstitution sind besonders wichtig:

- Der extreme „Brennstoffbedarf“ muss gedeckt werden. Leichtverdauliche, nahrhafte, häufige Mahlzeiten und genügend Flüssigkeit; genügend trinken, je nach Witterung wärmend oder kühlend.
- Nahrungsergänzung mit genügend Vitaminen und Spurenelementen, evtl. spezielle ayurvedische Nahrungsergänzung.
- Ausreichende Regeneration (Aktiv: zum Beispiel „Babygymnastik“, Baby-Schwimmen, Yoga, Ausgleichssport etc. Passiv:

- Babymassage, Massagen evtl. mit Ayurvedaölen etc.).
- Genügend Ruhe und Entspannung (Aktiv: Yoga, beruhigende und ausgleichende Atemübungen etc. Passiv: Schlaf), um Körper und Geist im Gleichgewicht zu halten.
- Training des inneren Gleichgewichts, z. B. durch Yoga, ist besonders wichtig.
- Bewegung und Sport: gutes ausgeglichenes Üben von Kraft und Ausdauer, ohne die Beweglichkeit zu vernachlässigen. Bereits der Säugling und auch das Kleinkind im Kindergarten benötigt viel Bewegung (täglich Bewegung und Sport!) für das körperliche und psychische Gleichgewicht und zum Stressabbau! Auch in der Schule ist täglicher Sport notwendig, um die optimale körperliche und geistige Leistungsfähigkeit zu erreichen und zu erhalten.

Vata-Kapha-Konstitution

Abb. 26: In der Mitte Kind mit Vata-Kapha-Konstitution

Prinzipielle Eigenschaften: Kinder und Jugendliche mit Vata-Kapha-Konstitution besitzen Beweglichkeit und Stabilität. Dadurch sind sie recht widerstandsfähig und verfügen auch über Ausgeglichenheit und Ruhe.

Grundmerkmale: Die Vata-Kapha-Konstitution ist geprägt durch die gegensätzlichen Eigenschaften der Elemente Raum und Wind einerseits sowie Wasser und Erde andererseits. Die Haupteigenschaften sind daher kalt und abwechselnd beweglich und stabil.

Stärken: Die Vata-Kapha-Konstitution zeichnet sich aus durch Stabilität, eine gewisse Beweglichkeit und Ausdauer. Die Toleranz gegenüber körperlichen und psychischen Belastungen ist recht groß. Vata-Kapha-Typen sind nur wenig stressanfällig.

Schwächen: Es fehlen vor allem das Feuer, die Energie und ein guter Stoffwechsel. Vata-Kapha-Typen neigen zur Bequemlichkeit.

Körperliche Merkmale: Kinder und Jugendliche mit Vata-Kapha-Konstitution sind meist groß und schlank bis kräftig mit guter Muskulatur. Die Knochen sind stabil. Die Gelenke sind meist kräftig und gut geschmiert. Der Bewegungsapparat ist stabil und belastbar. Auch das Immunsystem ist stabil. Die körperliche Belastbarkeit ist hoch.

Psychische Merkmale und Gedächtnis: Vata-Kapha-Typen sind in der Lage zu genießen. Sie haben nur einen geringen eigenen Antrieb, und das Selbstbewusstsein ist nicht sehr hoch. Trotz ihres Körperbaus sind sie sehr feinfühlig. Sie sind durchaus anfällig für Stress und leiden manchmal unter psychischen oder psychosomatischen Erkrankungen. Sie haben nur scheinbar „ein dickes Fell". Der Schlaf ist meist ruhig. Schlafstörungen kommen aber vor. Das Kurzzeit- und Langzeitgedächtnis ist gut, die Verarbeitung allerdings sehr langsam.

Stoffwechsel und Ernährung: Der Stoffwechsel ist gering und der Appetit wechselnd. Da Vata-Kapha-Typen auch ihr Essen genießen können, wird gerne etwas zu viel gegessen. Dies führt bei fehlender Bewegung rasch zur Gewichtszunahme. Die richtige Ernährung ist für den Erhalt der Beweglichkeit, für eine ausreichende innere Energie und für den Erhalt eines normalen Körpergewichts sehr wichtig. Leichte, warme Mahlzeiten sind besonders gut. Kalte Mahlzeiten und auch kalte Getränke sind ungünstig. Aus allen Geschmacksrichtungen wird nach Bedarf ausgewählt, es soll aber immer etwas kräftiger gewürzt werden. Vata-Kapha-Typen lieben die Wärme.

Bewegung und Sport: Reine Vata-Kapha-Typen müssen sich zu Bewegung und Sport zwingen. Schon als Säuglinge sollen sie intensiv bewegt werden! Die fehlende Energie muss wie bei der Kapha-Konstitution von außen zugeführt werden. Ein guter „Trainer" ist hier wichtig! Eltern und Erzieher müssen darauf achten, dass genügend Bewegung in den Tagesablauf eingebaut ist (täglich Sport!).

Kinder und Jugendliche mit Vata-Kapha-Konstitution findet man im Leistungssport praktisch nie. Aus ayurvedischer Sicht sollen Kraft, Ausdauer und Beweglichkeit intensiv (!) und in ausgewogenem Verhältnis trainiert werden.

Wichtig: Vata-Kapha-Typen müssen sich beim Training anstrengen. Sie sollen durchaus ins Schwitzen kommen. Die Regeneration soll nicht vergessen werden. Sie kann jedoch auf das notwendige Minimum beschränkt werden. Am besten üben Vata-Kapha-Typen in der Gruppe, da auf diese Weise die eigene Bequemlichkeit leichter überwunden wird.

Lebensweise: Kinder und Jugendliche mit Vata-Kapha-Konstitution wirken freundlich und meist ruhig. Sie haben eine angenehme, ruhige Stimme. Schon im Säuglingsalter sind sie auffallend freundlich und schreien wenig. Später sind sie gesellig, kommunikativ, hilfsbereit und zuverlässig. Aufgaben in Kindergarten, Schule und Beruf beginnen sie meist langsam und setzen sie auch langsam, aber meist konsequent um. Der eigene Antrieb und die eigene innere Energie sind so gering, dass sie immer wieder einen Anstoß von außen benötigen. Im Leistungs- und Hochleistungssport finden sich reine Vata-Kapha-Typen praktisch nicht. Wenn, dann liegt immer eine Kombination mit Pitta vor. Vata-Kapha-Typen überfordern sich selbst praktisch nie, auch nicht im Sport.

Typische Beschwerden und Krankheiten: Kinder und Jugendliche mit Vata-Kapha-Konstitution neigen wie Kapha-Typen zu Erkrankungen, die man unter sogenannte Zivilisationskrankheiten einordnen kann. An erster Stelle steht die Fettsucht (Adipositas) mit allen Folgekrankheiten. Aufgrund ihrer Feinfühligkeit leiden sie aber auch nicht selten unter psychischen Erkrankungen (v. a. Depressionen) und psychosomatischen Krankheiten wie Bauchschmerzen, Migräne etc.

Tipps für Vata-Kapha:

Für Kinder und Jugendliche mit Vata-Kapha-Konstitution sind besonders wichtig:

- Leichte, warme, kräftig gewürzte Mahlzeiten mit einem sehr geringen Fettanteil; warme Getränke.
- Nahrungsergänzung mit genügend Vitaminen und Spurenelementen, evtl. spezielle ayurvedische Nahrungsergänzung.
- Bequemlichkeit überwinden! Ruhe und Entspannung nur kurz und soweit notwendig (Aktiv: intensive „Babygymnastik", Baby-Schwimmen, Sport und Bewegung, Yoga, anregende Atemübungen etc. Passiv: kein Mittagsschlaf!).
- Regeneration nicht vergessen (Aktiv: Yoga, Ausgleichssport etc. Passiv: anregende „Babymassage", anregende Massagen evtl. mit Ayurvedaölen, „heißes Bad", Sauna etc.).
- Bewegung und Sport: gutes intensives und ausgleichendes Training von Kraft, Ausdauer und Beweglichkeit. Bereits der Säugling und auch das Kleinkind im Kindergarten benötigen viel und intensive Bewegung zur Aktivierung des Stoffwechsels etc.! Im Kindergarten muss auf intensive tägliche Bewegung geachtet werden! Auch in der Schule ist täglicher Sport notwendig, um die optimale körperliche und geistige Leistungsfähigkeit zu erreichen und zu erhalten.

Pitta-Kapha-Konstitution

Abb. 27, 28 und 28 a: Erwachsener und Kinder mit Pitta-Kapha-Konstitution

Prinzipielle Eigenschaften: Kinder und Jugendliche mit Pitta-Kapha-Konstitution sind sehr robust und besitzen eine hohe Energie. Sie sind körperlich sehr leistungsfähig und ausdauernd.

Grundmerkmale: Die Pitta-Kapha-Konstitution ist vor allem geprägt durch die Eigenschaften der Elemente Feuer, Wasser und Erde. Die Haupteigenschaften sind daher stabil und wechselnd heiß und kalt.

Stärken: Typisch für diese Konstitution ist die hohe innere Energie bei gleichzeitig hoher Stabilität und Ausdauer. Diese Kombination bedingt ein sehr hohes Durchsetzungsvermögen.

Schwächen: Es fehlt vor allem an Leichtigkeit und Beweglichkeit. Wenn einmal in Bewegung, ist der Pitta-Kapha-Typ kaum zu bremsen.

Körperliche Merkmale: Menschen mit Pitta-Kapha-Konstitution sind mittelgroß bis sehr groß und athletisch gebaut. Die Muskulatur ist sehr gut entwickelt. Die Knochen sind kräftig und elastisch und stabil. Sehnen und Gelenke sind stabil. Der Brustkorb ist sehr weit und elastisch, das Atemvolumen ist sehr gut. Die Immunität ist hervorragend. Die körperliche Belastbarkeit ist sehr hoch.

Psychische Merkmale und Gedächtnis: Pitta-Kapha-Typen können geduldig und ruhig sein. Sie sind aber auch sehr zielgerichtet und äußerst durchsetzungsfähig. Manchmal gehen sie auch „mit dem Kopf durch die Wand“. Die Trotzphasen dieser Kinder sind besonders intensiv. Das Selbstbewusstsein ist sehr hoch. Der Schlaf ist tief und fest. Die Qualität des Langzeitgedächtnisses ist hoch. Das Kurzzeitgedächtnis und die Auffassungsgabe sind nicht ganz optimal. Die psychische Belastbarkeit ist sehr hoch. Hohe Belastungen und Stress machen sich erst nach Jahren bemerkbar.

Stoffwechsel und Ernährung: Der Stoffwechsel und der Appetit sind gut. Pitta-Kapha-Typen sollen keine sehr salzigen, sauren, öligen oder fetten Nahrungsmittel zu sich nehmen. Die typisch bayerische Brotzeit mit viel Wurst, Senf und Rettich ist Gift für sie.

Pitta-Kapha-Typen sind bei allen Temperaturen leistungsfähig. Etwas Wind zur Kühlung tut aber gut. Die Mittagshitze des Sommers ist jedoch eher ungünstig für die Leistungsfähigkeit.

Bewegung und Sport: Kinder und Jugendliche mit Pitta-Kapha-Konstitution lieben intensive Bewegung und benötigen diese auch zum Stressabbau. Schon als Säugling müssen sie bewegt werden, um sie „bei Laune“ zu halten. Kinder und Jugendliche mit Pitta-Kapha-Konstitution findet man häufig im Leistungssport. Ihre hohe Energie, ihr Ehrgeiz und ihr enormes Durchsetzungsvermögen befähigen sie zu Höchstleistungen. Sie betreiben Sportarten wie Radfahren, Duathlon, Diskuswerfen, Kugelstoßen, Mehrkampf, diverse Kampfsportarten, Rudern etc. Sie lieben die meisten Sportarten, müssen aber immer auf einen guten Ausgleich ihrer Energien achten. Aus ayurvedischer Sicht soll intensiv trainiert werden. Dabei ist immer auf einen Ausgleich zwischen Beweglichkeit, Kraft und Ausdauer zu achten. Die Balance muss stimmen! Die Regeneration kann kurz sein, soll aber nicht vergessen werden. Selbst sehr hohe Belastungen überfordern Kinder und Jugendliche mit dieser Konstitution nicht, sofern die Regeln beachtet werden.

Lebensweise: Auch Pitta-Kapha-Kinder benötigen wie alle Kinder mit hohen Pitta-Anteilen immer einen Ausgleich zu ihrer hohen inneren Energie, um zufrieden zu sein. Auch diese Kinder fallen oft schon als Neugeborene durch ausgedehnte, besonders intensive Schreiphasen auf. Später folgen dann ebenso intensive Trotzphasen. Diese Kinder benötigen besonders ruhige, starke und konsequente Bezugspersonen. Wichtig ist hier besonders konsequentes Verhalten der Eltern, der Erzieher und Lehrer. Durch intensive Bewegung kann das Stresspotential dieser Kinder gesenkt werden.

Aufgrund der hohen Energie, Kreativität und Durchsetzungsfähigkeit kombiniert mit hohem Selbstbewusstsein finden sich Pitta-Kapha-Menschen häufig in Führungspositionen, im Leistungs- und Hochleistungssport etc.

Menschen mit Pitta-Kapha-Konstitution wirken häufig dominierend. Es mangelt ihnen oft auch an Feingefühl im Umgang mit anderen.

Pitta-Kapha-Typen schätzen den Wettkampf und suchen dabei auch Anerkennung. Sie schätzen langfristige Planung und setzen ihre Ziele konsequent um.

Typische Beschwerden und Krankheiten: Beschwerden und Erkrankungen aus dem Pitta- oder Kapha-Bereich (siehe unter Pitta- und Kapha-Konstitution) können zwar auftreten. Hierzu sind aber jahrelanges Missachten der Regeln, exzessives Training im Leistungssport oder Missbrauch von Genussmitteln etc. als Ursache notwendig.

Tipps für Pitta-Kapha:

Für Kinder und Jugendliche mit Pitta-Kapha-Konstitution sind besonders wichtig:

- Leichtverdauliche Mahlzeiten mit einem ausgewogenen Verhältnis von Kohlenhydraten und Eiweiß, nur wenig gute Fette (Öle) und genügend Flüssigkeit.
- Nahrungsergänzung mit genügend Vitaminen und Spurenelementen, evtl. Carnitin, evtl. spezielle ayurvedische Nahrungsergänzung.
- Regeneration nicht vergessen (Aktiv: Yoga, Ausgleichssport etc. Passiv: ausgleichende „Babymassage", ausgleichende Massagen evtl. mit Ayurvedaölen etc.).
- Ruhe und Entspannung nicht vernachlässigen (Aktiv: Yoga, beruhigende und kühlende Atemübungen etc. Passiv: kein Mittagsschlaf).
- Ein schönes Zuhause und ein ausgeglichenes Umfeld fördern die Leistungsfähigkeit.
- Bewegung und Sport: gutes ausgleichendes Training von Kraft, Ausdauer und Beweglichkeit. Bereits der Säugling und auch das Kleinkind im Kindergarten benötigen viel und intensive Bewegung zum Stressabbau etc.! Im Kindergarten muss auf intensive tägliche Bewegung geachtet werden! Auch in der Schule ist täglicher Sport notwendig, um die optimale körperliche und geistige Leistungsfähigkeit zu erreichen und zu erhalten sowie für das körperliche und psychische Gleichgewicht.

Vata-Pitta-Kapha-Konstitution

Prinzipielle Eigenschaften: Kinder und Jugendliche mit dieser sehr seltenen sogenannten Tridosha-Konstitution sind vollkommen ausgeglichen hinsichtlich Kraft, Ausdauer und Beweglichkeit. Der Stoffwechsel ist optimal. Körper, Seele und Geist sind in perfektem Gleichgewicht.

Grundmerkmale: Die Vata-Pitta-Kapha-Konstitution ist geprägt durch alle Elemente Raum, Wind, Feuer, Wasser und Erde, die in exakt ausgewogenen Anteilen vorhanden sind.

Stärken: Die Vata-Pitta-Kapha-Konstitution zeichnet sich aus durch ausgewogene Anteile an Stabilität, Beweglichkeit und Ausdauer. Die Toleranz gegenüber körperlichen und psychischen Belastungen ist sehr groß.

Schwächen: Bei dieser Konstitution gibt es keine Schwächen.

Körperliche Merkmale: Kinder und Jugendliche mit Tridosha-Konstitution sind meist mittelgroß und besitzen einen gleichmäßigen Körperbau mit guter Muskulatur. Die Knochen sind stabil. Der gesamte Bewegungsapparat ist stabil und belastbar. Auch das Immunsystem ist ausgezeichnet. Die körperliche Belastbarkeit ist hoch.

Psychische Merkmale und Gedächtnis: Vata-Pitta-Kapha-Typen sind vollkommen ausgeglichen. Als Säuglinge sind sie freundlich und zufrieden. Sie sind sanft und gelassen, aber auch kreativ und zielstrebig. Sie sind nicht anfällig für Stress. Der Schlaf ist sehr gut. Das Kurzzeit- und Langzeitgedächtnis sowie die Verarbeitung von Wissen sind ausgeglichen gut.

Stoffwechsel und Ernährung: Der Stoffwechsel ist ausgezeichnet und der Appetit ist gut. Aus allen Geschmacksrichtungen wird nach Bedarf ausgewählt, wobei die Nahrung, wie im Ayurveda üblich, frisch zubereitet, leicht verdaulich und nahrhaft sein soll.

Vata-Pitta-Kapha-Typen vertragen jede Temperatur und jede Witterung

Bewegung und Sport: Kinder und Jugendliche mit Tridosha-Konstitution lieben Bewegung und sind in der Lage, alle Sportarten zu betreiben. Sie bewegen sich schon im Säuglings- und Kleinkindalter gerne und wollen auch bewegt werden. Sie können die idealen Sportarten alleine anhand ihrer Größe und ihrer Neigungen auswählen. Aus ayurvedischer Sicht sollen Kraft, Ausdauer und Beweglichkeit in ausgewogenem Verhältnis trainiert werden. Das Training kann nach Bedarf variiert werden. Tridosha-Typen fühlen sich dabei in der Natur und in Räumen wohl.

Lebensweise: Menschen mit Tridosha-Konstitution sind freundlich und ausgeglichen. Sie sind gesellig, kommunikativ, hilfsbereit und zuverlässig. Man kann sie als vorbildlich bezeichnen. Dies fällt bereits beim Säugling auf. In der Schule sind sie vorbildliche Schüler. Das Gleiche gilt für Studium und Beruf.

Typische Beschwerden und Krankheiten: Krankheiten und Beschwerden sind sehr selten und treten bei diesem Typ praktisch nur schicksalhaft auf.

Zum Verständnis zwei prominente Beispiele mit Vata-Pitta-Kapha-Konstitution: Dieser Typ ist so selten, dass mir aus dem üblichen Prominentenbereich persönlich keine Beispiele bekannt sind. Der Dalai Lama oder Mutter Teresa sind aber sicher gute Beispiele für diesen Typ.

Tipps für Vata-Pitta-Kapha:

Für Kinder und Jugendliche mit Tridosha-Konstitution sind besonders wichtig:

- Leichtverdauliche, frische Nahrung mit allen Geschmacksrichtungen; Trinken nach Bedarf.
- Nahrungsergänzung mit genügend Vitaminen und Spurenelementen, evtl. spezielle ayurvedische Nahrungsergänzung.
- Regeneration nicht vergessen (Aktiv: Yoga, Ausgleichssport etc. Passiv: „Babymassage“, Massagen evtl. mit Ayurvedaölen, warmes Bad, Sauna etc.).
- Ruhe und Entspannung nach Bedarf (Aktiv: Yoga, ausgleichende Atemübungen etc. Passiv: Schlaf).
- Bewegung und Sport: Gutes, ausgeglichenes Üben von Kraft, Ausdauer und Beweglichkeit. Bereits im Säuglingsalter sind tägliche Übungen notwendig und sinnvoll. Im Kleinkindalter und im Kindergarten ist tägliches ausgeglichenes Üben (Sport) für eine optimale Entwicklung erforderlich! Auch in der Schule ist täglicher Sport notwendig, um eine optimale körperliche und geistige Leistungsfähigkeit zu erreichen und zu erhalten.

Der individuelle Weg

2

Die Bestimmung der Konstitution Ihres Kindes/Jugendlichen

Um herauszufinden, was für Ihr Kind optimal ist, müssen Sie seine Konstitution (im Ayurveda „Prakriti" genannt) und evtl. vorhandene Störungen (im Ayurveda „Vikriti" genannt) bestimmen. Bei gesunden Kindern ab dem Schulalter und auch bei leichten Störungen der Gesundheit ist dies mittels Fragebogen problemlos möglich.

Bei Säuglingen und Kleinkindern bis zum Schulalter ist eine exakte Bestimmung manchmal schwierig oder nur von einem ayurvedisch versierten Kinder- und Jugendarzt durchführbar. Der Hauptanteil bzw. das wichtigste konstitutionsbestimmende Dosha ist jedoch bereits im Säuglingsalter (erstes Lebensjahr) gut und sicher zu bestimmen.

Sie finden daher in diesem Kapitel zwei Fragebogen zur Bestimmung der Konstitution:

- Fragebogen zur Bestimmung der Konstitution für Schulkinder und Jugendliche
- Fragebogen für Säuglinge und Kleinkinder zur Bestimmung des Hauptdoshas (Vata, Pitta oder Kapha)

Abb. 29: Der eigene Weg

Fragebogen zur Bestimmung der Konstitution für Schulkinder und Jugendliche

Was müssen Sie beachten?

Wenn Ihr Kind größere Probleme mit seiner Gesundheit hat oder wenn es unter einer chronischen Krankheit leidet, ist eine Selbstbestimmung manchmal nicht möglich. In diesem Fall konsultieren Sie einen in Ayurveda ausgebildeten Arzt oder einen Ayurveda-Spezialisten, lassen Sie sich dort beraten und die Konstitution und die Störungen bestimmen.

Seien Sie unbedingt ehrlich. Nur bei korrekter Beantwortung der Fragen bestimmen Sie die individuelle Konstitution richtig. Und dies ist letztlich die Grundlage für die Auswahl der besten Ernährung, der richtigen Bewegung und der idealen Sportart usw.

Sie sollten diesen Fragebogen-Test von Zeit zu Zeit wiederholen, am besten zu den vier unterschiedlichen mitteleuropäischen Jahreszeiten und immer dann, wenn Ihr Kind Probleme hat oder sich unwohl fühlt. So lernen Sie Ihr Kind immer besser kennen. Und: Dies ist sinnvoll, da im Lauf eines Jahres vielfältige Einflüsse wie Schule, Stress, Temperaturänderungen etc. auf das Kind einwirken und dadurch eventuell Störungen auftreten können. Diese sollten Sie schnell erkennen, bevor es zu Leistungsabfall, Infektanfälligkeit oder schweren Gesundheitsstörungen kommt. Mit einer Anpassung der Ernährung und der Bewegung nach ayurvedischen Richtlinien und/oder mit zusätzlichen Maßnahmen wie ayurvedischer/n Nahrungsergänzung/Medikamenten, Massagen können Sie dann rasch und effektiv Abhilfe schaffen.

Merke:

Die individuelle Konstitution ändert sich nie! Es können aber jederzeit Störungen auftreten, die rasch erkannt werden müssen.

Jetzt kann's losgehen

Wählen Sie zur Beantwortung der Fragen einen ruhigen Ort, an dem Sie einige Minuten ungestört sitzen können.

Beantworten Sie die Fragen spontan, grübeln Sie nicht über die Antwort. Für jede Frage, d. h. in jeder Zeile, sind eine, zwei oder in Ausnahmefällen sogar drei Antworten möglich. Sie dürfen also mehrere Möglichkeiten ankreuzen.

Jede Antwort entspricht einem Punkt. Zählen Sie zum Abschluss Ihre Punkte (= Anzahl der Antworten) in jeder Spalte zusammen, und notieren Sie die Gesamtpunktzahl auf einem extra Zettel oder am Ende der Spalte. Als Ergebnis erhalten Sie je eine Punktzahl für Vata, Pitta und Kapha.

Im Anschluss an den Fragebogen finden Sie dann die Anleitung zur Auswertung. Als Ergebnis kennen Sie dann die individuelle Konstitution Ihres Kindes/Jugendlichen.

Fragen / Feststellungen zu	Spalte 1 Vata	Spalte 2 Pitta	Spalte 3 Kapha
Körperbau	leicht, sehr klein oder groß	schlank, mittelgroß, muskulös	kräftig, stark, stämmig
Körpergewicht	gering	mittel	hoch
Kopf und Gesicht	schmal, klein	markant, mittel	rund, eher groß
Hände / Gelenke	schmale Hände/ gut sichtbare, schmale Gelenke	wohlgeformte Hände/ weiche, lockere Gelenke	große, kräftige Hände/ große, kräftige Gelenke
Haut	fein, bräunlich, trocken, kühl	hell, warm, Sommersprossen	hell, weich, feucht kühl
Haare	fein, trocken, nicht sehr dicht	fein, weich	kräftig, dicht, glänzend
Nägel	dünn, schmal	weich, mittelbreit	dick, fest, breit
Zähne	klein, regelmäßig	mittel, scharfkantig	groß, regelmäßig, keine Karies
Augen	klein, unruhig	mittel, lichtempfindlich	groß, glänzend, ruhig
Lippen	fein	mittel	voll, rot
Durstgefühl	mittel (trinkt eher wenig)	hoch (trinkt viel)	gering (trinkt meist sehr wenig)
Appetit	unterschiedlich	gut bis hoch	wenig bis gering
Urin	wenig, hellgelb	kräftig gelb, starker Geruch	milchig trüb oder kaum gefärbt
Stuhlgang	wenig, fest, Tendenz zur Verstopfung	reichlich, auch mehrfach täglich, Tendenz zu Durchfall	gut geformt, manchmal hell, manchmal schleimig
Schweiß	spärlich, geruchlos	reichlich, eher starker Geruch	kalter Schweiß, wenig Geruch
Stimme	leise, manchmal auch heiser	hoch, wirkt eher laut	ruhig und angenehm tief
Schlaf	leichter Schlaf	wacht manchmal auf, schläft spät ein	tiefer, ungestörter Schlaf
Geschmack	mag süß, sauer, salzig	mag süß, bitter, herb	mag kräftig gewürzt, auch scharf, bitter, herb
Vorlieben beim Essen	warm, nahrhaft, keine Rohkost oder Salat	kühl, mag Rohkost und Salat	heiß, auch trockene Nahrungsmittel

Beweglichkeit	überdurchschnittlich beweglich	gute Beweglichkeit	eher unbeweglich
Körperkraft und Muskulatur	gering	mittel, „athletisch“	hoch
Ausdauer	gering	mittel	gute Ausdauer
Aktivität	schnell, mittlere Motivation, „immer in Bewegung“	mittelschnell, hohe Motivation, „bewegt sich viel“	langsam, geringe Motivation, „bewegt sich wenig“
Ehrgeiz	mittel	hoch	niedrig
Gedächtnis	schnelle Auffassungsgabe, gutes Kurzzeitgedächtnis	scharfe Auffassungsgabe, mittleres Kurz- und Langzeitgedächtnis	langsam, gutes Langzeitgedächtnis
Selbstbewusstsein	wechselnd	gut mit hohem Durchsetzungsvermögen	gleichbleibend hoch
Psyche und Verhalten	kreativ, begeisterungsfähig, sensibel, manchmal unentschlossen	temperamentvoll, kritisch, kann ziemlich launisch sein	ruhig, zufrieden
Infektanfälligkeit	wechselnd, eher häufige Infekte	mittel, bekommt nicht jeden Infekt	gut und stabil, bekommt selten Infekte
Anfällig für	Krankheiten mit Schmerzen (Bauchschmerzen, Kopfschmerzen, ...)	Infektionskrankheiten (Erkältungen, Mandelentzündung,...)	Krankheiten mit Verschleimung (Bronchitis, Sinusitis, Asthma bronchiale)
Lebensgewohnheiten	ist gerne im Freien (wenn es warm ist), bewegt sich gerne	ist gerne im Freien (wenn es nicht zu heiß ist), liebt sehr aktiven Sport, mag Leistungssport, liebt den Wettkampf	kann genießen, mag Ruhe, ist gerne faul, „Bewegungsmuffel“
Ansichten, Berechenbarkeit, Konsequenz	veränderlich, manchmal unberechenbar, häufig inkonsequent	entschlossen, legt Wert auf perfekte Ausführung, manchmal unberechenbar, eher stur	gleichbleibend, sehr berechenbar, sehr konsequent
Höchste Leistungsfähigkeit	früher Morgen und Spätnachmittag	Vormittag und früher Abend	um die Mittagszeit und später Abend
Abneigung gegen	Kälte und Wind	Hitze	Kälte und Nässe
Ergebnis			

Die Auswertung

Maximal sind in einer Spalte 33 Punkte möglich. Die Spalten (Vata, Pitta, Kapha) mit der oder mit den höchsten Punktzahlen bestimmen die Konstitution ihres Kindes oder Jugendlichen.

Die gemischte Konstitution

Die meisten Kinder und Jugendlichen haben eine gemischte Konstitution. In diesem Fall liegen zwei Spalten bei der Auswertung dicht beieinander, d.h. die Punktzahl ist in zwei Spalten gleich oder es ergeben sich nicht mehr als drei Punkte Unterschied. In der dritten Spalte ist die Punktzahl deutlich geringer.

Die möglichen gemischten Konstitutionen sind:

- Vata-Pitta-Konstitution
- Pitta-Kapha-Konstitution
- Vata-Kapha-Konstitution

Beispiel 1: Vata-Kapha-Konstitution (Vata-Kapha-Typ)

Spalte 1:	Vata	15 Punkte
Spalte 2:	Pitta	6 Punkte
Spalte 3:	Kapha	17 Punkte

Beachte:

Es ist gleichgültig, ob Vata oder Kapha in unserem Beispiel die höhere Punktzahl hat. Die Bezeichnung ist immer Vata-Kapha-Konstitution.
Die Reihenfolge Vata vor Pitta und vor Kapha bleibt immer erhalten.

Beispiel 2: Vata-Pitta-Konstitution (Vata-Pitta-Typ)

Spalte 1:	Vata	18 Punkte
Spalte 2:	Pitta	17 Punkte
Spalte 3:	Kapha	7 Punkte

Abb. 30

Die singuläre Konstitution

Seltener sind Kinder und Jugendliche mit einer singulären Konstitution. In diesen Fällen finden sie in einer Spalte eine deutlich höhere Punktzahl als in den beiden anderen.

Die möglichen singulären Konstitutionen sind:

- Vata
- Pitta
- Kapha

Beispiel 3: Vata-Konstitution (Vata-Typ)

Spalte 1:	Vata	19 Punkte
Spalte 2:	Pitta	9 Punkte
Spalte 3:	Kapha	10 Punkte

Beispiel 4: Pitta-Konstitution (Pitta-Typ)

Spalte 1:	Vata	13 Punkte
Spalte 2:	Pitta	19 Punkte
Spalte 3:	Kapha	6 Punkte

Die Tridosha-Konstitution

Extrem (!!) selten sind Kinder und Jugendliche mit einer Tridosha-Konstitution. In diesem Fall findet sich in allen drei Spalten die praktisch gleiche Punktzahl (Abweichung höchstens drei Punkte).

Beispiel 5: Vata-Pitta-Kapha-Konstitution (Tridosha-Typ)

Spalte 1:	Vata	13 Punkte
Spalte 2:	Pitta	12 Punkte
Spalte 3:	Kapha	10 Punkte

Wichtig:

Jedes Kind und jeder Jugendliche besitzt unveränderliche Merkmale, die seine Konstitution bestimmen. Kein Typ bzw. keine Konstitution ist dabei schlecht oder negativ! Sie als Eltern, Erzieher usw. müssen nur lernen, mit seinen individuellen Eigenheiten zu leben und nicht gegen diese, um Gesundheit, Fitness, Intelligenz und Leistungsfähigkeit zu erreichen!
Es gibt innerhalb einer Konstitution Kinder und Jugendliche mit vielen unterschiedlichen Merkmalen, welche die Individuen interessant machen, die aber die Hauptfaktoren nur ergänzen. Um gesund, zufrieden und fit zu sein, müssen die Hauptmerkmale, d.h. die Konstitution im Gesamten, beachtet werden!

Fragebogen zur Bestimmung des Hauptdoshas (Vata, Pitta oder Kapha) für Säuglinge und Kleinkinder

Was müssen Sie beachten?

Eine exakte Bestimmung der Konstitution ist im Säuglings- und Kleinkindalter nur in Einzelfällen möglich. Möglich und sinnvoll ist jedoch die Bestimmung des dominierenden Doshas für die ersten Lebensjahre. Kennen Sie das „Hauptdosha“ Ihres Kindes, können Sie sich auch auf seine Eigenheiten einstellen. Und: Sie können Ihr Kind optimal fördern.

Wenn Ihr Säugling oder Kleinkind größere Probleme mit seiner Gesundheit hat oder unter einer chronischen Krankheit leidet, ist eine Selbstbestimmung manchmal nicht möglich. In diesem Fall konsultieren Sie einen in Ayurveda ausgebildeten Arzt oder einen Ayurveda-Spezialisten, lassen Sie sich dort beraten und die Konstitution und die Störungen bestimmen.

Fragen / Feststellungen zu	Spalte 1 Vata	Spalte 2 Pitta	Spalte 3 Kapha
Körperbau	leicht, sehr klein oder groß	mittelgroß	kräftig, stark, stämmig
Körpergewicht	gering	mittel	hoch
Kopf und Gesicht	schmal, klein	markant, mittel	rund, eher groß
Hände / Gelenke	schmale Hände/ gut sichtbare, schmale Gelenke	mittelgroße Hände/ weiche, lockere Gelenke	große Hände/ große, kräftige Gelenke
Haut	fein, trocken, kühl	hell, warm	hell, weich, kühl
Augen	klein, unruhig	mittel, lichtempfindlich	groß, glänzend, ruhig
Stuhlgang	wenig, eher fest, Tendenz zur Verstopfung	reichlich, auch mehrfach täglich, Tendenz zu Durchfall	gut geformt, manchmal hell, manchmal schleimig
Stimme und Schreien(beim Säugling)	leise, manchmal auch raue Stimme; schreit häufig, aber nicht ausdauernd oder aggressiv	hoch, laut; schreit ausdauernd, laut und manchmal aggressiv	eher ruhig und eher tiefe Stimme; schreit wenig und kaum ohne Grund
Schlaf	leichter Schlaf, wacht häufig auf	wacht manchmal auf, schläft spät ein	tiefer, ungestörter Schlaf

Aktivität und Beweglichkeit	immer in Bewegung und überdurchschnittlich beweglich	bewegt sich viel	bewegt sich wenig und wirkt eher unbeweglich
Gedächtnis	lernt sehr schnell	lernt schnell und merkt sich das Gelernte gut	lernt eher langsam; merkt sich das Gelernte sehr gut
Anpassungsfähigkeit und Durchsetzungsvermögen	passt sich gut an	versucht sich häufig durchzusetzen	kann sich zwar anpassen, aber auch „trotzig" sein
Psyche und Verhalten	begeisterungsfähig, sensibel, manchmal ängstlich	temperamentvoll, kann ziemlich launisch sein, ausgeprägte „Trotzphasen"	ruhig, zufrieden, manchmal stur
Infektanfälligkeit	wechselnd, eher häufige Infekte	mittel, bekommt nicht jeden Infekt	gut und stabil, bekommt selten Infekte
Anfällig für	Krankheiten mit scheinbaren Schmerzen („Nabelkoliken", „Blähungen") und echten Schmerzen (Bauchschmerzen, Kopfschmerzen ...)	Infektionskrankheiten (Erkältungen, Mandelentzündung ...) und sehr häufig scheinbare Schmerzen („Blähungen", „Nabelkoliken")	Krankheiten mit Verschleimung (Bronchitis, Asthma bronchiale)
Ergebnis			

Die Auswertung

Maximal sind in einer Spalte 15 Punkte möglich. Die Spalte (Vata, Pitta, Kapha) mit der höchsten Punktzahl bestimmt das Hauptdosha Ihres Kindes.

Beispiel 1: Hauptdosha Vata

Spalte 1:	Vata	11 Punkte
Spalte 2:	Pitta	3 Punkte
Spalte 3:	Kapha	1 Punkt

Beispiel 2: Hauptdosha Pitta

Spalte 1:	Vata	5 Punkte
Spalte 2:	Pitta	9 Punkte
Spalte 3:	Kapha	2 Punkte

Bemerkung:

Wenn Ihr Kind älter wird (Schulalter oder älter), bestimmen Sie seine exakte Konstitution. Bis dahin bestimmt das Hauptdosha auch die hauptsächlichen Eigenschaften Ihres Kindes. Beachten Sie bis zu diesem Zeitpunkt vor allem die Regeln für die singuläre Vata-, Pitta- oder Kapha-Konstitution.

Von der Konstitution zur optimalen Förderung Ihres Kindes/Jugendlichen

Prinzipielles zum Verständnis

Jeder Typ (Konstitution) benötigt Eigenschaften, die den Eigenschaften seiner Konstitution (den konstitutionsbestimmenden Doshas) entgegengesetzt sind, um sein Gleichgewicht und seine Gesundheit zu erhalten! Zum Verständnis nochmals anders formuliert:

> Jedes Kind und jeder Jugendliche mit seiner individuellen Konstitution benötigt zum Ausgleich auch die Eigenschaften, die ihm fehlen! Auf diese Weise kann es seine vorhandenen Eigenschaften optimal nutzen und seine Möglichkeiten auf geistigem und körperlichem Gebiet voll ausschöpfen.

Beispiel:

Nehmen wir an, Ihr Kind ist ein Vata-Typ oder sein Hauptdosha ist Vata, wenn es ein Kleinkind ist. Mit einer Vata-Konstitution besitzt es die Eigenschaften leicht, sehr beweglich, schnell etc. Es fehlt ihm aber z. B. an Kraft, Ausdauer, Stabilität, Ruhe, Wärme und auch Flüssigkeit. Zum Erhalt seines Gleichgewichts und der Gesundheit und um in jeder Hinsicht optimal leistungsfähig zu sein, sind warme, nahrhafte Mahlzeiten mit den Hauptgeschmacksrichtungen süß, sauer und salzig zu bevorzugen. Außerdem soll genügend und hauptsächlich warm getrun-

> Auf dem Weg zum Erfolg gibt es keinen Lift. Du musst die Treppe benutzen.

Abb. 31

ken werden. Ihr Kind braucht Bewegung, aber auch ausreichend Ruhe und „Entspannung".

Abb. 32

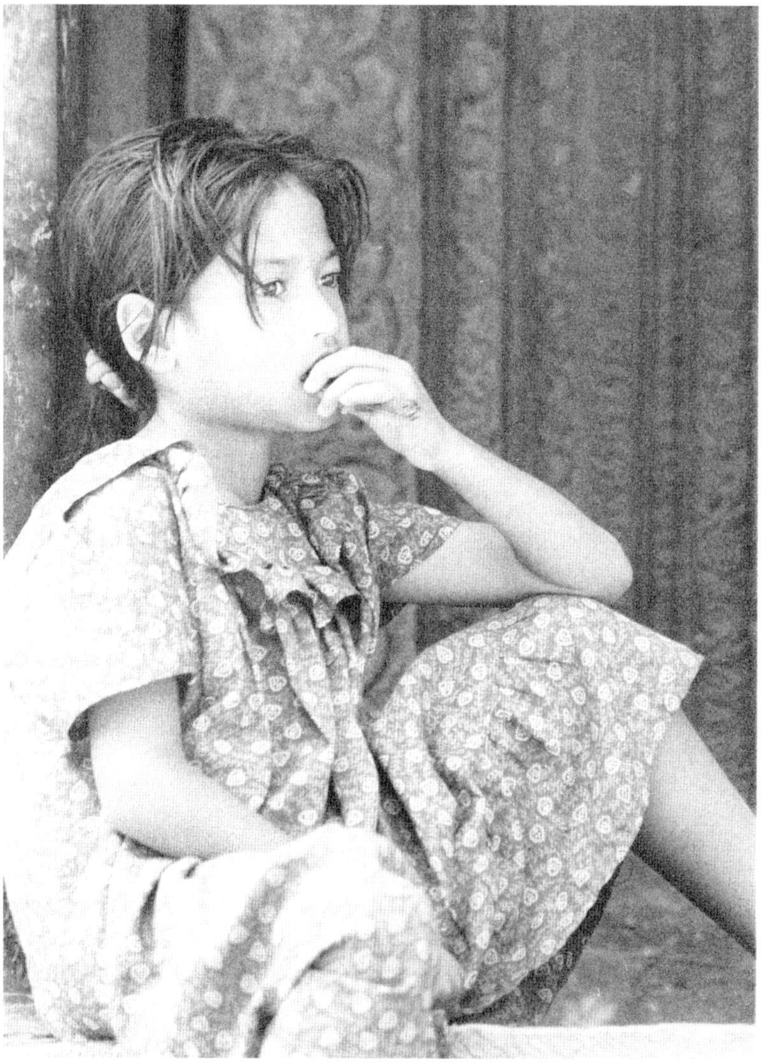

Klingt das kompliziert?

> Wenn du glaubst, etwas ist unmöglich, dann ist es unmöglich.(Bruce Lee)

Für die Gesundheit, körperliche und geistige Leistungsfähigkeit Ihres Kindes lohnt es sich sicher, etwas geistige Arbeit zu investieren.

Sie kennen nun die Konstitution Ihres Kindes. Das ist der erste Schritt auf dem Weg zum Erfolg. Machen Sie sich nochmals in Ruhe anhand Ihrer Antworten die Eigenschaften, Möglichkeiten, Stärken und Schwächen Ihres Kindes klar. Lesen Sie vielleicht nochmals im Kapitel „Die individuelle Konstitution" unter dem entsprechenden Konstitutions-Typ nach. Jetzt sind Ihnen sicher auch die Tipps zum individuellen Typ Ihres Kindes verständlich.

Fragebogen zur Bestimmung möglicher Störungen für Schulkinder und Jugendliche

Um die Gesundheit Ihres Kindes zu erhalten oder Sie zu verbessern, seine körperliche und geistige Leistungsfähigkeit optimal fördern zu können, müssen Sie es noch etwas genauer kennen lernen. Man beschäftigt sich zwar nicht gerne mit Störungen, Beschwerden oder Erkrankungen seines Kindes, das frühzeitige Erkennen von Problemen ist jedoch sehr wichtig, bevor es zu einem Leistungsabfall oder schwerwiegenden gesundheitlichen Störungen kommt.

Im folgenden Fragebogen habe ich die wichtigsten Störungen zusammengestellt.

Was müssen Sie beachten?

Seien Sie auch bei Beantwortung dieser Fragen unbedingt ehrlich! Nur bei korrekter Beantwortung der Fragen bestimmen Sie die derzeit vorhandenen Störungen korrekt. Und dies ist dann die Grundlage, um Ihr Erziehungsprogramm, die Ernährung, die Bewegungsförderung etc. zu überdenken und anzupassen. Sie wollen schließlich, dass Ihr Kind möglichst schnell wieder gesund, fit und leistungsfähig ist.

Sie sollten diesen Fragebogen-Test mehrmals pro Jahr durchführen, vor allem immer dann, wenn Sie Probleme mit Ihrem Kind haben oder wenn Ihr Kind sich unwohl oder krank fühlt. Durch die vielfältigen Einflüsse wie Infektionskrankheiten, diverse Umwelteinflüsse, Stress, Temperaturänderungen etc. können jederzeit Störungen auftreten. Mit einer Anpassung der Erziehung und/oder der Anpassung der Ernährung nach ayurvedischen Richtlinien, mit gezielter Bewegungsförderung und Sport sowie bei Bedarf mit zusätzlichen Maßnahmen wie ayurvedischer/n Nahrungsergänzung/Medikamenten und evtl. Massagen können Sie dann rasch und effektiv Störungen und Beschwerden vermindern. Und: Sie können rasch die Gesundheit und Leistungsfähigkeit Ihres Kindes wiederherstellen.

Schreiten Sie also zur Tat

Wählen Sie zur Beantwortung der Fragen wieder einen ruhigen Ort, an dem Sie einige Minuten ungestört sitzen können.

Beantworten Sie die Fragen spontan, grübeln Sie nicht über die Antwort. Für jede Frage, d. h. in jeder Zeile, sind eine, zwei oder in Ausnahmefällen sogar drei Antworten möglich. Sie dürfen also mehrere Möglichkeiten ankreuzen.

Jede Antwort entspricht einem Punkt. Zählen Sie zum Abschluss Ihre Punkte (= Anzahl der Antworten) in jeder Spalte zusammen, und notieren Sie die Gesamtpunktzahl auf einem extra Zettel oder am Ende der Spalte. Als Ergebnis erhalten Sie je eine Punktzahl für vorhandene Störungen aus dem Vata-, Pitta- und/oder Kapha-Bereich.

Im Anschluss an den Fragebogen finden Sie dann die Anleitung zur Auswertung.

Fragen / Feststellungen zu	Spalte 1 Vata-Störungen	Spalte 2 Pitta-Störungen	Spalte 3 Kapha-Störungen
Appetit	stark wechselnd bis schlecht	Heißhunger	permanentes Essen ohne Hunger
Verdauung und Stuhlgang	Verstopfung und sehr harter unregelmäßiger Stuhlgang, Blähungen	Durchfall	Stuhlgang sehr selten, schleimig, aber nicht hart
Haut	sehr trocken, rissig, trockene Ekzeme, Schrunden an Händen oder Füßen, evtl. dunkle Flecken	nässende Ekzeme, Juckreiz, Rötung, feuchte Hände	Haut sehr fettig mit Juckreiz
Beweglichkeit und Ehrgeiz	überbeweglich, zappelig, unruhig	überehrgeizig	unbeweglich, träge, kommt kaum in Schwung, keinerlei Ehrgeiz
Allgemeines Verhalten	übernervös, unruhig, hektisch	perfektionistisch, aggressiv	müde und faul
Lebensweise	ist sehr unsicher	verhält sich sehr risikoreich	phlegmatisch, liebt Essen und Nichtstun
Sinnesorgane	extrem geräusch-empfindlich und/oder berührungs-empfindlich	gerötete Augen, Bindehaut-entzündungen, auf Licht überempfindlich	nimmt Geräusche kaum wahr, abgestumpft
Temperatur-empfinden	extrem kälte-empfindlich	extrem hitze-empfindlich	extrem empfindlich bei feuchter Kälte
Schlaf	kann nicht einschlafen, wacht ständig auf	kann nicht durchschlafen, hat wilde Träume, Nachtschweiß	kann dauernd schlafen, kommt morgens nicht in Schwung
Schwere Störung1: Gewicht	Untergewicht, Gewichtsabnahme	Gewichtsverlust trotz Heißhunger	deutliches Übergewicht, starke Gewichtszunahme
Schwere Störung2: Psyche	Hysterie, Angstanfälle und akute Depressionen	Sucht: Nikotin, Alkohol oder Drogen; permanente Wutanfälle	zieht sich zurück und ist kaum ansprechbar

Krankheits-symptome/ Krankheiten 1	starke Schmerzen aller Art	Brennen im Bauch oder Brustkorb	dumpfe Schmerzen
Krankheits-symptome/ Krankheiten 2	dauernder trockener Husten	eitrige Bronchitis, häufige Mandel-entzündungen	ständige Nasenneben-höhlenverschleimung und -vereiterung
Krankheits-symptome/ Krankheiten 3	Gelenk- oder Knochen-schmerzen	Gelenk-entzündungen	Schwellungen der Extremitäten und Gelenke
Krankheits-symptome / Krankheiten 4	Neurodermitis, ausgeprägte Ekzeme	Allergien	Asthma bronchiale
Krankheits-symptome/ Krankheiten 5	Aufmerksamkeits-defizit-Syndrom mit starker Unruhe („Zappelphilipp"), ADHS	Starke Unruhe mit aggressiven Phasen: im Jugendalter viel Nikotin, Alkohol oder Drogen	fehlende Energie, kein Antrieb; Aufmerksamkeits-defizit-Syndrom ohne Unruhe („Träumer")
Ergebnis			

Die Auswertung

Sie haben keinen Punkt angekreuzt. Ihr Kind erfreut sich bester Gesundheit. Sie müssen nichts ändern. Sie sollten aber in jedem Fall die Regeln für die Konstitution beachten, um beste Gesundheit und optimale geistige und körperliche Leistungsfähigkeit Ihres Kindes zu erreichen und zu erhalten.

Sie haben maximal zwei Punkte in einer Spalte und dabei keine Punkte aus dem Bereich schwere Störungen oder Krankheitssymptome gefunden. Der Gesundheitszustand des Kindes oder des Jugendlichen ist sicher gut. Sie sollten aber Bewegung, Sport und Ernährung überdenken. Wenn Sie die meisten Punkte in der Spalte Vata-Störungen gefunden haben, befolgen Sie vorerst die Regeln für Vata möglichst konsequent. Wenn Sie die meisten Punkte in den Spalten Pitta- oder Kapha-Störungen gefunden haben, gilt Entsprechendes.

Sie haben drei und mehr Punkte in einer Spalte und dabei keine Punkte aus dem Bereich schwere Störungen oder Krankheitssymptome gefunden. Der Gesundheitszustand Ihres Kindes ist nicht mehr optimal. Seine Leistungsfähigkeit ist deutlich unter seinen Möglichkeiten. Konsultieren Sie einen Kinder- und Jugendarzt und, wenn möglich, einen Ayurveda-Spezialisten oder einen in Ayurveda geschulten Arzt. Sprechen Sie evtl. mit seinem Lehrer oder im Sport mit seinem Trainer. Um die Störungen zu beseitigen und die volle Leistungsfähigkeit wieder zu erreichen, halten Sie sich sehr konsequent an die Regeln für Ernährung, Bewegung und Sport und die sonstigen Ratschläge (siehe im Kapitel „Die individuelle Konstitution" unter Tipps bei der entsprechendes Konstitution und in den Kapiteln „Sport und Bewegung", „Ernährung" etc.).

Sie haben in mehreren Spalten drei und mehr Punkte und/oder Punkte aus dem

Bereich schwere Störungen oder Krankheitssymptome gefunden. Konsultieren Sie unbedingt einen Kinder- und Jugendarzt! Nur der Kinder- und Jugendarzt ist ausgebildet, alle Erkrankungen und Entwicklungsprobleme im Kindes- und Jugendalter (von 0 bis 18 Jahren!) zu erkennen und zu behandeln! Lassen Sie Ihr Kind oder den Jugendlichen gründlich untersuchen und lassen Sie sich beraten. Lassen Sie die Konstitution und die Störungen, wenn möglich, von einem Ayurveda-Spezialisten oder einem in Ayurveda geschulten Arzt überprüfen.

Für Ihr Kind ist es höchste Zeit, sich gesundheitsorientiert zu bewegen, die Ernährung anzupassen und evtl. weitere Maßnahmen zu ergreifen. Beachten Sie vorerst sehr konsequent die Regeln für das Dosha, für das Sie die meisten oder wichtigsten Störungen und/oder Krankheiten gefunden haben, d. h., bei schweren Vata-Störungen die Regeln für Vata, bei schweren Pitta-Störungen die Regeln für Pitta und schweren Kapha-Störungen die Regeln für Kapha. Die Regeln finden Sie unter der entsprechenden Konstitution (Vata, Pitta oder Kapha) und bei den Regeln und Richtlinien für Vata-, Pitta- oder Kapha-Störung.

Merke:

- Setzen Sie sich erreichbare Ziele, egal, ob Ihr Kind vollkommen fit ist oder unter Störungen/Erkrankungen leidet.
- Denken Sie an das wichtigste Ziel: Ihr Kind soll möglichst sein Leben lang gesund und leistungsfähig sein!
- Arbeiten Sie an der Gesundheit Ihres Kindes, seinem Wohlbefinden, seiner Fitness und Intelligenz.
- Sie sind sein bester Arzt und Therapeut. Kein Arzt und kein Therapeut der Welt kann Ihnen die wirklich ganzheitliche Arbeit an der Gesundheit und Leistungsfähigkeit Ihres Kindes abnehmen.
- Ernährung, Sport und Bewegung nach ayurvedischen Richtlinien werden Ihrem Kind/Jugendlichen eine wichtige Hilfe auf seinem persönlichen Weg sein.

Beispiele zur Auswertung und zum besseren Verständnis

Beispiel 1: Keine Störung

Spalte 1:	Vata-Störungen	0 Punkte
Spalte 2:	Pitta-Störungen	0 Punkte
Spalte 3:	Kapha-Störungen	0 Punkte

Wählen Sie Ernährung, Sport und Bewegung etc. entsprechend der Konstitution und den Vorlieben Ihres Kindes. Sie und Ihr Kind sind bei der Auswahl nicht eingeschränkt.

Beispiel 2: Leichte Pitta-Störung

Spalte 1:	Vata-Störungen	1 Punkt
Spalte 2:	Pitta-Störungen	2 Punkte
Spalte 3:	Kapha-Störungen	0 Punkte

In diesem Fall beachten Sie unabhängig von der Konstitution zuerst die Pitta-Störungen. Die einzelne Störung aus dem Vata-Bereich wird vorerst nicht beachtet. D. h., Sie orientieren Bewegung und Sport an den Richtlinien für Pitta und wählen die Ernährung für Pitta (sehr wichtig) und evtl. eine passende Nahrungsergänzung. Achten Sie darauf, dass Ihr Kind genügend Zeit zur Regeneration sowie genügend Entspannung und Ruhe hat. Nutzen Sie, soweit möglich, auch Yoga-Übungen zur Regeneration. Bei bestimmten Problemen sind ayurvedische Nahrungsergänzung/Medikamente und, wenn verfügbar, auch Ayurveda-Massagen sehr nützlich.

Beantworten Sie nach einiger Zeit zur Kontrolle erneut die Fragen zu möglichen Störungen.

Beispiel 3: Schwere Vata-Störung

Spalte 1: Vata-Störungen 4 Punkte
Spalte 2: Pitta-Störungen 1 Punkt
Spalte 3: Kapha-Störungen 1 Punkt

Jetzt müssen Sie sehr konsequent die Vata-Störungen beachten. Der Fehler kann an Überforderung, hohem Stress, fehlender Regeneration, falscher Ernährung etc. liegen. Regeneration, Ruhe, Entspannung, optimale Ernährung für Vata, Nahrungsergänzung, Massagen (wenn verfügbar mit Ayurveda-Therapieölen) sowie evtl. ayurvedische Medikamente sind jetzt wichtig. Wenn Sie konsequent vorgehen, werden die Störungen Ihres Kindes/Jugendlichen bald beseitigt und die Gesundheit und Leistungsfähigkeit wiederhergestellt sein.

Führen Sie den Fragebogen-Test zu möglichen Störungen erneut durch. Ist der Zustand wieder ausgeglichenen, gelten ab diesem Zeitpunkt wieder die Richtlinien (hinsichtlich Bewegung, Ernährung usw.) für die Konstitution Ihres Kindes.

Merke:

Die Störung geht vor! Störungen werden prinzipiell zuerst beseitigt, bevor die Regeln für die eigene Konstitution wieder beachtet werden.

Beispiel 4: Wesentliche Kapha-Störung oder Kapha-Erkrankung

Spalte 1: Vata-Störungen 0 Punkte
Spalte 2: Pitta-Störungen 1 Punkt
Spalte 3: Kapha-Störungen 5 Punkte, dabei starkes Übergewicht

In diesem Fall müssen Sie unbedingt einen Kinder- und Jugendarzt aufsuchen (im Idealfall einen in Ayurvedamedizin ausgebildeten Arzt)! Bei Übergewicht beispielsweise ist Sport/Bewegung sowie die richtige Ernährung die Grundlage jeder Therapie. Liegen keine sonstigen Hindernisse vor, wird Ihr Kind von Ihrem Arzt Sport und die richtige Ernährung „verordnet bekommen". Haben Sie „grünes Licht" von Ihrem Arzt, dann soll Ihr Kind konsequent Sport treiben und sich intensiv bewegen. Ernähren Sie Ihr Kind nach den Regeln für Kapha usw. Das Wichtigste bei Kapha-Problemen: Ihr Kind muss sich anstrengen!

Überwachen Sie sein Gewicht! Führen Sie nach einiger Zeit den Fragebogen-Test zu möglichen Störungen erneut durch. Finden Sie wieder einen ausgeglichenen Zustand, gelten ab diesem Zeitpunkt wieder die Richtlinien (hinsichtlich Sport und Bewegung, Ernährung usw.) für die individuelle Konstitution.

Abb. 33: Die richtige Bewegung für die Konstitution?

Von den Störungen zur Praxis

Regeln und Richtlinien bei Vata-, Pitta- oder Kapha-Störung

Das Grundprinzip ist denkbar einfach:

- **Bei Vata-Störung zählen ausschließlich die Regeln für Vata.** Sie wählen eine konsequente Vata-Ernährung und richten auch alle anderen „Aktivitäten" (Bewegung, Sport, Yoga, Atemübungen, Regeneration, Ruhe und Entspannung) an den Richtlinien für Vata aus.

- **Bei Pitta-Störung zählen ausschließlich die Regeln für Pitta.** Sie wählen eine konsequente Pitta-Ernährung und richten auch alle anderen „Aktivitäten" (Bewegung, Sport, Yoga, Atemübungen, Regeneration, Ruhe und Entspannung) an den Richtlinien für Pitta aus.

- **Bei Kapha-Störung zählen ausschließlich die Regeln für Kapha.** Sie wählen eine konsequente Kapha-Ernährung und richten auch alle anderen „Aktivitäten" (Bewegung, Sport, Yoga, Atemübungen, Regeneration, Ruhe und Entspannung) an den Richtlinien für Kapha aus.

- **Sind die Störungen beseitigt** und hat Ihr Kind oder der Jugendliche das Gleichgewicht wieder erreicht, kann Ernährung, Bewegung etc. flexibel gestaltet werden. Richten Sie sich vorwiegend nach den Regeln für die individuelle Konstitution des Kindes. Es ist aber auch kein Problem, wenn Sie davon einmal abweichen (müssen).

Im Folgenden habe ich Ihnen die wesentlichen Richtlinien und Möglichkeiten zusammengestellt mit Verweisen auf die entsprechenden Kapitel. Ernährung, Bewegung und Sport etc. sollen selbstverständlich altersentsprechend sein. Sie müssen natürlich nicht alles auf einmal umsetzen. Besonders wichtig sind die richtige Ernährung inkl. Nahrungsergänzung sowie Bewegung und Sport.

Die weiteren Möglichkeiten richten sich nach den Angeboten vor Ort. Können Sie Ihrem Kind Yoga und Atemübungen anbieten, ist dies sehr gut, um Störungen zu beseitigen oder zu vermeiden. Dasselbe gilt für Massagen, Ayurveda-Massagen, ayurvedische Nahrungsergänzung und Medikamente. Zumindest die Babymassage können Sie selber durchführen. Bei allen anderen Maßnahmen sind Sie auf die Beratung und evtl. Therapie durch einen Ayurveda-Spezialisten angewiesen.

Richtlinien bei Vata-Störung

Typische Symptome und Erkrankungen bei Kindern und Jugendlichen: Leistungsabfall, Schlafstörungen, Gewichtsabnahme, schlechter Appetit, innere Unruhe und starke Nervosität, Angst zu versagen, Bauchschmerzen, Kopfschmerzen, Muskel- und/oder Knochen- und/oder Gelenkschmerzen, Neurodermitis, Infektanfälligkeit, Obstipation (Verstopfung)

Typische Ursachen: v. a. Stress, Überlastung, falsche Ernährung, Mangel an Spurenelementen und/oder Vitaminen, Mangel an Sport und Bewegung, unpassende Bewegung, fehlende Ruhe und Entspannung

Ausgleich durch Ernährung (sehr wichtig!): konsequente Vata-Ernährung; frisch zubereitet, am besten warm; Hauptgeschmacksrichtungen süß, sauer und salzig; genügend (am besten warm) trinken

Ausgleich durch Nahrungsergänzung: konsequente Ergänzung der Nahrung durch Vitamine, Spurenelemente und mehrfach ungesättigte Fettsäuren

Ausgleich durch Bewegung/Sport: konsequentes Üben von Stabilität (Kraft), Gleichgewicht (evtl. durch Yoga) und Ausdauer im niedrigen Belastungsbereich (rein aerob). Günstige Sport- und Bewegungsarten zum Ausgleich sind u. a. Radfahren, Krafttraining, Walken/Nordic Walking, Bergwandern, Rudern etc. (siehe im Kapitel „Die Bedeutung von Bewegung und Sport im Kindes- und Jugendalter“)

Ausgleich durch Yoga und Atemübungen (wenn verfügbar): Ruhige, kraftvolle Übungen bringen Stabilität sowie Körper und Geist wieder ins Gleichgewicht. Ausgleichende und beruhigende Atemübungen und ein langsam ausgeführter Sonnengruß sind ideal geeignet. Eine gute Entspannung von 15 bis 20 Minuten ist wichtig.

Ausgleich durch Massagen etc. (Beispiele): Am wirkungsvollsten, wenn verfügbar, sind Ayurveda-Massagen mit Therapieölen! Babymassage mit Olivenöl, Mandelöl oder Therapieöl; ayurvedische Massage (Abhyanga etc.), z. B. mit Mahanarayana-Öl, Bala-Ashwagandha-Öl, Dhanvantaram Thailam (Vata-Therapieöl), Kopf- und Gesichtsmassage, Stirnölguss (Shirodhara) (siehe im Kapitel „Ayurveda-Massagen und Spezialbehandlungen für Kinder und Jugendliche“)

Ausgleich durch ayurvedische Nahrungsergänzung / Medikamente (Beispiele): Cyavanprash (Amla-Mus), Ashwagandha, Shatavari, Brahmi (siehe im Kapitel „Ausgewählte Ayurvedakräuter/-medikamente für Kinder und Jugendliche“)

Abb. 34 und 35: Regeneration, Bewegung, Gleichgewicht und Ruhe

Abb. 36: Körper und Geist im Gleichgewicht

Richtlinien bei Pitta-Störung

Typische Symptome und Erkrankungen bei Kindern und Jugendlichen: häufige Entzündungen wie Angina tonsillaris (Mandelentzündung), Pneumonie (Lungenentzündung); Schlafstörungen mit Nachtschweiß; Heißhunger, Durchfall; Perfektionismus, aggressives Verhalten; Gelenkentzündungen, Entzündungen der Sehnenansätze; Ekzeme (häufig nässend) und Juckreiz, greift zum Alkohol, Nikotin

Typische Ursachen: Überlastung, Stress, falsche Ernährung (v. a. zu wenig Kohlenhydrate, zu viel Fleisch, zu scharfe Gewürze), fehlende oder zu kurze Regeneration und Entspannung

Ausgleich durch Ernährung (sehr wichtig!): konsequente Pitta-Ernährung; frisch zubereitet, am besten lauwarm, auch Rohkost; Hauptgeschmacksrichtungen süß, bitter und herb; genügend (am besten zimmerwarm oder etwas kühler) trinken

Ausgleich durch Nahrungsergänzung: konsequente Ergänzung der Nahrung durch Vitamine, Spurenelemente und mehrfach ungesättigte Fettsäuren

Ausgleich durch Bewegung/Sport: konsequent ausgeglichenes Üben von Beweglichkeit (am besten durch Yoga), Stabilität (Kraft) und Ausdauer im niedrigen Belastungsbereich (rein aerob); kein verbissenes Üben, ausschließlich Grundlagentraining. Günstige Sportarten zum Ausgleich sind u. a. Laufen (langsam aerob), Radfahren, Walken/Nordic Walking, Bergwandern, Krafttraining oder auch Rudern.

Ausgleich durch Yoga und Atemübungen (wenn verfügbar): Ruhige Yoga-Übungen (Yoga-Asanas im Stehen, Sitzen und Liegen) sind sinnvoll. Immer auf einen Ausgleich von Beweglichkeit, Kraft und Ausdauer achten. Den Körper dabei nicht erhitzen! Gleichgewichtshaltungen sind sehr wichtig. Ausgleichende und kühlende Atemübungen und ein konzentriert ausgeführter Sonnengruß sind ideal geeignet. Eine gute Entspannung von 10 bis 15 Minuten ist wichtig. Das Ziel ist, Körper und Geist wieder ins Gleichgewicht zu bringen.

Ausgleich durch Massagen etc. (Beispiele): Am wirkungsvollsten, wenn verfügbar, sind Ayurveda-Massagen mit Therapieölen! Babymassage mit Olivenöl, Mandelöl oder Therapieöl; ayurvedische Massage (z. B. Abhyanga), z. B. mit Mahanarayana-Öl, Bala-Ashwagandha-Öl, Pinda Thailam oder Pitta-Therapieöl; Kopf- und Gesichtsmassage; Stirnölguss (Shirodhara) in schweren Fällen kühlend (siehe im Kapitel „Ayurveda-Massagen und Spezialbehandlungen für Kinder und Jugendliche“)

Ausgleich durch ayurvedische Nahrungsergänzung/Medikamente (Beispiele): Cyavanprash (Amla-Mus), Shatavari, Brahmi, Amrita (siehe im Kapitel „Ausgewählte Ayurvedakräuter/-medikamente für Kinder und Jugendliche“)

Richtlinien bei Kapha-Störung

Typische Symptome und Erkrankungen bei Kindern und Jugendlichen: Energieverlust, Leistungsabfall, Antriebsschwäche, Gewichtszunahme bis zur Adipositas (Fettsucht), isst permanent ohne Hunger, dauernde Müdigkeit, Verschleimung, häufige Bronchitis, häufige Sinusitis (Nasennebenhöhlenentzündung), Asthma bronchiale

Typische Ursachen: zu wenig Bewegung, kein Sport, falsche Ernährung, Mangel an Spurenelementen (v. a. Zink) und/oder Vitaminen und dadurch schlechter Stoffwechsel

Ausgleich durch Ernährung (sehr wichtig!): konsequente Kapha-Ernährung; frisch zubereitet, leicht, am besten „heiß"; Hauptgeschmacksrichtungen kräftig gewürzt (bei Jugendlichen auch scharf), bitter, herb; möglichst „heiß" trinken

Ausgleich durch Nahrungsergänzung (wenn erforderlich): konsequente Ergänzung der Nahrung durch Vitamine, Spurenelemente und mehrfach ungesättigte Fettsäuren

Ausgleich durch Bewegung/Sport: konsequentes und intensives Üben von Beweglichkeit, Schnelligkeit und Ausdauer im hoch(!) aeroben Belastungsbereich. Günstige Sportarten zum Ausgleich sind u. a. intensives Radfahren, Laufen (wenn gewichtsbedingt möglich), Nordic Walking, Krafttraining (geringe Gewichte und viele Wiederholungen) oder auch Rudern.

Ausgleich durch Yoga und Atemübungen (wenn verfügbar): Es wird konsequent und intensiv geübt. Der Körper soll ins Schwitzen kommen! Der Schwerpunkt soll auf der Beweglichkeit liegen und die Übungen werden mit einer gewissen Leichtigkeit ausgeführt. Besonders geeignet sind daher beispielsweise Standübungen, Gleichgewichtsübungen, Umkehrhaltungen oder auch ein „schnell" ausgeführter Sonnengruß. Erhitzende und Stoffwechsel anregende Atemübungen ergänzen das Programm. Die Entspannung soll mit 5 bis 10 Minuten nur kurz sein.

Abb. 37 und 38: Radfahren ist gesund – gestern und heute!

Ausgleich durch Massagen etc. (Beispiele): Am wirkungsvollsten, wenn verfügbar, sind Ayurveda-Massagen mit Therapieölen! Babymassage mit Olivenöl, Mandelöl oder Therapieöl; im Schulalter und Jugendalter intensive ayurvedische Massage (Mardana) oder ayurvedische Sportmassage (Thalodal), z. B. Sahacaradi Thailam (Kapha-Therapieöl) oder mit Mahanarayana-Öl; Pulver-Massage oder Öl-Pulver-Massage; Zitronen-Wickel (Jambira Pinda Sweda) (siehe im Kapitel „Ayurveda-Massagen und Spezialbehandlungen für Kinder und Jugendliche")

Ausgleich durch ayurvedische Nahrungsergänzung/Medikamente (Beispiele): Trikatu, Guggulu, Balsambirne, Brahmi, Ashwagandha (siehe im Kapitel „Ausgewählte Ayurvedakräuter/-medikamente für Kinder und Jugendliche")

Sie kennen nun die Konstitution Ihres Kindes oder des Jugendlichen und eventuelle Störungen. Außerdem kennen Sie nun die prinzipiellen Richtlinien und Möglichkeiten, um die Gesundheit zu erhalten, optimale Fitness, Leistungsfähigkeit und Intelligenz zu erreichen oder um Störungen zu beseitigen.

Abb. 39: Wer bin ich? Die Frage nach der individuellen Konstitution

Die psychische Konstitution 3

Erziehen und ernähren Sie Ihr Kind sattvisch

Sattva beschreibt im Ayurveda alle positiven psychischen Eigenschaften. Und diese Merkmale sind es auch, die einen erfolgreichen, beliebten Menschen ausmachen. Die nicht erwünschten psychischen Eigenschaften sind rajas und tamas. Diese Eigenschaften sind es, die Erfolglosigkeit, Unbeliebtheit und auch gesundheitliche Störungen bis hin zu Gesundheitsschäden verursachen können. Insbesondere die falschen Nahrungsmittel, aber auch falsche Erziehung, schlechtes Umfeld und falsche/r oder unzureichende/r Bewegung/Sport fördern die unerwünschten Eigenschaften.

Die folgende Tabelle gibt Ihnen einen Überblick:

	Sattva	**Rajas**	**Tamas**
Eigenschaften:	zielstrebig ausgeglichen voll Energie aktiv fair mutig stabil maßvoll	überehrgeizig gestresst überaktiv unfair grausam intolerant instabil unberechenbar	ziellos ohne Energie faul, träge hinterhältig feige passiv unbeweglich gierig
Nahrungsmittel, welche die Eigenschaft vermehren, sind:	frisch saftig süß (Kohlenhydrate) voll Lebensenergie nahrhaft	zu fettig, ölig zu scharf zu salzig blutig koffeinhaltig Alkohol	alt, trocken konserviert verkocht ohne Lebens- energie sehr fett
Beispiel für Nahrungsmittel:	Weizen, Reis, Milch, Gemüse, Früchte, Nüsse, Rohzucker, Honig etc.	zu viel scharfe Gewürze, viel rotes Fleisch (insbesondere roh), zu viel Alkohol, zu viel Kaffee etc.	Konserven, Wurst, Geräuchertes, fettes Schweinefleisch etc.

Art der Erziehung, welche die Eigenschaft vermehrt ist (gilt für Eltern, Erzieher und Lehrer!):	ausgleichend freundlich konsequent tolerant mit eigenem gutem Beispiel setzt positive Ziele etc.	autoritär unberechenbar inkonsequent intolerant ohne gutes Beispiel setzt unerreichbare Ziele fordernd etc.	antiautoritär verwöhnend inkonsequent anspruchslos ohne gutes Beispiel setzt keine Ziele

Sie als Eltern haben es in der Hand, mit der Ernährung und der Art Ihrer Erziehung die psychische Verfassung und die innere Energie zu steuern und in die richtige Richtung zu lenken.

Denken Sie immer daran:

„Ihr Kind ist, was es isst und wie Sie es erziehen!"

Das folgende Beispiel soll Ihnen die Wirkung von Nahrung veranschaulichen:

Stellen Sie sich intensiv und bildlich zwei Varianten eines Abendessens vor. In der ersten Variante isst Ihr Kind frisch zubereitete Spagetti mit einer Gemüsesoße, Kräutern und etwas Käse. Dazu trinkt es einen frisch gepressten Saft. In der zweiten Variante servieren Sie ihm ein dick belegtes Wurstbrot oder ein Stück fetten Schweinebraten und dazu eine Cola. Nun stellen Sie sich vor, das Kind soll am nächsten Tag in der Schule wach und leistungsfähig sein oder hat vielleicht einen sportlichen Wettkampf zu absolvieren. Welche Variante würden Sie spontan bevorzugen?

Abb. 40: Sattvische Nahrung

Für Kinder und Jugendliche (und selbstverständlich auch für alle anderen Menschen) geeignete gesunde Nahrung soll frisch zubereitet sein und einen hohen Anteil Kohlenhydrate enthalten. Der Nährstoffbedarf soll gedeckt sein. Es müssen alle Vitamine, Spurenelemente und ungesättigten Fettsäuren enthalten sein.

Die typisch deutsche Nahrung enthält zu viel Fett (insbesondere Schweinefett) und zu viel Eiweiß. Selbst intensives Muskeltraining im Hochleistungssport steigert den Eiweißbedarf nur um 50 %!

Bei der Erziehung sind selbstverständlich nicht nur die Eltern beteiligt. In den ersten Lebensjahren liegt die Erziehung zwar alleine in Ihrer Hand, und in dieser Zeit werden die wesentlichen Grundlagen gelegt, danach hat jedoch die Erziehung im Kindergarten und in der Schule einen sehr großen Einfluss!

Nur bei sattvischer Erziehung kann das Kind seine Möglichkeiten hinsichtlich Intelligenz und Leistungsfähigkeit voll ausschöpfen und dabei gleichzeitig gesund und fit bleiben!

Sattvisch erziehen bedeutet zielgerichtet, ohne Stress, anspruchsvoll, aber maßvoll und nicht verbissen erziehen. Eltern, Erzieher und Lehrer sollen fair sein und berechenbar, selbst ein gutes Beispiel geben, auch für genügend Regeneration und Entspannung sorgen. Wenn Sie als „Erzieher" lächeln, können sich Kinder und Jugendliche zuhause, im Kindergarten und in der Schule wohl fühlen, dann üben und lernen sie sattvisch. Sie vergeuden nicht unnötig Energie und üben mit höchster Effektivität.

Abb. 41: Sattvische Erziehung in einer Schule in Goa mit Pater Anton Nenzl, einem langjährigen Freund unserer Familie (Indien)

Tipp für Eltern, Lehrer und Erzieher:

Bemerken Sie innere Anspannung, ärgern Sie sich oder fühlen Sie sich gestresst: Dann versuchen Sie entspannt zu bleiben im Gesicht, verkrampfen Sie nicht die Hände oder ballen Sie diese nicht zu Fäusten. Atmen Sie ruhig und gleichmäßig. Konzentrieren Sie sich auf Ihre Atmung und auf das, was Sie gerade tun.

Abb. 42: Sattvische Erziehung zu Hause in Deutschland

Für die Förderung der Intelligenz und Leistungsfähigkeit der Kinder und Jugendlichen müssen Körper und Geist in einem ausgeglichenen Zustand sein. Um diesen ausgeglichenen Zustand zu erreichen und zu erhalten, muss auch tatsächlich ein Ausgleich zwischen geistigen und körperlichen Aktivitäten geschaffen werden. Die Voraussetzung für geistige Leistungsfähigkeit und Intelligenz ist körperliche Leistungsfähigkeit! Dies muss zu Hause und in den Lehrplänen für Kindergarten und Schule berücksichtigt werden.

- **Dreimal Bewegung/Sport in der Woche ist das Minimum.**
- **Fünfmal Bewegung/Sport in der Woche ist optimal.**

In vielen Ländern der Welt wird dies in den Lehrplänen berücksichtigt und auch tatsächlich durchgeführt. So steht z. B. in Neuseeland, Vietnam oder Finnland, um nur einige Beispiele aus verschiedenen Erdteilen zu nennen, fünfmal Sport in der Woche im Lehrplan. In Deutschland liegt die Zahl der Sportstunden im Kindergartenalter häufig bei null bis eins! Auch in der Schule sind selbst drei effektive Sportstunden in der Woche eher eine Rarität. Auch Kunst und Musik haben in diesen und vielen anderen Ländern einen deutlich höheren Stellenwert als in Deutschland.

In diesem Zusammenhang möchte ich die Frage stellen: Sind die schlechten deutschen Ergebnisse in der PISA-Studie Zufall? Ich denke, diese Frage kann jeder für sich selbst beantworten.

Als Beispiel eines nach meiner Auffassung optimalen Lehrplans möchte ich Ihnen hier die Übersicht des neuseeländischen Lehrplans vorstellen. An dieser Stelle möchte ich mich bei meiner Tochter Birgit bedanken, die mir diesen Plan aus Ihrer Zulas-

Abb. 43 bis 46: Schule in Neuseeland

The Essential Learning Areas Ng Tino Wharga Ako						
Health and Physical Education Hauora	The Arts Ng Toi	Social Sciences Tikanga-iwi	Technology Hangarau	Science Ptaiao	Mathematics Prigarau	Language and Languages Te Kremo me Ng Reo

The Essential Skills Ng Tino Pkenga			
Communication Skills	Information Skills	Problem-solving Skills	Physical Skills
Numeracy Skills	Self-management and Competitive Skills	Social and Cooperative Skills	Work and Study Skills

sungsarbeit für das Lehramt in Musik und Englisch zur Verfügung gestellt hat. Im Diagramm sind die sieben „Essential Learning Areas“ und die acht „Essential Skills“ aufgeführt sowie die grundlegenden Fertigkeiten, welche die Schüler lernen müssen (in Englisch und Maori).

Abb. 47:
Mens sana …

Bemerkenswert ist insbesondere die Reihenfolge der Lerngebiete (Learning Areas), die auch eine gewisse Wertung darstellt. An erster Stelle finden sich die Gesundheitserziehung und die Bewegungserziehung (Sport) gefolgt von Kunst, Sozialwissenschaften usw. Dies entspricht der ayurvedischen Denkweise und auch dem Inhalt des bekannten Satzes „Mens sana in corpore sano".

Abb. 48:
... in corpore sano

Die Bedeutung der gesunden Ernährung 4

Die Ernährung in der Kindheit und Jugend

Die Aufnahme, Umwandlung und Abgabe von Stoffen ist ein entscheidendes Merkmal des Lebens. Durch die richtige Ernährung führen Sie Ihrem Kind die Substanzen zu, die für die Aufrechterhaltung seiner Lebensvorgänge, seiner Energie, für den Aufbau seiner Organe auch seines Gehirns notwendig sind. Gesundheit, Leistungsfähigkeit und Wohlbefinden Ihres Kindes hängen wesentlich ab von seiner Ernährung. Auch die Grundlage für die wichtige Harmonie von Körper und Geist ist eine gesunde Ernährung.

> Die ganze Welt sucht nach Nahrung. Sie ist die Lebensquelle aller Wesen. Klarheit, Langlebigkeit, Glück, Zufriedenheit, Stärke und Wissen – all das gründet sich auf Nahrung.
>
> (Caraka, 750 v. Chr.)

Der Körper – ein System im Fluss

Die Wirkung der Nahrung wird sehr schnell verständlich, wenn Sie sich vergegenwärtigen, dass der Körper Ihres Kindes und selbstverständlich auch Ihr eigener Körper nicht konstant sind. Dies war im Ayurveda schon vor einigen Tausend Jahren bekannt und ist heute wissenschaftlich bestätigt. So werden die Zellen Ihrer Darmschleimhaut alle 14 Tage neu gebildet. Die roten Blutkörperchen werden in 3 Monaten erneuert. Ca. 98 % aller Atome des Körpers werden in 7 Jahren ausgetauscht! Man kann sich in dieser Zeit also gesund und fit oder krank essen.

Zusätzlich müssen während Kindheit und Jugend permanent alle Baustoffe sowie Vitamine, Mineralien und Spurenelemente in optimaler Zusammensetzung für das Wachstum und die Bildung der Gewebe und Organe zur Verfügung stehen. Und: Wie Sie aus Kapitel 3 bereits wissen, wirkt Nahrung auch auf Ihre Psyche.

Abb. 49

Prinzipielles zur gesunden Ernährung

Sie sollten Wert legen auf frische und frisch zubereitete Nahrung! Alle Nahrungsmittel mit sattvischen Eigenschaften (siehe auch Kapitel 3) beeinflussen die Entwicklung des Kindes günstig. D. h., bevorzugen Sie frische, saftige, süße (viele Kohlenhydrate wie Nudeln, Reis, Kartoffeln, Getreideprodukte usw.), schonend zubereitete Nahrung. Verwenden Sie viel Obst und Gemüse sowie täglich Milch oder Milchprodukte. Auch Eier sind wichtig. Wenn Sie Fleisch servieren, übertreiben Sie nicht – zweimal in der Woche ist genug. Fisch sollte regelmäßig auf dem Speiseplan stehen. Und: Essen Sie mit Ihren Kindern in Ruhe.

Abb. 50

Abb. 51: „Ein gut gelaunter Koch bereitet ein gutes Essen zu."

„Ihr Kind ist, was es isst!"

Ungünstig sind insbesondere zu viel saure Speisen, zu viel Salz, zu viele Süßigkeiten, konservierte Nahrungsmittel (Konserven, Geräuchertes, Wurst …), unnötige und vor allem schlechte Fette (Wurst, fettes Fleisch …). Diese Nahrungsmittel sind tamasik oder rajasik und beeinflussen die Entwicklung und Eigenschaften des Heranwachsenden negativ!

Die Nahrung muss aufbauende Eigenschaften haben und soll ausgewogen sein. Auf eine ausreichende Zufuhr an hochwertigem Eiweiß, komplexen Kohlenhydraten und hochwertigen (!) Fetten mit ungesättigten Fettsäuren muss geachtet werden. Außerdem müssen alle notwendigen Mineralien, Spurenelemente und Vitamine zugeführt werden. Letzteres ist wegen des hohen Bedarfs (Wachstum, hohe Belastung durch Schule etc., Sport, Kontakt mit vielen Viren und Bakterien …) häufig über die Nahrung alleine nicht möglich! Die Nahrung sollte im Zweifelsfall ergänzt werden. Die ideale Nahrungsergänzung im Ayurveda ist Amla-Kräutermus (Cyavanprash). Dies kann Kindern und Jugendlichen ohne Bedenken gegeben werden.

Bemerkung:

Es geht auch vegetarisch, aber in diesem Fall nicht ohne Milchprodukte und Ei.

Die richtige Zusammensetzung der Nährstoffe

Speziell in Deutschland wird zu viel Fett und Eiweiß gegessen. Die ideale Zusammensetzung eines „Durchschnittsmenschen“ wäre:

Ca. 60 % Kohlenhydrate
Ca. 25 % hochwertige Fette
Ca. 15 % Eiweiß

Die richtige Ernährung für die Konstitution

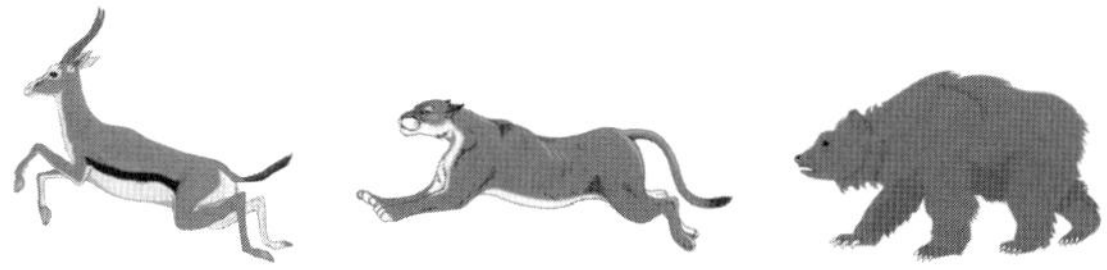

Nach Ayurveda gibt es nicht *eine* gesunde Ernährung, die für alle gleich ist. Ernährung ist vielmehr individuell und abhängig von der Konstitution des Essers! Nahrung, die für das eine Kind optimal und gesundheitsfördernd ist, kann für ein anderes schlecht und evtl. sogar schädlich für die Gesundheit sein.

Ernährung für Kinder mit überwiegend Vata in der Konstitution

Die passende Ernährung ist für die körperliche und geistige Stabilität besonders wichtig. (Höchst-)Leistungen auf körperlichem und geistigem Gebiet sind nur bei optimaler Ernährung möglich. Achten Sie auf regelmäßige, nahrhafte, warme, leicht verdauliche Mahlzeiten. Vata-Kinder bevorzugen die Geschmacksrichtungen süß (Kohlenhydrate), sauer und salzig. Ungünstig sind Rohkost (rohe Gemüse und Salate), kalte Getränke, Nahrungsmittel, die zu Blähungen führen können, und die Geschmacksrichtungen scharf, bitter und herb. Vata-Kinder sind eher trocken. Daher muss auf eine ausreichende Flüssigkeitszufuhr geachtet werden. Achten Sie darauf, dass Ihr Kind genügend trinkt.

Ernährung für Kinder mit überwiegend Pitta in der Konstitution

Pitta-Kinder schwitzen sehr viel und benötigen bei hohen Temperaturen sehr viel Flüssigkeit zum Ausgleich und zur Kühlung. Es muss auch permanent für einen Nachschub an Energie gesorgt werden. Die Energiereserven sind aufgrund des hohen Stoffwechsels rasch aufgebraucht. Wichtig sind hier Kohlenhydrate (Nudeln, Reis, Kartoffeln, Brot, Früchte etc.) auch als Zwischenmahlzeit (süße Früchte, Brot, evtl. Müsliriegel etc.). Pitta-Kinder bevorzugen die Geschmacksrichtungen süß, bitter und herb. Auch Rohkost ist geeignet. Vermeiden Sie fettige Nahrungsmittel und die Geschmacksrichtungen scharf, sauer und sehr salzig.

Ernährung für Kinder mit überwiegend Kapha in der Konstitution

Die richtige Ernährung ist für den Erhalt der Beweglichkeit, für eine ausreichende innere Energie und für den Erhalt eines normalen Körpergewichts sehr wichtig. Für Kapha-Kinder sind leichte, warme, kräftig gewürzte (aber nicht zu scharf!) Mahlzeiten besonders gut. Meiden Sie fette und schwere Nahrungsmittel wie Wurst, fettes Fleisch, in Fett Gebackenes etc. Kalte Mahlzeiten und auch kalte Getränke sind ebenfalls ungünstig. Kapha-Kinder sollen die Geschmacksrichtungen scharf (altersentsprechend und nicht zu scharf), bitter und herb bevorzugen und wenig süß, sauer und salzig essen, da diese Geschmacksrichtungen Kapha vermehren.

Denken Sie daran:

Fette, zu viel süße, saure und salzige Nahrungsmittel machen Ihr Kind dick. Fette, schwere und konservierte Nahrung macht es außerdem träge.

Ernährung für Kinder und Jugendliche mit Vata-Pitta-Konstitution

Die passende Ernährung ist für die körperliche und geistige Stabilität besonders wichtig. Geistige und körperliche (Höchst-) Leistungen sind nur bei optimaler Ernährung möglich. Günstig sind regelmäßige, nahrhafte, leicht verdauliche Mahlzeiten. Vata-Pitta-Kinder bevorzugen die Geschmacksrichtung süß (Kohlenhydrate), und sie sind auch auf die permanente Zufuhr von Kohlenhydraten angewiesen. Auch auf eine ausreichende Flüssigkeitszufuhr muss geachtet werden.

Ernährung für Kinder und Jugendliche mit Vata-Kapha-Konstitution

Vata-Kapha-Kinder genießen ihr Essen. Sie essen daher gerne etwas zu viel. Dies führt bei fehlender Bewegung rasch zur Gewichtszunahme. Die richtige Ernährung ist für den Erhalt der Beweglichkeit, für eine ausreichende innere Energie und für den Erhalt eines normalen Körpergewichts sehr wichtig. Leichte, warme Mahlzeiten sind besonders gut. Kalte Mahlzeiten und auch kalte Getränke sind ungünstig. Aus allen Geschmacksrichtungen wird nach Bedarf ausgewählt, es soll aber immer etwas kräftiger gewürzt werden.

Ernährung für Kinder und Jugendliche mit Pitta-Kapha-Konstitution

Pitta-Kapha-Kinder sollen keine sehr salzigen, sauren, öligen oder fetten Nahrungsmittel zu sich nehmen. Gut sind leicht verdauliche Mahlzeiten, die mit frischen Kräutern gut gewürzt sind. Die typisch bayerische Brotzeit mit viel Wurst, Senf und Rettich ist Gift für sie.

Ernährung für Kinder und Jugendliche mit Vata-Pitta-Kapha-Konstitution

Aus allen Geschmacksrichtungen wird nach Bedarf ausgewählt, wobei die Nahrung, wie im Ayurveda üblich, frisch zubereitet, leicht verdaulich und nahrhaft sein soll.

Gewürze und Kräuter für Kinder und Jugendliche

Der Geschmacks- und der Geruchsinn insbesondere von kleinen Kindern ist sehr gut ausgeprägt und empfindlich. Benutzen Sie Gewürze bei Kleinkindern besonders vorsichtig. Bei Jugendlichen nach der Pubertät kann wie bei Erwachsenen gewürzt werden.

Viele Kräuter und Gewürze sind geeignet, den Stoffwechsel zu regulieren und zu verbessern. Es gelten dabei die allgemeinen Regeln für Vata, Pitta und Kapha (siehe oben und in der Literatur). Gut verträglich sind wärmende, süße oder milde Gewürze wie Kardamom, Zimt (nicht zu viel, wegen des Cumaringehaltes), Koriander, Anis, Fenchel, Kurkuma, Basilikum u .a. Zur Verbesserung des Verdauungsfeuers kann Ingwer verwendet werden.

Bauchschmerzen, Koliken und Blähungen werden gemildert durch Fenchel, Kardamom, Dill oder Kreuzkümmel. Der Geist wird aufgehellt und die geistigen Fähigkeiten werden verbessert durch Basilikum, Tulsi (Basilikum sanctum), Minze, Thymian oder Salbei.

Vorsicht bei sehr scharfen Gewürzen! Sie reizen bei kleinen Kindern den Magen, wirken reduzierend und austrocknend. In der Pubertät erhöhen sie den Pitta-Einfluss zusätzlich und können damit die Probleme der Pubertät weiter verstärken!

Trinken für die individuelle Konstitution

Vata hat die geringsten Flüssigkeitsreserven und muss daher besonders auf eine ausreichende Flüssigkeitszufuhr achten.

Pitta hat durch den hohen Stoffwechsel den höchsten Flüssigkeitsverlust, muss daher ebenfalls während der Belastung auf genügend Trinken achten.

Kapha besitzt den höchsten Flüssigkeitsgehalt des Körpers. Die Reserven sind dementsprechend am besten. Dennoch: Trinken nicht vergessen!

Die richtige Ernährung bei Erkrankungen und bei Störungen (Vikriti) der Gesundheit

Die richtige Ernährung ist nach Ayurveda Grundlage jeder Therapie. In Indien gibt es ein Sprichwort:

> „Nahrung ist Medizin und Medizin ist Nahrung."

Hinweise zur Ernährung bei bestimmten Erkrankungen finden Sie in den Kapiteln 11 bis 16. Hier folgen einige prinzipielle Regeln:

Bei Störungen und Erkrankungen bevorzugen Sie konsequent die Ernährung, die auch für die entsprechende Konstitution optimal wäre:

- Bei einer Vata-Störung – Vata-Ernährung
- Bei einer Pitta-Störung – Pitta-Ernährung
- Bei einer Kapha-Störung – Kapha-Ernährung

Beispiele zum Verständnis:

Bei **Übergewicht (Adipositas)** ist **Kapha erhöht**. Durch eine konsequente Kapha-Ernährung (warm, leicht und leicht verdaulich, kräftig gewürzt) wird Kapha reduziert und das Gleichgewicht wiederhergestellt.

Bei **hohem Stress und Schlafstörungen** ist **Vata erhöht**. Durch eine konsequente Vata-Ernährung (warm, nahrhaft, viele Kohlenhydrate; Haupt-Geschmacksrichtungen süß, sauer und salzig) reduzieren Sie Vata und legen damit die Grundlage für ein erfolgreiches Stressmanagement.

Regeln für gesundes Essen

- Ihr Kind soll nur essen, wenn es hungrig ist.
- Ihr Kind soll das Essen genießen. Lassen Sie ihm Zeit zum Essen.
- Die Nahrung soll ausgewogen sein und alle Geschmacksrichtungen enthalten.
- Die Nahrung soll dem Typ (der Konstitution) angepasst sein.
- Zur Mahlzeit soll warmes Wasser, Tee oder Saft(schorle) mit Zimmertemperatur getrunken werden. Eisgekühlte Getränke sind zum Essen ungeeignet, da sie die Verdauung verschlechtern.
- Der Teller muss **nicht** leergegessen werden.
- Das Kind soll nur essen, bis es satt ist.
- Vermeiden Sie intensiv bittere, herbe und scharfe Gerichte im Kindesalter.
- Die Hauptmahlzeit soll mittags sein.
- Die Abendmahlzeit soll mindestens 2 Stunden vor dem Schlafen eingenommen werden.
- Die Abendmahlzeit soll leicht verdaulich sein und die Verdauung nicht behindern. Wurst, konservierte Nahrung, rohes Gemüse und rohe Salate sowie Sauermilchprodukte (Yoghurt) sind abends ungünstig und sollen gemieden.

Abb. 52: Auch Tierkinder brauchen gute Nahrung.

Vom großen Effekt der Kleinigkeiten

5

Vitamine, Spurenelemente, Mineralien, mehrfach ungesättigte Fettsäuren

Abb. 53: Die Amla-Frucht – die vitaminreichste Frucht der Welt

Unser Nahrungsangebot ist riesig. Zu jeder Jahreszeit können Sie Ihrem Kind nahezu alle erdenklichen Nahrungsmittel kaufen. Da sollte die Ernährung doch eigentlich gesund sein. Vitamine, Mineralstoffe, Spurenelemente und mehrfach ungesättigte Fettsäuren scheinen uns mehr als ausreichend zur Verfügung zu stehen. Doch hier besteht ein Irrtum. In diesem wichtigen Teilgebiet sind viele Mitteleuropäer unterernährt, so seltsam dies auch klingen mag. Die Deutsche Gesellschaft für Ernährung (DGE) stellt in ihrem Ernährungsbericht aus dem Jahr 2004 fest, dass in Deutschland statt der erforderlichen 650 g Obst und Gemüse pro Tag nur 300 g verzehrt werden!

Viele Präventivmediziner ebenso wie Ernährungswissenschaftler sind sich prinzipiell einig. Mehr als zwei Drittel der deutschen Kinder und Jugendlichen sind mangelversorgt. Sie sind noch nicht sichtbar krank, aber ihre Leistungsfähigkeit ist herabgesetzt. Viele leiden an Müdigkeit, Konzentrationsschwäche oder Schlafstörungen. Erkrankungen wie ADHS (Aufmerksamkeitsdefizit-Hyperaktivitäts-Syndrom), Asthma bronchiale, Allergien etc., die auch nach modernen wissenschaftlichen Erkenntnissen von den „wichtigen Kleinigkeiten" abhängig sind, nehmen erheblich zu.

Inhaltsstoffe wie Magnesium, Zink, Selen, Biotin, Omega-3-Fettsäuren usw. sind in der durchschnittlichen Ernährung nicht mehr ausreichend vorhanden.

Durch eigene Untersuchungen konnte ich nachweisen, dass knapp 90 % der sportlich aktiven Kinder und Jugendlichen einen Biotin- bzw. Zinkspiegel im untersten Bereich oder unterhalb der Norm besitzen. Wenn Sie bedenken, dass ca. 70 Stoffwechselwege vom Energiestoffwechsel bis zur Abwehr vom Zink abhängig sind, wird klar, dass mit derartigen Werten keine adäquate Leistung des gesamten Körpers zu erwarten ist.

Ein Formel-1-Rennwagen läuft auch nicht mit 2 Liter Diesel!

Abb. 54: Kind und Motorrad: Beide brauchen optimalen Brennstoff und alle wichtigen Kleinigkeiten.

Wichtig:

- Zumindest bei jeder höheren Belastung (Stress, Infekte, Sport etc.) muss die Nahrung ergänzt werden!
- Nahrungsergänzung ist keine Erfindung der Neuzeit!
- Ayurvedische Nahrungsergänzung in Form von Cyavanprash (Amla-Mus) gibt es bereits seit ca. 3500 Jahren.

Im Folgenden können nur – für Kinder und Jugendliche besonders wichtige – ausgewählte „Kleinigkeiten" besprochen werden:

- Wichtige Mineralstoffe und Spurenelemente
- Wichtige Vitamine
- Ungesättigte Fettsäuren
- Carnitin
- Amla-Mus (Cyavanprash)

Mineralstoffe und Spurenelemente

Magnesium

Jugendliche Nichtsportler sollen 300–400 mg Magnesium pro Tag zu sich nehmen. Bei intensivem Sport liegt der Bedarf bei ca. 600 mg. Bei Kleinkindern und Schulkindern ist der Bedarf abhängig vom Körpergewicht entsprechend niedriger.

Bei einer Mangelversorgung kann es schnell zu Muskelkrämpfen kommen. Magnesiummangel kann außerdem zu Schlafstörungen, depressiver Verstimmung und Nervosität führen.

Als Baustein steckt Magnesium in Knochen und Sehnen, aber auch in Enzymen, welche zur Energiegewinnung aus der Nahrung benötigt werden. Als Gegenspieler zum Calcium steuert es die Stromleitung in Nerven und Muskeln, besonders des Herzmuskels.

Unsere Lebensmittel verarmen jedoch zunehmend an Magnesium, und so ist eine zusätzliche Zufuhr hier besonders wichtig. Zu eiweißreiche Kost, aber auch Stress erhöhen den Magnesiumbedarf zusätzlich.

Magnesium ist unser „Entspannungs- und Erholungs-Mineral". Es sorgt für Entspannung jeder Muskelzelle und des ganzen Körpers.

Wichtige Funktionen:
- Beschleunigung der Regeneration
- Entspannung der Muskulatur
- Stabilisierung der Muskelmembranen

Tipp zur Nahrungsergänzung:
- Bei Kindern und Jugendlichen in kleinen Portionen ergänzen; Präparate mit 40 mg/Tablette sind auf dem Markt. Zu viel Magnesium führt zu Durchfall.

Kalium

Der Bedarf eines Jugendlichen von 2–4 Gramm täglich wird durch normale gemischte Kost gut abgedeckt; dennoch kann sich bei Erkrankungen oder starkem Schwitzen ein Mangel relativ schnell einstellen. Kaliummangel „macht die Muskeln schwach", sowohl die Skelettmuskulatur, den Herzmuskel als auch die glatte Muskulatur des Darms.

Wichtige Funktionen:
- Beschleunigung der Regeneration

Tipp zur Nahrungsergänzung:
- Normalerweise nicht notwendig

Calcium

Calcium ist wichtig für Zähne und Knochen. Ein Jugendlicher soll regelmäßig täglich Mengen von 500–1000 mg zu sich nehmen, da der Körper pro Tag ca. 300 mg verliert und nur ca. 1/3 der mit der Nahrung aufgenommenen Menge verwerten kann. Ein jahrelanger Mangel führt letztlich im Alter zur Osteoporose. Genügend Milch, Käse und Quark können eine gewisse Grundversorgung sichern, wobei es dann schon 1 Liter Milch pro Tag sein sollte. Aber auch Grünkohl, Brokkoli und Meerrettich und viele Mineralwässer enthalten Calcium.

Wichtige Funktionen:
- Aufbaumineral für Knochen und Zähne

Tipp zur Nahrungsergänzung:
- Insbesondere die leichten Vata-Typen haben nur geringe Calciumreserven und müssen evtl. die Nahrung mit ca. 500 mg Calcium pro Tag (Jugendliche) ergänzen.

Zink

Bei optimaler Ernährung nehmen wir ca. 10 mg Zink pro Tag zu uns. Gute Zinkquellen sind Fleisch, Fisch, Schalentiere und Milch. Bei intensivem Sport liegt der Bedarf durch erhöhte Verluste über den Schweiß bei ca. 20 mg.

Zink ist in allen Körperteilen zu finden, die sich rasch erneuern, wie zum Beispiel Haut, Schleimhäute, Haare, Nägel, Knochenmark …, da es für die Zellteilung notwendig ist. Es ist in über 230 verschiedenen Enzymen zu finden und somit von universeller Bedeutung für unseren Körper. Zink ist in über 70 Stoffwechselwegen aktiv. Unter anderem aktiviert es die Immunabwehr und ist zur Energiegewinnung notwendig.

Ein Mangel bremst das Wachstum bei Kindern, verzögert die Wundheilung, schwächt die Immunabwehr und verlängert die Regenerationszeit.

Wichtige Funktionen:

- im Energiestoffwechsel
- im Eiweißstoffwechsel
- im Hormonsystem
- bei der Immunabwehr
- Schutz vor freien Radikalen

Tipp zur Nahrungsergänzung:

- Bei Leistungsabfall, Infektanfälligkeit, Leistungssport 5 bis 10 mg pro Tag

Selen

Wichtige Funktionen:

- Selen stimuliert das Immunsystem
- Schutz vor freien Radikalen

Tipp zur Nahrungsergänzung:

- Bei Infektanfälligkeit 50 – 100 ug pro Tag (Jugendliche)

Eisen

Eisen befindet sich in ganz beachtlichen „Spuren“ im Körper und ist in den roten Blutkörperchen im Hämoglobin das wesentliche Element, welches vor allem für den Sauerstofftransport notwendig ist. In der Muskulatur befindet sich das Myoglobin, welches ebenfalls Eisen als Baustein enthält und dort für die Sauerstoffspeicherung verantwortlich ist. Ein nicht unbeträchtlicher Teil des Eisens wird in Leber, Milz und Knochenmark gespeichert.

Ein Mangel kann recht schnell entstehen, wenn man größere oder länger dauernde Blutverluste hat oder auch durch die Regelblutung der weiblichen Jugendlichen. Mangelsymptome sind allgemeine Schwäche, blasses Aussehen, Müdigkeit und Infektanfälligkeit.

Täglich sollten größere Kinder und Jugendliche mindestens 10 mg Eisen aufnehmen, wobei zu beachten ist, dass man eisenhaltige Nahrungsmittel oder Eisenpräparate immer mit Vitamin C zusammen einnehmen sollte, z. B. mit Orangensaft. Das Vitamin C verbessert die Aufnahme von Eisen deutlich, wogegen Tee und Kaffee die Eisenausbeute erheblich senken.

Tierische Nahrungsmittel, aber auch Haferflocken, Nüsse und Gemüse enthalten viel Eisen.

Wichtige Funktionen:

- Sauerstofftransport

Tipp zur Nahrungsergänzung:

- Evtl. notwendig bei erhöhtem Verlust

Fluorid

Fluor ist im Körper wichtig für die Bildung aller Hartsubstanzen, insbesondere für den korrekten Aufbau der Zähne (Zahnschmelz), aber auch für die Knochen. Eine ausreichende Versorgung über Nahrung und Trinkwasser ist in Deutschland meist nicht möglich! Im Säuglings- und Kleinkindalter soll Fluor daher in der Regel zugefüttert werden!

Wichtige Funktionen:

- Aufbau von Zahnschmelz, aber auch der Knochen

Tipp zur Nahrungsergänzung:

- Notwendig bei Säuglingen und Kleinkindern; die ersten drei Lebensjahre 0,25 mg und danach 0,5 mg

Bemerkung:

- Verwenden Sie bei Kleinkindern **keine** fluoridhaltigen Zahncremes! Kleine Kinder schlucken die Zahncreme. Dadurch wird Fluor sehr leicht überdosiert, was zu fleckigen Zähnen führen kann!

Jodid

Jodid ist im Körper wichtig für die Bildung der Schilddrüsenhormone und für eine normale Funktion der Schilddrüse. Folgen eines Mangels sind Fehlfunktionen der Schilddrüse, insbesondere eine Schilddrüsenunterfunktion. Auch praktisch alle anderen Schilddrüsenerkrankungen kommen bei Jodmangel gehäuft vor. Man schätzt, dass jeder dritte Deutsche ein Problem mit seiner Schilddrüse hat. Jodid ist ausschließlich in Produkten aus dem Meer (Fisch und Meeresfrüchte) sowie in jodierten Nahrungsmitteln enthalten.

Wichtige Funktionen:

- Bildung der Schilddrüsenhormone

Tipp zur Nahrungsergänzung:

- Nicht notwendig, wenn mindestens einmal pro Woche Meeresfisch gegessen und gleichzeitig jodiertes Speisesalz verwendet wird. Ansonsten können zwischen 50 ug (Kleinkind) bis 200 ug (Erwachsener) ergänzt werden.

Vitamine

Vitamin C

Vitamin C ist ein Aufbauvitamin für Stützgewebe, Knorpel, Bindegewebe und Sehnen und ist für das schnelle Heilen von Wunden und Knochenbrüchen nötig. Es stärkt aber auch unsere Immunabwehr, schützt vor bestimmten Giften und fördert die Eisenaufnahme aus dem Darm.

Seine Fähigkeit, freie Radikale abzufangen, macht es zusammen mit Vitamin A und E zu wichtigen Antioxidantien.

Von der Deutschen Gesellschaft für Ernährung (DGE) werden täglich 75 mg empfohlen. Bei beginnendem Infekt empfiehlt sich die Einnahme von mehreren Gramm am Tag.

Wichtige Funktionen:
- Aufbauvitamin
- Schutz vor freien Radikalen

Tipp zur Nahrungsergänzung:
- Nur sinnvoll bei Infekt

Vitamine B1 bis B6

Enthalten sind diese Vitamine v. a. in Vollkornprodukten, Milch und Käse.

Wichtige Funktionen:
- Energiegewinnung aus Kohlenhydraten
- Aminosäurestoffwechsel

Tipp zur Nahrungsergänzung:
- Bei optimaler Ernährung nicht unbedingt notwendig
- Kann aber problemlos ergänzt werden, da eine Überdosierung nicht möglich ist.

Vitamin B12

Dieses Vitamin ist nur in tierischen Produkten enthalten!

Wichtige Funktionen:
- Blut- und Zellbildung

Tipp zur Nahrungsergänzung:
- Notwendig nur bei Ernährung ohne Fleisch, Milch und Eier (vegane Ernährung)
- Bei Blutarmut (Anämie) ergänzen

Folsäure

Folsäure ist zuständig für die Neubildung der Nukleinsäuren bei der Zellteilung und der Blutbildung. Bei einem Mangel werden zu wenige rote Blutkörperchen gebildet. Schleimhautschäden, Durchfall und Gewichtsverlust sind die äußeren Anzeichen.

Zugabe an Folsäure wird Schwangeren dringend empfohlen, um Missbildungen an Rückenmark und Gehirn beim Neugeborenen vorzubeugen.

Vor allem in grünem Blattgemüse (Spinat und Broccoli), Vollkornprodukten und Eiern findet sich viel Folsäure.

Wichtige Funktionen:
- Blut- und Zellbildung

Tipp zur Nahrungsergänzung:
- Notwendig in der Schwangerschaft

Biotin

= Vitamin H gilt als Wachstumsfaktor und beeinflusst Entwicklung und Aussehen von Haut, Schleimhäuten, Haaren und Nägeln. Bei optimaler Funktion der Verdauung sind Mangelerscheinungen sehr selten. Trockene, dünne Haut, dünne Haare oder Haarausfall können Zeichen sein, dass die Versorgung nicht ausreicht.

Wichtige Funktionen:
- Aufbau von Haut und Haaren

Tipp zur Nahrungsergänzung:
- Bei nicht optimaler Verdauung (häufig bei Vata-Konstitution) sinnvoll, bevor Symptome auftreten. 2,5 bis 5 mg pro Tag sollten ergänzt werden.

Vitamin E

Bei diesem fettlöslichen Vitamin soll die empfohlene Tagesmenge von 12 mg nicht überschritten werden, außer bei Rheumatherapie. Bei der Einnahme ist darauf zu achten, dass man die fettlöslichen Vitamine immer zusammen mit etwas fetthaltiger Nahrung zu sich nimmt, da diese Nahrungsfette den Transport des Vitamins in den Organismus ermöglichen.

Vitamin E bietet Schutz vor oxidierenden Stoffen (freien Radikalen, Ozon, Umweltgiften …). Sportler benötigen erhöhte Mengen. Vermehrt freie Radikale entstehen bei erhöhtem Stoffwechsel, Stress, bei Stoffwechselstörungen nach schwerem Trauma usw.

Reich an Vitamin E sind z. B. Weizenkeimöl, Sonnenblumenöl und Haselnüsse.

Wichtige Funktionen:
- Schutz vor freien Radikalen

Tipp zur Nahrungsergänzung:
- Bei optimaler Ernährung nicht notwendig

Vitamin A

Wichtige Funktionen:
- Sehfunktion
- Schutz vor freien Radikalen

Tipp zur Nahrungsergänzung:
- Bei optimaler Ernährung nicht notwendig

Vitamin D

Der durchschnittliche Säugling benötigt 700 Einheiten Vitamin D für seinen Stoffwechsel und ein normales Knochenwachstum. Er bildet jedoch bei mitteleuropäischem Klima nur 200 Einheiten. Die Differenz von 500 Einheiten muss zugeführt werden, um eine Rachitis sicher zu vermeiden.

Wichtige Funktionen:
- Knochenaufbau
- Regelt den Calcium- und Phosphatstoffwechsel

Tipp zur Nahrungsergänzung:
- Notwendig bei Säuglingen bis zum 12. Lebensmonat

Ungesättigte Fettsäuren

Omega-3-Fettsäuren

Wichtige Funktionen:
- Stabilisierung und Aufbau von Zellwänden und Membranen der Zellorganellen
- Wichtig insbesondere auch für Nervenzellen und Gehirn

Tipp zur Nahrungsergänzung:
- Fischölkapseln sind sehr empfehlenswert, wenn nicht regelmäßig Seefisch gegessen wird.

Abb. 55: Mit dem Fisch kommen die Omega-3-Fettsäuren an Land.

Sonstiges

Carnitin

Carnitin ist sehr wichtig im Energiestoffwechsel v.a. für Ausdauerleistungen. Einen hohen Gehalt findet man nur in wenigen tierischen Produkten, z. B. in Lammfleisch.

Wichtige Funktionen:
- Verbesserung der aeroben Energiegewinnung

Tipp zur Nahrungsergänzung:
- Für Ausdauersportler sinnvoll. Carnitinzugabe ist kein Doping!

Ayurvedische Nahrungsergänzung

Amla-Mus (Cyavanprash)

Nahrungsergänzung ist keine Erfindung der Neuzeit! Amla-Mus enthält die meisten Inhaltsstoffe, die für eine effektive Nahrungsergänzung notwendig sind wie Zink, Biotin, Vitamin C und andere. Für Kleinkinder ist 1/2 Teelöffel täglich empfehlenswert. Größere Schulkinder und Jugendliche sollten 1 bis 2 Teelöffel täglich einnehmen – bei sehr hoher Belastung auch mehr. (Bezugsquellen: Siehe Anhang)

Zusammenfassung

Im Säuglingsalter sollen in Deutschland in jedem Fall Vitamin D und Fluorid als Nahrungsergänzung zugeführt werden. Auch nach dem ersten Lebensjahr ist in der Regel eine Zugabe von Fluorid für einige Jahre sinnvoll.

Ob eine Nahrungsergänzung mit weiteren Vitaminen, Spurenelementen, Mineralien und ungesättigten Fettsäuren notwendig ist, hängt von der Zusammensetzung der Nahrung und von der Gesamtbelastung des Kindes/Jugendlichen ab.

In jedem Fall ist eine möglichst komplette Nahrungsergänzung sinnvoll bei Infektanfälligkeit, Leistungsabfall, hohem Stress, schweren Erkrankungen und bei hohen Belastungen durch Sport (Leistungssport).

Aus ayurvedischer Sicht ist Nahrungsergänzung besonders wichtig für Kinder und Jugendliche mit hohen Vata- und Pitta-Anteilen. Für hoch belastete Kinder und Jugendliche, wenn z. B. Leistungssport betrieben wird, ist eine Ergänzung der Nahrung nahezu in jedem Fall sinnvoll und wichtig.

Abb. 56: Auch Pferde brauchen gutes Futter und Nahrungsergänzung für eine gesunde Entwicklung.

Folgende Stoffe sollten ergänzt werden:

- Magnesium
- Zink
- Biotin
- Calcium bei Bedarf
- Eisen bei Bedarf
- Evtl. B-Vitamine
- Evtl. Vitamin C
- Evtl. Vitamin E
- Omega-3-Fettsäuren
- Evtl. Carnitin (bei Ausdauersportlern)

Tipp für Pferdefreunde, Hundefreunde etc.:

Denken Sie auch an Ihr Pferd! Wenn Sie eine hohe Leistung erwarten, müssen Sie auch bei Ihrem Pferd die Nahrung ergänzen. Sehen Sie sich einmal die Futterzusammensetzung Ihres Pferdes, Hundes etc. an. Jedes gute Tierfutter enthält viele lebensnotwendige Vitamine, Spurenelemente etc. als Nahrungsergänzung. Manches Tier isst besser als viele unserer Kinder.

Die Bedeutung von Bewegung und Sport im Kindes- und Jugendalter

6

Die richtige Bewegung bzw. der richtige Sport ist neben der richtigen Ernährung nach Ayurveda die Voraussetzung für Gesundheit, Wohlbefinden und Leistungsfähigkeit. Auch bei der Therapie von Störungen und Erkrankungen spielen Bewegung und Sport eine wesentliche Rolle. Für manche Erkrankungen sind Bewegung und Sport sogar die Grundlage für eine erfolgreiche Therapie. Dies gilt z. B. für Asthma bronchiale, Bluthochdruck, Adipositas (Fettsucht) usw.

Nach Ayurveda sind Bewegung und Sport

- Voraussetzung für eine optimale körperliche und geistige Entwicklung von Kindern und Jugendlichen,
- Voraussetzung für die wichtige Harmonie von Körper und Geist,
- Voraussetzung für Gesundheit und damit Gesundheitsprophylaxe,
- Bestandteil bzw. Voraussetzung in der Therapie wichtiger Erkrankungen.

Die körperliche und psychische Verfassung von Kindern und Jugendlichen in Deutschland ist zunehmend problematisch bzw. schlecht. Die Fitness von Kindern und Jugendlichen hat in Deutschland in den letzten Jahren bei Jungen um 20 % und bei Mädchen um 26 % abgenommen (Untersuchungen der AOK und des Deutschen Sportbundes). 70 % der Kinder haben bei der Einschulung Probleme im Bereich der Motorik. Die Zahl von Haltungsschwächen und Haltungsschäden steigt, psychomotorische und psychosomatische Störungen nehmen zu. Bewegungsmangel spielt bei nahezu 80 % aller Krankheiten eine Rolle. Besonders schwerwiegende Probleme ergeben sich aus der zunehmenden Zahl der Kinder und Jugendlichen mit Fettsucht (Adipositas). Auch in Deutschland gibt es Fälle von Herzinfarkten und Alterdiabetes (Typ 2 Diabetes) im Jugendalter.

Zum gesamten Bereich „Sport und Bewegung“ finden Sie ausführliche Richtlinien für den individuellen Typ, Tipps, Trainingspläne inkl. Atemtraining und Yoga für Sportler im Buch von Dr. Grunert „Gesundheit, Fitness und Leistungsfähigkeit durch Ayurveda im Sport“, erschienen im Verlag Via Nova 2006.

Bewegung und Sport für eine optimale Gesundheit und Entwicklung

Abb. 57

> Eine ausgewogene und kunstfertige Lebensweise, die Extreme vermeidet, ist ein sehr wichtiges Element im Alltag, ja, in allen Bereichen unseres Lebens.
> (Dalai Lama)

Wie viel Bewegung und Sport ist notwendig und sinnvoll?

In vielen Ländern, so z. B. Finnland, Neuseeland, aber auch Vietnam, ist Sport täglich auf dem Stundenplan. Und: Dies gilt bereits im Kindergartenalter! Das bedeutet: In diesen Ländern werden die Kinder und Jugendlichen 5-mal pro Woche altersentsprechend bewegt. Wenn wir uns hierzu die Ergebnisse der PÎSA-Studien ansehen, stellen wir fest, dass Finnland und Neuseeland zu den Spitzenländern gehören! Wenn Sie sich anschließend mit den positiven Effekten von Sport beschäftigen, werden Sie feststellen, dass dies kein Zufall ist.

In deutschen Kindergärten scheint Sport manchmal ein Fremdwort zu sein. Abmalen und Ausschneiden sind oft wichtiger. Die Feinmotorik soll gefördert werden, bevor Kraft, Beweglichkeit und Ausdauer vorhanden sind. Das „Pferd wird quasi von hinten aufgezäumt". In der Schule setzt sich der Trend zur bewegungslosen Gesellschaft fort. In vielen Fällen wird nicht einmal das erforderliche Minimum an Sport – 3 effektive Einheiten pro Woche – erreicht! Das deutsche Abschneiden in den PISA-Studien – Mittelmaß! Unverständlich ist für mich als Kinder- und Jugendarzt, dass die Erkenntnisse und Erfahrungen von Jahrtausenden unbeachtet bleiben.

In Kindergarten und Schule
- sind 3 effektive Einheiten an Sport und Bewegung (hier ist nicht freies Spielen gemeint) das erforderliche Minimum.
- sind 5 effektive Einheiten an Sport und Bewegung pro Woche ideal für den Erhalt der Gesundheit und für eine optimale Leistungsfähigkeit von Körper und Gehirn.

Abb. 58 und 59: Auch Tierkinder spielen gerne und brauchen Bewegung.

Positive Effekte von Sport und Bewegung auf „Körperfunktionen"

Die positiven Auswirkungen von Sport auf den menschlichen Organismus, auf Körper und Geist und für eine optimale Entwicklung von Kindern und Jugendlichen sind seit Jahrtausenden im Ayurveda in Indien und in vielen anderen Hochkulturen (Griechen, Römer etc.) unbestritten. Die wichtigsten positiven Effekte von Sport und Bewegung inkl. Yoga und Atemübungen sind im Folgenden kurz beschrieben:

Das Herz- und Kreislaufsystem

Die Leistungsfähigkeit des Herzens und die Funktionsfähigkeit und Elastizität des Kreislaufsystems hängen stark vom Trainingszustand ab.

Ein ausdauertrainiertes Herz arbeitet kräftiger, benötigt selbst weniger Sauerstoff und schlägt bei gleicher Belastung langsamer. Diese Ersparnis kommt der Lebensdauer zugute.

Wichtige Erkrankungen, denen durch Training des Herz-Kreislaufsystems vorgebeugt werden kann, sind Bluthochdruck, Gefäßverkalkungen, Herzinfarkt etc. Auch eine sinnvolle Therapie dieser Erkrankungen ist ohne individuell passenden Sport nicht möglich.

Besonders effektiv für das Herz-Kreislaufsystem ist aerobes (s. unten) Ausdauertraining.

Das Atmungssystem

Durch Sport, insbesondere Ausdauertraining mit integriertem Atemtraining, wird das gesamte Atmungssystem verbessert. Die Sauerstoffzufuhr bei Belastung wird damit erhöht und die Leistungsfähigkeit von Bewegungsapparat, Herz und auch Gehirn verbessert.

Sauerstoff ist der leistungsbegrenzende Faktor für Ausdauerleistung im Sport, aber auch für geistige Leistungsfähigkeit.

Die Atmung erfolgt meist passiv und unbewusst. Die Atmung kann jedoch auch aktiv eingesetzt und genutzt werden. Tiefe Einatmung beispielsweise verbessert die Sauerstoffzufuhr, tiefe und rasche Einatmung führt zu einer Erhöhung des Aktivitätsniveaus. Tiefe Ausatmung dagegen wirkt beruhigend auf das autonome Nervensystem. So kann durch tiefe, bewusste Ausatmung, insbesondere durch tiefe „Bauchatmung", die Wirkung von Stress vermindert werden. Mit bestimmten Atemübungen kann das Energieniveau von Körper und Geist bewusst angehoben oder abgesenkt werden.

Auch Kinder und Jugendliche können richtiges Atmen lernen. Ja, sie sind auch in der Lage, bei entsprechendem Training die Möglichkeiten der Atmung zu nutzen.

Der Bewegungsapparat

Nur eine optimale Rumpfstabilität bei gleichzeitig guter Beweglichkeit der Wirbelsäule durch eine gut trainierte, elastische Rücken- und Bauchmuskulatur inkl. Beckenbodenmuskulatur kann Kinder und Jugendliche vor späteren Schäden und Schmerzen bewahren! Eine gute Rumpfmuskulatur ist gleichzeitig im Sport Voraussetzung für hohe Leistung in praktisch jeder Sportart, z. B. für schnelles Laufen, weites Werfen, hohes Springen, aber auch gutes

Reiten oder einen kräftigen Schuss beim Fußball.

Jede aktiv ausgeführte Bewegung führt zu neuen Verschaltungen im Gehirn. Diese zusätzlichen Verschaltungen beschleunigen unseren zentralen „Computer", erhöhen die Verarbeitungsgeschwindigkeit und damit auch die Intelligenz. Besonders wirkungsvoll sind dabei komplexe Bewegungsabläufe (z. B. in Ballsportarten wie Fußball, Basketball oder Tennis, aber auch im Yoga).

Das Gehirn und das Nervensystem

Unser gesamter Körper, alle Muskeln und Organe funktionieren nur aufgrund von Nervenimpulsen. Dabei arbeiten drei Systeme zusammen – das zentrale Nervensystem (Gehirn und Rückenmark), das periphere und das autonome sog. vegetative Nervensystem (Sympathikus und Parasympathikus).

Der Rechen- und Steueraufwand für das Gehirn unserer Kinder ist bei komplexen Bewegungsabläufen, wie z. B. beim Fußballspielen oder auch bei komplexen Yogaübungen, unvorstellbar groß! Jeder einzelne Bewegungsablauf muss daher eingeübt und regelmäßig trainiert werden. Durch komplexe Verschaltungen wird das Gehirn für jeden einzelnen Bewegungsablauf programmiert. Diese Verschaltungen können die Kinder dann auch für andere Aufgaben nutzen. Sie sehen: Auch für Kinder und Jugendliche gilt: „Gewonnen wird im Kopf."

Die Rechengeschwindigkeit des Gehirns wird im Wesentlichen über Bewegung trainiert! Aerobes Ausdauertraining ergänzt diesen Effekt – Ausdauertraining ist gleichzeitig Gehirnjogging! 15 Minuten aerobes Ausdauertraining steigern die Gehirndurchblutung um über 25 %. Sportler sind körperlich fit und beweglich, aber auch geistig Nichtsportlern im Durchschnitt überlegen! Sport und Bewegung inkl. Yoga steigern die Intelligenz der Kinder und Jugendlichen.

Das Hormonsystem

Die Hormondrüsen produzieren Botenstoffe – die Hormone. Die Steuerung der Produktion erfolgt unter anderem durch das autonome Nervensystem. Hormone sind verant-

Abb. 60 und 61: Körper und Gehirn in Bewegung

wortlich für die Steuerung lebenswichtiger Körper- und Stoffwechselfunktionen, Wachstum, Antrieb, Stressreaktionen und auch für Emotionen wie Angst und Freude.

Die Hormone der Nebenniere als Beispiel – insbesondere Adrenalin und Cortisol – sind wesentlich beteiligt am sogenannten Stressmechanismus.

Stress setzt primär Adrenalin frei. Dies löst eine Kampf- oder Fluchtreaktion aus. Puls und Atmung werden beschleunigt, der Blutdruck steigt, Energie wird sofort bereitgestellt usw. Dauernder zu hoher Stress ohne die Möglichkeit des Ausgleichs macht unsere Kinder krank. Die Folgen sind allgemeiner Leistungsabfall, psychovegetative Erschöpfung, Schlafstörungen, Depressionen usw.

Auch falsches Training, zu intensives Training, Missachtung wichtiger Regeln des Trainings, aber auch das intensive Üben in einer für das Individuum ungünstigen Sportart verursachen zu hohen Stress und führen evtl. zu allen genannten Folgen. „Sinnloser" Sport kann krank machen.

Ayurvedisch orientiertes Training ist stressfreies Training mit allen Sinnen. Mit anderen Worten: „Vor dem Sport Gehirn einschalten!"

Richtiges Training, der richtige Sport sind Grundlage des Stressmanagements. Dies gilt insbesondere für Ausdauersportarten. Dazu kommt die Verbesserung der Kraft und Beweglichkeit durch Sport, was indirekt auch zu einer Verbesserung der psychischen Stabilität und zur Verbesserung der geistigen Beweglichkeit führt (s. oben).

Sport optimiert die Reaktionen des Körpers beim Stress. Die Konzentration der Stresshormone nimmt bei Stress langsamer zu und die Rezeptoren der Erfolgsorgane (z. B. des Herzens) werden unempfindlicher. Dadurch sind auch die körperlichen Reaktionen, wie die Erhöhung der Herzfrequenz oder die Erhöhung des Blutdrucks, abgemildert. Zusätzlich werden durch Sport die angestauten Energien wieder abgebaut. Folgekrankheiten des Stress wird vorgebeugt.

Aktives Stressmanagement ist für Schulkinder und Jugendliche unerlässlich. Hierzu gehören Sport und Bewegung, aktive und passive Regeneration, Entspannung und ausreichend Schlaf sowie evtl., wenn verfügbar, Yoga und Atemübungen.

Der Energiestoffwechsel

Die Muskulatur ist neben der Leber das größte Stoffwechselorgan. In den Kraftwerken der Zellen, den Mitochondrien, werden Fette und Kohlenhydrate (v.a. Glukose) verbrannt, um Energie zu gewinnen. Der effektivste Weg ist dabei die sog. aerobe Energiegewinnung, die nur mit Hilfe von Sauerstoff möglich ist!

Bei diesem Weg der Energiegewinnung werden vorwiegend Fettsäuren zu Kohlendioxid und Wasser abgebaut. Dies hat diverse Vorteile gegenüber dem sog. anaeroben Weg:

- Fette sind in nahezu unerschöpflicher Menge vorhanden.
- Die Abfallprodukte können problemlos durch Atmung und Niere beseitigt werden.
- Kohlenhydrate werden für die Versorgung des Gehirns und für Notfälle eingespart.

Ausdauertraining im richtigen, d. h. im aeroben Belastungsbereich, steigert die aerobe Energiegewinnung deutlich. Die Menge Sauerstoff, die dabei umgesetzt werden kann, die sogenannte maximale Sauerstoffaufnahme, ist das beste Maß für die Kondition eines Menschen.

Ein untrainierter Jugendlicher kann ca. 30 ml Sauerstoff pro Kilogramm Körpergewicht in der Minute umsetzen. Beim ausdauertrainierten Hobbysportler liegen die Werte bei 40 bis 60 ml. Männliche Spitzensportler erreichen Werte bis über 80 ml, weibliche über 70 ml Sauerstoff.

Bei der anaeroben Energiegewinnung wird Glukose zu Milchsäure, d. h. zu Laktat, abgebaut. Der Vorteil liegt in der schnelleren Energiebereitstellung. Die Leistung wird für kurze Zeit erhöht, was quasi einem Turboeffekt entspricht. Die Nachteile liegen jedoch auf der Hand:

- Die Glukosevorräte sind rasch aufgebraucht.
- Das Abfallprodukt Milchsäure (Laktat) kann nur sehr langsam ausgeschieden werden.
- Die Muskelzellen und der Organismus werden buchstäblich „sauer".
- Stoffwechselvorgänge werden verlangsamt und verschlechtert und kommen im Extremfall komplett zum Stillstand.
- Es fallen große Mengen freier Radikale an, welche die Zellen schädigen können. Freie Radikale werden als Mitverursacher vieler schwerwiegender Erkrankungen wie rheumatischer Erkrankungen, Tumoren etc. diskutiert.

Ziel von gesundheitsorientiertem Sport im Kindes- und Jugendalter muss primär die Verbesserung der aeroben Kapazität sein. Das Ausdauertraining soll daher zum überwiegenden Teil im aeroben Bereich durchgeführt werden.

Für Kinder und Jugendliche ist dies die Grundlage für Gesundheit, Wohlbefinden und allgemeine hohe Leistungsfähigkeit.

Das Training der aeroben Ausdauer ist ebenso wie ein individuell angepasstes Kraft- und Bewegungstraining in jedem Lebensalter möglich und sinnvoll! Bei optimalem Training sind Körper und Geist in Harmonie. Gesteigert wird dadurch nicht nur die Energie für sportliche Leistungen, sondern auch die gesamte Lebensenergie (im Yoga und Ayurveda: Prana).

Die mögliche maximale Sauerstoffaufnahme steigt bei Jungen linear bis zum 16. Lebensjahr, bei Mädchen ca. zum 13. Lebensjahr. D. h., die mögliche maximale Ausdauerleistung ist durch den Energiestoffwechsel während der Entwicklung begrenzt. Erst nach Abschluss der Entwicklung ist ein praktisch „unbegrenztes" Ausdauertraining sinnvoll. Die Möglichkeit der anaeroben Energiegewinnung ist vor dem 10. – 11. Lebensjahr so gut wie nicht vorhanden! D. h., ein hartes, anaerobes Training ist vor dem 10. Lebensjahr sinnlos – häufig sogar schädlich, ebenso wie z. B. der Wettkampf im Bereich der Kurz- und Mittelstrecken. Diese Zusammenhänge müssen insbesondere beim Schulsport beachtet werden!

Positive Auswirkungen von Sport auf die Psyche von Kindern und Jugendlichen

Durch Sport werden wichtige psychische Qualitäten wie Selbstbewusstsein, Durchhaltevermögen, Toleranz gegenüber Enttäuschungen, Konfliktfähigkeit, positives Denken usw. verbessert und geschult. Insbesondere beim Ausdauersport sind direkte positive Wirkungen auf die Psyche zu beobachten. Einerseits sind an diesem Effekt Endorphine beteiligt. Andererseits ist dies durch den Abbau der angestauten Energien und das Absinken der Stresshormone zu erklären (siehe auch unter Hormonsystem). Zu den direkten positiven Auswirkungen gehört auch ein Gefühl des Wohlbefindens. Wohlbefinden ist Voraussetzung für Gesundheit und Leistungsfähigkeit und gleichzeitig auch ein Kennzeichen des gesunden Zustands.

Wichtig:

Fühlt sich ein Kind/Jugendlicher nicht wohl nach einer sportlichen Aktivität, wurde falsch oder zum falschen Zeitpunkt trainiert! Aus ayurvedischer Sicht ist es ein schwerer Fehler, bei jedem Wetter und zu beliebiger Tageszeit ohne Rücksicht auf die eigene Verfassung eine geplante Trainingseinheit durchzuführen. Verbissenes Training führt zu Gesundheitsstörungen und Leistungsabfall. Auch prominente Fitness-Gurus sind schon Opfer ihres sturen Trainingskonzeptes geworden.

Sport fördert die Zufriedenheit und ist eine sinnvolle, nützliche und gesunde Aktivität in der Freizeit. Sportlich aktive Jugendliche nehmen praktisch keine Drogen, trinken weniger Alkohol und rauchen signifikant weniger als inaktive Altersgenossen.

Abb. 62: Bewegung ist gesund für Körper und Geist.

Sport als Prävention

Insbesondere im Bereich Drogen- und Gewaltprävention liegt ein großer Nutzen sportlicher Aktivität im Jugendalter. Daneben ist auch hier die Vorbeugung vor Erkrankungen wie Adipositas (Fettsucht), Haltungsschwäche, Diabetes mellitus Typ 2, Bluthochdruck usw. zu erwähnen.

Nach neueren Untersuchungen wird durch Ausdauertraining außerdem ein Schutzeffekt für drei häufige Krebsarten, nämlich Brustkrebs, Prostatakrebs und Dickdarmkrebs, erreicht.

Der gesundheitliche Nutzen ist teilweise sofort und in vielen Fällen erst in Jahren ablesbar. Der Nutzen für unsere Kinder und Jugendlichen, aber auch der Nutzen für die gesamte Gesellschaft ist jedoch auf Dauer erheblich. Das Ziel „Gesundheit“ muss jedem Kind und Jugendlichen nahegebracht werden. Dies ist eine wesentliche Aufgabe von Schule und Familie. Gesundheit darf dabei nicht, wie häufig üblich, nur als gute Funktion aller Organe oder Arbeitsfähigkeit definiert werden.

Abb. 63: Ausdauersport ist Gesundheitsvorsorge.

Vielmehr muss eine umfassendere Definition von Gesundheit im Sinne des Ayurveda-Arztes Sushruta (750 v. Chr.) in jedem Lebensalter Maßstab sein: *„Gesund ist man, wenn sich die Körperfunktionen, Gewebe, Stoffwechsel, Verdauung und Ausscheidung im Gleichgewicht und Seele, Sinne und Geist im dauerhaften Zustand inneren Glücks befinden.“*

Sport als Therapie

Sport im Kindes- und Jugendalter ist ein wichtiger Bestandteil der Therapie bei einer Vielzahl von Erkrankungen. Dabei werden die oben erwähnten positiven Effekte von Sport genutzt. Besonders bei folgenden Erkrankungen ist Sport wesentlicher Bestandteil der Therapie: bei Adipositas (Fettsucht), Asthma bronchiale, Haltungsschwäche, Diabetes mellitus, Fettstoffwechselstörungen sowie bei diversen psychosomatischen Erkrankungen und allgemeiner Leistungsschwäche usw. Die idealen Sportarten in der Therapie sind v. a. Sportarten mit hohem Ausdaueranteil (siehe Tabelle). Bei Adipositas ist zusätzlich Krafttraining zum Muskelaufbau sehr sinnvoll. Bei psychosomatischen Erkrankungen sind Sportarten, die das Selbstbewusstsein stärken (z. B. Kampfsportarten, Reiten etc.), und ergänzend Yoga günstig.

Die sportlichen/körperlichen Fertigkeiten

Bei sinnvoller sportlicher Betätigung müssen alle sportlichen/körperlichen Fertigkeiten gleichermaßen und ausgewogen trainiert werden. Im Einzelnen sind dies Kraft, Beweglichkeit (Flexibilität), Ausdauer, allgemeine Koordination, Schnelligkeit und sportartspezifische Koordination sowie die Atmung.

Aus ayurvedischer Sicht sollen diejenigen Fertigkeiten besonders intensiv geübt werden, die in der eigenen Konstitution zu gering ausgeprägt sind. D. h., es soll versucht werden, evtl. vorhandene Schwächen auszugleichen.

Die Kraft – Grundlage jeder Bewegung

Eine kraftvolle Muskulatur ist Voraussetzung für jede Bewegung und Grundlage für sportliche Leistungsfähigkeit. Im Jugendalter ist der Einsatz des Krafttrainings problemlos. Es soll allerdings niemals primär Maximalkraft trainiert werden. Aber auch bereits im Kindergartenalter kann und soll die Körperkraft mit Hilfe des eigenen Körpers spielerisch geübt und verbessert werden. Bei älteren Schulkindern und im Jugendalter kann prinzipiell der eigene Körper, aber auch Gewichte oder Geräte zum Kraftaufbau genutzt werden. Es wird in der Regel mit niedriger bis mittlerer Belastung mit relativ vielen Wiederholungen geübt. Ziel ist eine kraftvolle, aber flexible Muskulatur. Eine preisgünstige und sehr effektive Möglichkeit ist der Einsatz von kraftaufbauenden Yogaübungen (siehe bei Grunert „Gesundheit, Fitness und Leistungsfähigkeit durch Ayurveda im Sport“). Dabei können gleichzeitig Beweglichkeit und allgemeine Koordination trainiert werden.

Beweglichkeit – vom Nutzen des Dehnens

Die Verbesserung und der Erhalt der Beweglichkeit ist ein wesentlicher Bestandteil einer effektiven Gesundheitsvorsorge und

Tabelle: Richtlinien für die Konstitution „Krafttraining“

Konstitution	Symbol	Intensität/Häufigkeit
Hohe Vata-Anteile		häufig, kräftig
Hohe Pitta-Anteile		ausgleichend
Hohe Kapha-Anteile		nicht übertreiben

wichtig für jede Art sportliche Betätigung. Prinzipiell soll die Beweglichkeit bereits ab dem Kleinkindalter, d. h. zu Hause und im Kindergarten, verbessert werden. Leider werden entsprechende „Übungsprogramme“ im Kindergarten und in der Grundschule nur sehr unzureichend oder gar nicht angeboten und durchgeführt. Warum wundern wir uns also, wenn bis zu 70 % (!) der deutschen Kinder bei der Einschulung Probleme im Bereich der Motorik haben? Auch zu Hause wird in der Regel lieber „unbeweglich“ ferngesehen oder mit dem Computer gespielt.

Beachte:

Körperliche Beweglichkeit und geistige Flexibilität hängen häufig eng miteinander zusammen.

Das Beweglichkeitstraining ist daher sehr wichtig zur Erlangung sportlicher Kompetenz und zur Verbesserung der geistigen Flexibilität. Das Training kann in Form von Stretchingprogrammen, Gymnastik oder auch Yoga durchgeführt werden.

Hierzu eine Bemerkung: Nahezu alle Übungen aus sog. Stretchingprogrammen haben ihren Ursprung in Übungen aus dem Hatha-Yoga. In jüngster Zeit kommt man im Gesundheits- und im Leistungssport zunehmend wieder zu den ursprünglichen Yogaübungen zurück.

Ausdauer – das wichtige Durchhaltevermögen

Hier ist vor allem die sogenannte aerobe Ausdauerleistung, d. h. die Ausdauer bei Fettverbrennung mit Hilfe von Sauerstoff (s. oben), gemeint. Ausdauerleistung kann bei Kindern und Jugendlichen abhängig von der Körpergröße, dem Alter und der Leistungsfähigkeit auf dem Ergometer mit Hilfe der Spiroergometrie (Messung der Sauerstoffaufnahme und Kohlendioxidabgabe unter zunehmender Belastung) oder auf dem Laufband mit Hilfe verschiedener Testverfahren (z. B. Conconi-Test) gemessen werden. Diese Messungen sind Sportärzten vorbehalten, die auf diese Altersklasse spezialisiert sind.

Tabelle: Richtlinien für die Konstitution „Beweglichkeitstraining“

Konstitution	Symbol	Intensität/Häufigkeit
Hohe Vata-Anteile		ausgleichend (nicht übertreiben)
Hohe Pitta-Anteile		ausgleichend
Hohe Kapha-Anteile		intensiv

Die Ausdauer eines Kleinkindes ist aufgrund des meist hohen Bewegungsdranges in diesem Alter relativ hoch. Dies gilt weniger für Kinder mit hohen Kapha-Anteilen. Die Ausdauer nimmt ohne dauernde Übung im Laufe des Lebens rasch ab. So ist es möglich, dass bereits 30-Jährige ihren Körper bei entsprechendem Übergewicht nicht mehr über 20 Treppenstufen bewegen können. Auch Jugendliche besitzen häufig eine erschreckend geringe Ausdauer.

Ausdauertraining sollte im Jugendalter aus verschiedenen Gründen besonders beachtet werden. Ausdauertraining hat vielfältige allgemeine und gesundheitliche Vorteile. U. a. sind dies:

- Ausdauertraining ist Grundlage des Stressmanagements.
- Ausdauertraining verbessert die Gehirndurchblutung.
- Ausdauertraining optimiert die Funktion von Herz und Kreislauf.
- Ausdauertraining verbessert den Stoffwechsel.
- Ausdauertraining verbessert die Immunabwehr.
- Ausdauertraining schult die Psyche und erhöht das Durchhaltevermögen.
- Gute Ausdauer ist Voraussetzung für jedes leistungsorientierte Training.

Ausdauertraining soll überwiegend im aeroben, d. h. niedrigen Belastungsbereich, durchgeführt werden! Sinnlos und evtl. sogar gesundheitsschädlich ist z. B. der übliche 1000 -m-Lauf in der Schule!

Die Mindesttrainingsdauer einer Ausdauereinheit soll 20 Minuten sein. Darunter ist kein nennenswerter Effekt zu erzielen. Prinzipiell wird ab einem gewissen Trainingsstand die Dauer der Übung und nicht die Geschwindigkeit oder Belastung erhöht. Ein optimales Training setzt einen Leistungstest (siehe oben) voraus. Ist dieser nicht durchführbar, sollte im Jugendalter eine Pulsfrequenz von ca. 150/min als Richtwert nicht überschritten werden. Zu bemerken ist allerdings, dass individuell erhebliche Abweichungen von diesem Wert möglich sind! Ein wirklich effektives und sinnvolles Ausdauertraining in der Gruppe ist eigentlich nur möglich bei Messung der Pulsfrequenz – am besten mittels Pulsmesser.

Tabelle:
Richtlinien für die Konstitution „Ausdauertraining" – gesundheitsorientiertes Training

Konstitution	Symbol	Intensität/Häufigkeit
Hohe Vata-Anteile		ausschließlich aerob (niedriger Belastungsbereich)
Hohe Pitta-Anteile		ausschließlich aerob (niedriger und mittlerer Belastungsbereich)
Hohe Kapha-Anteile		vorwiegend aerob (niedriger bis höherer Belastungsbereich)

Allgemeine Koordination – vom Üben komplexer Bewegungsabläufe

Das Training der Koordination muss bereits im Kleinkindalter zu Hause und im Kindergarten beginnen. Richtiges Gehen, Laufen, Hüpfen, Springen, Ballwerfen etc. ist nicht von Natur aus vorhanden. Jeder komplexe Bewegungsablauf muss geübt werden. Die entsprechenden Bewegungsprogramme werden im Gehirn gespeichert und sind bei Bedarf abrufbar (siehe oben unter Gehirn und Nervensystem). Für jede Bewegung gibt es ein ideales Alter für das Training. Wird diese Phase der Entwicklung verpasst, sind die entsprechenden Fähigkeiten später nur noch ungenügend zu entwickeln. Den Eltern, dem Kindergarten und der Grundschule kommen hier ganz wesentliche Aufgaben zu!

Im Jugendalter sollte die Kompetenz für alle üblichen komplexen Bewegungen vorhanden sein. Dennoch ist es notwendig und sinnvoll, auch scheinbar einfache Bewegungsabläufe wie Gehen und Laufen etc. zu optimieren. So ist beispielsweise beim Lauftraining das Ziel, mit möglichst geringem Energieeinsatz möglichst schnell und dennoch Gelenke und Wirbelsäule schonend zu laufen. Rücken und Kopf sollten aufrecht sein. Der Fuß wird mit dem Ballen (nicht der Ferse) aufgesetzt. Die Stöße werden durch Fuß- und Beinmuskulatur gedämpft.

Schnelligkeit – nur mit Vorsicht trainieren

Ein Training der Schnelligkeit ist nur bei genügend vorhandener Kraft, guter Beweglichkeit und Ausdauer sowie optimaler Koordination des Bewegungsablaufs möglich und sinnvoll. Ohne die genannten Voraussetzungen ist das Schnelligkeitstraining einerseits ineffektiv und kann andererseits zu gesundheitlichen Schäden, z. B. der Gelenke, führen. Vom gesundheitlichen Aspekt aus gesehen entwickelt sich eine ausreichende Schnelligkeit bei gutem Üben der Grundfähigkeiten Kraft, Beweglichkeit und Ausdauer von alleine.

Beachten Sie besonders bei Kindern und Jugendlichen, die Leistungssport betreiben: Viele Beschwerden, Sportverletzungen und Sportschäden haben ihre Ursache im falschen Trainingsaufbau (es wird z. B. Schnelligkeitstraining ohne ausreichende Kraft und Beweglichkeit durchgeführt), in zu „hartem“ Training (die Muskeln und Gelenke werden beim Krafttraining durch zu hohe Gewichte überlastet oder statt aerobem Ausdauertraining wird zu häufig im anaeroben, „sauren“ Bereich trainiert etc.) oder in mangelnder Koordination des Bewegungsablaufs (z. B. Weitsprungtraining ohne adäquates Techniktraining). Ein weiterer häufiger Fehler ist die fehlende Regeneration, was zu Übertrainingssymptomen und Leistungsabfall führt.

Die richtige Atmung – Grundlage körperlicher und geistiger Leistungsfähigkeit

Eine optimale Atmung ist wichtig für die Versorgung jeder Körperzelle mit Sauerstoff sowie für die Entfernung des anfallenden Kohlendioxids. Insbesondere Gehirn und Muskulatur sind auf ausreichende Sauerstoffzufuhr angewiesen. Eine unzureichende Sauerstoffzufuhr vermindert und begrenzt die Leistungsfähigkeit.

Eine gute Atemtechnik ist nicht immer von Natur aus vorhanden. Häufig wird sogar paradox geatmet, d. h., der Bauch wird bei dem Versuch verstärkter Einatmung einge-

zogen (dies verringert das Atemvolumen). Weitere Fehler sind „Pressen“ beim Ausatmen (führt zu „Seitenstechen“), flache Atmung, unkoordinierte Atmung etc.
Das Üben einer optimalen Atmung ist eine wichtige Voraussetzung für Leistungsfähigkeit und Wohlbefinden. Wichtige Bestandteile einer guten Atemtechnik sind:

- Nutzen des gesamten Atemraumes beim Einatmen (mit Einsatz des Zwerchfells, d. h. sogenannter Bauchatmung)
- Tiefe, verlängerte Ausatmung (die Dauer der Ausatmung sollte länger sein als die Einatmung)

Zusätzlich sollten Atemtechniken geübt werden, die dazu geeignet sind, zu beruhigen, Stress abzubauen, die Konzentration zu steigern (z. B. tiefe, ruhige Bauchatmung) oder auch Körper und Geist zu aktivieren (z. B. Atemtechniken mit rascher, tiefer Einatmung).

Sportartspezifisches Training – welches ist die richtige Sportart für mein Kind?

Prinzipielles

Leistungssport ist nicht in jedem Lebensalter sinnvoll. Abhängig vom Alter und Entwicklungsstand soll in den verschiedenen Altersstufen „altersgerecht“ geübt werden:

- Im Kleinkindalter (bis 4 Jahre): Spiel (spielen, toben, turnen)
- Im Kindergarten (4 bis 6 Jahre): spielerische sportliche Übungen (laufen, hüpfen, springen …)
- Ab der Grundschule (6 bis 10 Jahre): Schwerpunkte setzen durch gezieltes Training von Kraft, Ausdauer und Beweglichkeit und sportliche Anreize schaffen (sinnvolle Sportarten: Ballett, Basketball, Eiskunstlauf, Fußball, Kampfsport wie Judo, Leichtathletik Mittelstrecke, Schwimmen, Tennis etc.)
- Ältere Schulkinder und Jugendliche: Sport und Wettkampf (diverse zusätzliche Sportarten möglich wie Bergsteigen, Handball, Leichtathletik Kurz- oder Langstrecke etc., Rudern usw.)
- Ab Pubertät: Leistungssport möglich in praktisch allen Sportarten
- Nach Abschluss der Entwicklung: Hochleistungssport möglich in praktisch allen Sportarten

Ab dem Jugendalter gibt es bis auf wenige Ausnahmen keine Einschränkungen beim Training inkl. Leistungstraining bestimmter Sportarten. In dieser Entwicklungsphase müssen allerdings einige Besonderheiten berücksichtigt werden wie z. B.:

- körperliche Unterschiede insbesondere im Kraftbereich zwischen Früh- und Spätentwicklern
- das beschleunigte Längenwachstum und die dadurch bedingte schlechtere Koordination

- Auftreten von Haltungsschwächen bedingt durch Längenwachstum sowie unzureichende Bauch- und Rückenmuskulatur
- Risiko für entwicklungsbedingte Erkrankungen des Bewegungsapparates wie M. Scheuermann oder M. Osgood-Schlatter
- empfindliche, schmerzhafte Brust bei Mädchen
- evtl. vorhandene psychische Labilität

Sportlich sehr aktive Kinder und Jugendliche, insbesondere wenn sie leistungsorientierten Sport betreiben, benötigen eine einfühlsame Begleitung durch Eltern, Erzieher, Lehrer und Trainer! Anerkennung und positive Verstärkung sind besonders wichtig. Dies gilt für den Vereinssport, aber insbesondere auch für den Schulsport. Hier steht die Notengebung der positiven Verstärkung häufig entgegen. Wer über das Jugendalter hinaus Sport betreibt, wird auch im Erwachsenenalter sportlich aktiv bleiben. Hier liegt daher eine hohe Verantwortung für Eltern, Lehrer und Trainer!

Welche Sportart ist geeignet?

Die Auswahl der geeigneten Sportart für den Leistungsbereich hängt von diversen Faktoren ab:

- vom Alter des Kindes/Jugendlichen (siehe oben)
- vom Körperbau (schmal mit geringer Muskelmasse, mittel und athletisch, breit und große Muskelmasse etc.) und Körpergröße – aus ayurvedischer Sicht von der Konstitution
- von den Interessen des Kindes/Jugendlichen
- von den Möglichkeiten vor Ort usw.

Die Beratung sollte durch einen sportmedizinisch erfahrenen Kinder- und Jugendarzt, evtl. in Zusammenarbeit mit dem Trainer, durchgeführt werden. Ziel ist es, dem Kind/Jugendlichen die Sportarten, für die optimale Möglichkeiten vorhanden sind, zu empfehlen. Die endgültige Wahl liegt immer beim Kind/Jugendlichen selber.

Bemerkungen zum Schulsport

Guter Schulsport muss die Richtlinien für gesundheitsorientierten Sport beachten. Sportliche Grundfähigkeiten sollen geübt und die vielen positiven Aspekte von Sport müssen genutzt werden! Diese Grundsätze werden häufig, auch bedingt durch den Zwang, Noten zu vergeben, nicht beachtet.

Leistungen werden in spezifischen Sportarten bewertet. Diese Bewertung findet unabhängig von der individuellen Konstitution und damit den körperlichen Möglichkeiten der Kinder/Jugendlichen statt. Dies führt in der Regel dazu, dass beispielsweise schmale, groß gewachsene Kinder/Jugendliche (Vata-Konstitution) beim Geräteturnen versagen (müssen) oder breit und schwer gebaute Kinder/Jugendliche (Kapha-Konstitution) beim 1000-Meter-Lauf. Die Frustration durch schlechte Noten für unverschuldet „schlechte" Leistungen führt nicht selten dazu, dass Kinder/Jugendliche das Interesse an sportlicher Aktivität verlieren.

Das Ziel von Sport in der Schule muss aus gesundheitlicher und ayurvedischer Sicht weitgehend unabhängig von der sportartspezifischen Leistungsfähigkeit gesehen werden. Die gesundheitlichen Aspekte von Sport müssen ebenso wie die Aspekte der besseren allgemeinen Leistungsfähigkeit, der Stressbewältigung usw. (s. oben) im Vordergrund stehen.

Eine gerechte Notengebung muss sich immer an der Konstitution und den Möglichkeiten des einzelnen Kindes/Jugendlichen orientieren. Maßstab sollten beispielsweise sein:

- individuelle Verbesserung der Leistungsfähigkeit in einem bestimmten Zeitraum
- Einsatzwille
- Konsequenz beim Training
- Einhalten vereinbarter Ziele
- theoretische Kenntnisse usw.

Besonders günstig und wichtig wäre im Bereich Schulsport die Zusammenarbeit der Schulen mit den Kinder- und Jugendärzten sowie mit den Vereinstrainern.

Die Mindestmenge Schulsport sollte bei 3 x 2 Schulstunden (= 3 x 90 min) pro Woche liegen.

Bemerkungen zum Ausgleichstraining (Cross-Training)

Jedes sportartspezifische Training soll durch Üben in anderen Sportarten ergänzt werden, um nicht einseitig zu werden. Ausgleichstraining vermindert das Risiko von Übertraining und verbessert die geistig-körperliche Balance. So sollte ein schmal und leicht gebauter, ausdauertrainierter Leichtathlet zum Ausgleich kräftigende und beruhigende Sportarten ausüben wie Radfahren, Krafttraining, Schwimmen oder auch Golf. Als Ergänzung sind kraftvolle und beruhigende Yogaübungen geeignet.

Die geeignete Sportart für eine bestimmte Konstitution

Die folgenden Tabellen sind Beispiele für Empfehlungen ohne Anspruch auf Vollständigkeit. Die „optimale" Sportart kann im Einzelfall in Zusammenarbeit von Kind/Jugendlichem, Eltern, Kinder- und Jugendarzt und Trainer gefunden werden.

Körperbau leicht – schmal – klein
(klein mit hohen Vata-Anteilen)

- Ballet, Tanz
- Turnen und Gymnastik
- Fußball
- Langstreckenlauf, Gehen, Radfahren
- Kampfsport
- Reiten

Körperbau leicht – schmal – groß
(groß mit hohen Vata-Anteilen)

- Handball, Volleyball, Basketball
- Gehen, Mittelstreckenlauf, Langstreckenlauf
- Radfahren
- Schwimmen
- Kampfsport
- Klettern

Körperbau athletisch – mittelgroß bis groß
(hohe Pitta-Anteile)

- Basketball, Handball, Fußball
- Kurzstreckenlauf, Mittelstreckenlauf
- Mehrkampf
- Schwimmen, Radfahren
- Kampfsport
- Tennis

Körperbau schwer – mittelgroß bis groß
(hohe Kapha-Anteile)

- Basketball, Football
- Kampfsport
- Speerwerfen, Hammerwerfen …
- Kurzstreckenlauf
- Bodybuilding

> Die Auswahl der geeigneten Sportart ist sehr differenziert möglich bei Beachtung der Körpergröße, des Knochenbaus, der Muskulatur, der mentalen Energie usw. Eine ideale Möglichkeit bietet dabei die Auswahl entsprechend der Konstitution.

Vermeiden von Sportverletzungen und Sportschäden

Die beste Prävention vor Verletzungen und Sportschäden ist ein gutes Bewegungstraining schon beim Kleinkind und im Grundschulalter. Hier werden die Grundlagen für jede sportliche Aktivität gelegt. Kraft, Ausdauer und Beweglichkeit sollen ausgewogen geübt werden.

Außerdem sollen beim sportlichen Training die individuelle Konstitution, das Alter, das Entwicklungsstadium und auch geschlechtsspezifische Besonderheiten berücksichtigt werden.

Auch die Auswahl der Sportschuhe (z. B. für Jogging, Basketball, Bergsteigen ...) und einer geeigneten Sportbekleidung ist wesentlich. Für bestimmte Sportarten muss unbedingt die passende Schutzkleidung getragen werden (z. B. Inlineskating, Eishockey, Reiten, Radfahren ...)! Sparen Sie nicht an der Ausrüstung! Eine gute Ausrüstung trägt zum Spaß beim Sport bei und ist wichtig zur Vermeidung von Sportverletzungen.

Beispiel einer idealen Trainingseinheit/Übungsstunde (Ausdauertraining)

Jede Trainingseinheit besteht aus mehreren (meist drei) Phasen, nämlich
- Aufwärmen (Warm-Up),
- Leistungs-Phase (Performance-Phase),
- Abkühlen (Cool-Down).

Für einen optimalen Gesundheits- und Trainingseffekt gibt es wichtige Voraussetzungen:
- ein entspanntes, aber waches, konzentriertes Gehirn
- eine vollständige, richtige Atmung
- eine gut mit Sauerstoff versorgte und gut durchblutete Muskulatur, die nicht verspannt ist

Wenn zwei weitere Phasen in den Trainingsablauf eingebaut werden, wird Ihr Kind/Jugendlicher unter diesen optimierten Bedingungen üben.

Die ideale Trainingseinheit

Eine ideale Trainingseinheit besteht aus fünf Phasen:

1. In der **Aufwärm-Phase (Warm-Up-Phase)** werden Körper und Geist auf die Belastung vorbereitet und harmonisiert. Gelenke, Bänder und Muskeln werden beweglich gemacht und der Stoffwechsel angeregt. Geeignet sind Dehnübungen, bewusstes Gehen oder langsames Joggen und besonders zu empfehlen aus dem Yoga der „Sonnengruß". In dieser Phase wird versucht, vollständig und ruhig durch die Nase zu atmen. Am einfachsten gelingt die Konzentration, wenn anfangs der Atem beobachtet wird und die Bewegungen mit dem Atem koordiniert werden. Durch passende Übungen kann der Stoffwechsel zusätzlich angeregt werden.

2. In der **Atemtrainings-Phase** wird die Atmung intensiviert. Geatmet wird, wenn möglich, richtig und vollständig durch die Nase. Der Stoffwechsel wird auf die folgende aerobe Belastung vorbereitet. Geübt wird in der ausgewählten Sportart. Der Puls und damit die Belastungsintensität liegen zwischen 50 und 60 % des Maximums. Es wird besonders auf eine tiefe, ruhige und koordinierte Atmung geachtet. Gesamtdauer: 5–10 min

3. In der **Körperbewusstseins-Phase (Listening-Phase)** wird die Belastung im aeroben Bereich langsam gesteigert. Dabei wird ausschließlich im angenehm niedrigen aeroben Bereich trainiert. In dieser Phase wird der Stoffwechsel auf höhere Belastungen vorbereitet. Das Kind/der Jugendliche soll lernen, auf die Signale des Körpers zu achten! Fragen

Sie nach: Fühlst du dich gut? Ist heute eine höhere Belastung möglich? Trainieren Sie das Körperbewusstsein der Kinder/Jugendlichen. Ist eine gesundheitsorientierte bzw. eine aerobe Trainingseinheit geplant, werden der Puls und damit die Belastungsintensität schrittweise auf ca. 70 % des Maximums gesteigert. Ist im Leistungssport eine anaerobe Tempoeinheit geplant (nur für Jugendliche geeignet) und fühlt sich der Jugendliche dazu bereit, werden in der zweiten Hälfte dieser Phase Puls und Belastung auf maximal 80 % erhöht. Gesamtdauer: 10–20 min

4. In der **Leistungs-Phase (Performance-Phase)** folgt die geplante Trainingseinheit (Grundlagentraining, Intervalle etc.). Die Intensität und Durchführung hängen ab vom Alter und von der aktuellen Leistungsfähigkeit. Gesamtdauer: Entsprechend dem individuellen Trainingsplan

5. In der **Abkühl-Phase (Cool-down)** werden Stoffwechsel und Atmung auf das Ruheniveau zurückgeführt. Geeignet sind hier langsames Joggen, Gehen, Yoga etc. Die Dauer richtet sich nach der Intensität der Belastung: Je intensiver die Belastung, umso länger die Cool-down-Phase. Gesamtdauer: 5–15 min

Beachten Sie:

Nach einer Übungs-/Trainingseinheit soll sich das Kind/der Jugendliche frisch, aktiv und gestärkt fühlen! Fühlt es/er sich „fertig“, kaputt oder psychisch leer, war die Einheit zu intensiv oder fehlerhaft aufgebaut. „Work-outs“, bei denen die Kinder/Jugendlichen körperlich und geistig ausgelaugt werden, sind sinnlos und kontraproduktiv. Trainieren Sie die Kinder mit Köpfchen! Denken Sie daran: „Gewonnen wird im Kopf!“

Sport bei Erkrankungen – Sport als Therapie (mit zwei wichtigen Beispielen)

Prinzipielles

Geeigneter Sport und Bewegung gehören im Ayurveda bei vielen Erkrankungen zur Grundlage der Therapie. Sport ist ebenso notwendig und sinnvoll wie die passende Ernährung und die richtigen Medikamente. Auch in der modernen Medizin ist Sport eine wichtige Säule der Therapie. Die Wichtigkeit und Notwendigkeit finden derzeit allerdings keinen Niederschlag in den Rahmenbedingungen der ambulanten ärztlichen Tätigkeit in Deutschland. Eine Sportberatung bzw. sportärztliche Beratung ist im Kassensystem gar nicht vorgesehen!

Die folgende Aufstellung von Erkrankungen und Beschwerden im Kindes- und Jugendalter (ohne Anspruch auf Vollständigkeit), bei denen Sport wesentlicher Bestandteil und häufig auch Grundlage der Therapie ist, macht den hohen Stellenwert von Sport deutlich:

- Adipositas (Fettsucht)
- allgemeiner Leistungsabfall
- Anorexie (Magersucht)
- Asthma bronchiale
- ADHS (Aufmerksamkeitsdefizit-Hyperaktivitäts-Syndrom)
- Diabetes mellitus
- Essstörungen (Magersucht und Bulimie)
- hypotone Kreislaufregulationsstörung (niedriger Blutdruck)
- Infektanfälligkeit
- Mukoviszidose
- psychosomatische Erkrankungen
- Störungen der motorischen Entwicklung (Grob- und Feinmotorik)
- kombinierte Entwicklungsstörungen
- Rehabilitation nach Tumortherapie
- Rehabilitation bei rheumatischen Erkrankungen
- Rehabilitation nach Verletzungen usw.

Wichtig ist hier eine intensive Zusammenarbeit von Eltern, Erziehern, Kinder- und Jugendarzt, Sportlehrer und Trainer. Bei allen Erkrankungen muss das individuelle Handykap bei der Leistungsbeurteilung in der Schule berücksichtigt werden. Es hat wenig Sinn, diesen Kindern/Jugendlichen den Spaß am Sport durch nicht angepasste Leistungsbeurteilung zu nehmen.

Sport bei Adipositas (Fettsucht)

Grundlage der Therapie bei Adipositas (Fettsucht) ist regelmäßige sportliche Aktivität. Bei der Auswahl der Sportart müssen das hohe Körpergewicht, die geringe Beweglichkeit und die anfangs geringe Ausdauer beachtet werden. Sinnvoll ist, primär die Muskulatur zu stärken und die Beweglichkeit zu verbessern durch Krafttraining, Ergometertraining oder Radfahren (gleichzeitig Verbesserung der aeroben Ausdauer), Nordic-Walking usw. Außerdem muss die Beweglichkeit durch Gymnastik oder auch durch passende Yoga-Übungen wiederhergestellt werden. Gelenkbelastende Sportarten wie z. B. Jogging sind anfangs häufig nicht geeignet und sollten primär vermieden werden. Es müssen Ziele gesetzt werden, um eine Erfolgskontrolle zu erhalten. Ein individueller Trainingsplan ist besonders günstig für den Erfolg.

Im Schulsport ist es sehr wichtig, das Problem „Fettsucht" in die Beurteilung mit einzubeziehen. Es müssen individuelle Leistungsziele gesetzt und zur Notengebung herangezogen werden. Ein sportlich trainierter Jugendlicher kann nicht Maßstab sein! Entsteht „Sportstress" in der Schule, ist der gesamte Therapieerfolg gefährdet.

Sport bei Asthma bronchiale

Ein Kind/Jugendlicher mit Asthma bronchiale muss zum Erhalt der Gesundheit und zur Verbesserung von Lunge und Atemwegen Sport betreiben. Eine Befreiung vom Schulsport ist medizinisch und sportmedizinisch unsinnig – eine Sportbefreiung gefährdet die Gesundheit des Kindes/Jugendlichen!

Besonders nützlich sind Sportarten mit einem hohen Ausdaueranteil wie z. B. Schwimmen, Jogging, Skilanglauf, Inlineskating, aber auch Mannschaftssportarten wie Fußball etc. Prinzipiell ist jeder Sport sinnvoll.

Das Asthma bronchiale muss selbstverständlich durch einen erfahrenen Kinder- und Jugendarzt adäquat therapiert und überwacht werden (inkl. Spirometrie bzw. Spiroergometrie). Bei bekanntem Belastungs-Asthma muss vor dem Sport das verordnete Medikament inhaliert werden.

Bei optimaler medizinischer bzw. sportmedizinischer Betreuung und optimalem Training ist Hochleistungssport möglich. Ideal ist selbstverständlich ein Training nach individuellem Trainingsplan.

Die sportmedizinische Untersuchung und Beratung beim Kinder- und Jugendarzt

Eine komplette sportmedizinische Untersuchung muss folgende Teile beinhalten:

1. die Krankheitsvorgeschichte (Anamnese)
2. die sportspezifische Vorgeschichte
3. eine komplette körperliche Untersuchung mit besonderer Berücksichtigung der sportartspezifischen Belastungen
4. bei Bedarf ergänzende Untersuchungen: EKG, Lungenfunktion, Belastungs-EKG, Blutuntersuchung
5. für den Leistungssportbereich: Spiroergometrie, Leistungstests auf dem Ergometer oder Laufband etc.

Die anschließende sportmedizinische Beratung kann umfassen:

1. die Mitteilung der Untersuchungsergebnisse
2. die Beratung über individuell sinnvolle Sportarten
3. die Beratung über den individuellen und gesundheitlichen Nutzen
4. die Beratung hinsichtlich vorbestehender Erkrankungen
5. die Beratung hinsichtlich Verletzungsrisiken
6. auf Wunsch die Erstellung eines individuellen Trainingsplanes
7. auf Wunsch Beratung über optimale Ernährung und Nahrungsergänzung

Bemerkung: Die sportmedizinische Untersuchung und Beratung wird in Deutschland nicht von den gesetzlichen Krankenkassen bezahlt, auch nicht bei Vorliegen von Erkrankungen. Die Kosten für diese individuellen Gesundheitsleistungen müssen daher selbst getragen werden.

Resümee

Sport und Bewegung sind essentieller Bestandteil einer gesunden Lebensführung. Sport verbessert die körperliche und geistige Leistungsfähigkeit, ist Grundlage der Stressbewältigung und wirkt vorbeugend gegen alle wesentlichen Zivilisationskrankheiten.

Dem Sport im Kindes- und Jugendalter kommt eine besondere Bedeutung zu! Einerseits ist Sport in diesem Alter die Grundlage für eine gute körperliche und geistige Entwicklung. Andererseits wird in diesem Alter das Interesse an Bewegung, Sport und Gesundheit gelegt.

Eltern, Erzieher und Sportlehrer sind hier gefordert, durch entsprechende Angebote das Interesse der Kinder und Jugendlichen für Sport zu wecken und zu fördern. Eine gute Zusammenarbeit mit den Kinder- und Jugendärzten ist dabei sinnvoll und notwendig.

Voraussetzung für eine erfolgreiche Arbeit im Bereich Sport und Gesundheit zum Nutzen der Kinder und Jugendlichen ist allerdings, dass die Rahmenbedingungen (mindestens dreimal Sport pro Woche ab dem Kindergartenalter, genügend Sportstunden in der Schule, gerechte Leistungsbewertung, genügend Sportlehrer, engagierte Jugendärzte, Finanzierung der sportärztlichen Betreuung usw.) verbessert oder erst geschaffen werden.

„Optimismus ist der Glaube und die Hoffnung zugleich, die zum Ziel führt.“
(Bruce Lee)

„Weise Lebensführung gelingt keinem Menschen durch Zufall. Man muss, solange man lebt, lernen, wie man leben soll.“ (Seneca)

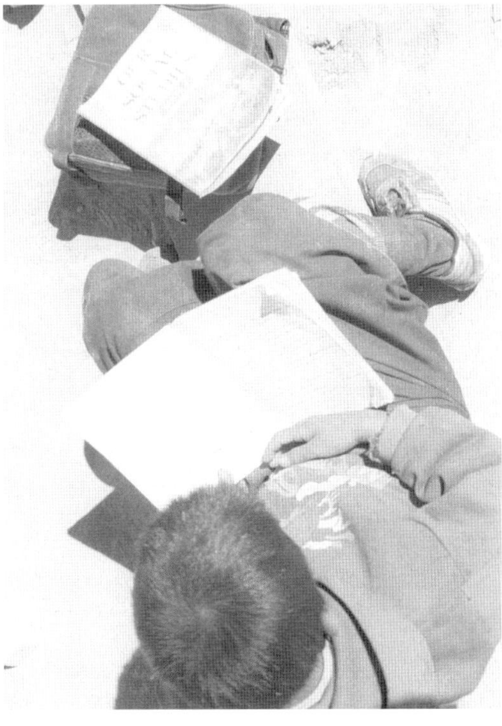

Abb. 64 und 65

Vom Nutzen der Gesundheitsvorsorge (Prophylaxe)

7

Nachdem Sie sich in den vorherigen Kapiteln ausführlich mit der Gesundheitsvorsorge im Ayurveda beschäftigt haben, kommen wir jetzt zu den wichtigen vorsorglichen Maßnahmen aus der modernen Kinder- und Jugendmedizin. Sowohl im Vorsorge- wie auch im Therapiebereich ist eine Kombination aller sinnvollen Möglichkeiten ideal. Bedenken Sie dabei immer: Das Ziel ist, einerseits die Gesundheit Ihres Kindes/Jugendlichen zu erhalten und andererseits für eine optimale Leistungsfähigkeit, Fitness und Intelligenz Ihres Kindes Sorge zu tragen.

Wichtig:

Nutzen Sie die Möglichkeiten von Vorsorgeuntersuchungen, der vorsorglichen Nahrungsergänzung und der vorsorglichen Impfungen! Gehen Sie mit Ihrem Kind/Jugendlichen immer zu einem Kinder- und Jugendarzt. Dieser ist der Facharzt für Kinder und Jugendliche und umfassend für diese Altersklasse ausgebildet. Er kennt auch alle wichtigen Entwicklungsprobleme der Kinder und Jugendlichen und kann Sie umfassend beraten. Auch in der Therapie der Erkrankungen im Kindes- und Jugendalter ist Ihr Kinder- und Jugendarzt der Experte und erste Ansprechpartner.

Bedenken Sie:

Kinder sind keine kleinen Erwachsenen! Sonst wären es ja Zwerge.

Das Kinder- und Jugendvorsorgeprogramm in der BRD

In der Bundesrepublik Deutschland gibt es seit 1971 ein Kindervorsorgeprogramm. Es besteht inzwischen aus 9 Untersuchungen (U1 bis U9) zwischen Geburt und 5. Lebensjahr und wurde 1996 um die Jugendgesundheitsberatung J1 erweitert.

Es zeigte sich jedoch, dass die Anzahl und teilweise auch der Inhalt der Vorsorgeuntersuchungen ungenügend sind. Die tägliche Präventionsarbeit in der kinder/jugendärztlichen Praxis ist weit umfassender! Es fehlt bisher eine Untersuchung im 3. Lebensjahr, um Sprachstörungen rechtzeitig erkennen zu können, eine Beratung in Bezug auf den Kindergarten durchführen zu können usw. Auch nach der Einschulung bis zum Jugendalter fehlen notwendige Untersuchungen ebenso wie am Übergang zum Erwachsenenalter nach dem 14. Lebensjahr.

Der Bundesverband der Kinder- und Jugendärzte (BVKJ) hat aktuell im Frühsommer 2006 ein erweitertes Vorsorgeprogramm vorgestellt. Dies erfüllt zumindest die Minimalanforderung an eine effektive Gesundheitsvorsorge für unsere Kinder und Jugendlichen.

Die 4 neuen Vorsorgen des BVKJ sind:
- U7a mit 3 Jahren
- U10 im Alter von 7 – 8 Jahren
- U11 im Alter von 9 – 10 Jahren
- J2 im Alter von 16 – 17 Jahren

In dem Konzept ist neben der körperlichen Untersuchung auch die Früherkennung von allgemeinen Entwicklungsstörungen, Verhaltens- und Persönlichkeitsstörungen vorgesehen. Es wird hierzu jeweils ein ausführlicher Fragebogen eingesetzt.

Neu: Vorsorge im Sinne von Ayurveda

Erstmals ist auch eine sogenannte Primärprävention, d. h. die Vermeidung von Erkrankungen und Störungen, vorgesehen. Dies entspricht exakt der ayurvedischen Sichtweise! Krankheiten sollen verhindert werden, bevor sie auftreten. Vorsorge ist besser als heilen! Der Arzt klärt im Rahmen der Vorsorge u. a. auf über richtige Ernährung, Bewegung und Sport, Vermeidung von Unfällen, über Allergien, Gewaltprävention, Medienverhalten, Sucht usw.

Diese Art der Vorsorge ist gesetzlich leider bisher nicht vorgesehen. Es ist lediglich die Früherkennung vorhandener Erkrankungen (sog. Sekundärprävention) gesetzlich geregelt, und auch nur diese Art der Vorsorge wird von den gesetzlichen Krankenkassen bezahlt.

Das erweiterte Vorsorgeangebot muss bisher privat bezahlt werden (Stand Juli 2007).

Nutzen Sie dennoch jede Möglichkeit der Gesundheitsvorsorge für Ihre Kinder und Jugendlichen. Der Sinn aller Vorsorgeuntersuchungen ist, Krankheiten zu vermeiden oder wenigstens rechtzeitig zu erkennen. Bedenken Sie, dass gerade ein wachsender Mensch eine gewisse „Wartung", Pflege und Vorsorge braucht. Bei Ihrem Auto können defekte Teile im Gegensatz zum Menschen einfach ausgetauscht werden! Ihr Fahrzeug lassen Sie sicher regelmäßig überprüfen und warten.

Gesundheit ist Wohlbefinden von Körper, Seele und Geist – nicht nur die Abwesenheit von Krankheit!

„Der Zweck des Lebens ist das Leben selbst." (Goethe)

Vorsorgliche Screening-Untersuchungen

Stoffwechselscreening

Bereits beim Neugeborenen wird nach wenigen Tagen etwas Blut abgenommen. Dieses wird untersucht, um wichtige Stoffwechselstörungen wie z. B. die Phenylketonurie und auch Störungen der Hormonproduktion wie die angeborene Hypothyreose (Schilddrüsenunterfunktion) rechtzeitig zu erkennen und zu behandeln. Die notwendige Blutabnahme erfolgt entweder bereits im Krankenhaus oder durch die Hebamme bzw. den Kinderarzt.

Hörscreening

Um eine angeborene Schwerhörigkeit auszuschließen, wird in vielen Krankenhäusern und Geburtskliniken ein Hörtest beim Neugeborenen durchgeführt.

Nutzen Sie unbedingt diese Möglichkeiten! Sie sind kostenlos und sehr effektiv.

Vorsorgliche Ultraschalluntersuchungen

Hüftscreening

Für alle Kinder ist zwischen dem 21. und 34. Lebenstag eine Ultraschalluntersuchung der Hüftgelenke vorgesehen. Hierbei wird nach einer sog. Hüftdysplasie (Reifungsstörung des Hüftgelenkes) bzw. nach einer Hüftluxation (der Hüftkopf befindet sich nicht in der Gelenkpfanne) gesucht.

Rechtzeitig erkannt können Hüftreifungsstörungen in der Regel gut und sehr effektiv behandelt werden. Unerkannt führen diese Erkrankungen zu vorzeitigem Verschleiß und zu Hüftgelenksarthrose.

Wichtig:

Alle Neugeborenen mit zusätzlichen Risiken für eine Hüftreifungsstörung wie Beckenendlage, Zwillinge, Hüftdysplasie in der Familie, Abspreizhemmung und zusätzliche Fehlbildungen sollen möglichst bald nach der Geburt zusätzlich untersucht werden. Bemerkung: Unterschiedliche Pofalten, die sog. Faltenasymmetrie, sind kein Risikofaktor!

Diese Untersuchungen werden im genannten Zeitraum von den gesetzlichen Kassen finanziert.

Bemerkung:

Bei den privaten Krankenversicherungen gibt es keine Einschränkungen hinsichtlich Zeitraum und Umfang von vorsorglichen Untersuchungen im Kindes- und Jugendalter. Hier ist eine echte Primärprävention auch im Sinne der ayurvedischen Gesundheitsvorsorge möglich. Nutzen Sie diese Möglichkeiten!

Weitere vorsorgliche Ultraschalluntersuchungen

Weitere vorsorgliche Untersuchungen der lebenswichtigen inneren Organe, d. h. von Herz und Nieren, sind auf Wunsch möglich und in bestimmten Fällen sinnvoll. Alle Ultraschalluntersuchungen sollen jedoch von einem in der Ultraschalldiagnostik sehr geübten und erfahrenen Kinder- und Jugendarzt durchgeführt werden. So ist es möglich, angeborene Fehlbildungen von Herz (bestimmte Herzfehler, die nicht durch ein Herzgeräusch auffallen) und Nieren sowie Harnwegen (z. B. Stauungen, Einzelniere, Hufeisenniere …) zu erkennen und wenn nötig zu behandeln.

Moderne vorsorgliche Nahrungsergänzung

Vitamin-K-Prophylaxe

Allen Neugeborenen soll Vitamin K verabreicht werden. Vitamin K ist notwendig für die Bildung von Blutgerinnungsfaktoren. Bei Neugeborenen wird dieses Vitamin noch nicht, wie im späteren Leben, von den Darmbakterien gebildet, so dass häufig ein Vitamin-K-Mangel vorliegt. Die Folge können schwerste Blutungen u. a. schwere Hirnblutungen sein. Eine in der Regel zweimalige Vitamin-K-Gabe kann dies sicher verhindern.

Vitamin-D-Prophylaxe

Neugeborene und Säuglinge im ersten Lebensjahr bilden in unserer Klimazone zu wenig Vitamin D. Für ein gesundes Wachstum werden ca. 700 Einheiten benötigt, die Säuglinge bilden im Durchschnitt aber nur 200 Einheiten. Ein Vitamin-D-Mangel führt zur gefürchteten Rachitis, einer schweren Stoffwechselstörung mit irreparablen Deformitäten des Skeletts (Kopf, Brustkorb, Beine etc.).

In früheren Zeiten wurde Dorschlebertran genutzt, was vielen Erwachsenen sicher in unangenehmer Erinnerung ist. Seit vielen Jahren bekommen die Säuglinge exakt dosiert 500 Einheiten, in der Regel gemeinsam mit 0,25 mg Fluorid in Form von kleinen auflösbaren Tabletten.

Fluorid-Prophylaxe

Fluorid ist notwendig für den korrekten Aufbau der Hartsubstanzen in Zähnen und Knochen und insbesondere für den Zahnschmelz. Aus natürlichen Quellen (Trinkwasser) kann der Bedarf in Deutschland in der Regel nicht gedeckt werden. Daher ist für die meisten Säuglinge und Kleinkinder eine Fluoridzugabe von anfangs 0,25 mg und ab dem 4. Lebensjahr 0,5 mg sinnvoll und notwendig.

Vorsicht:

Fluoridhaltige Zahncremes sind bei kleinen Kindern, welche die Zahncremes noch schlucken, nicht sinnvoll. Die Aufnahme von Fluorid wird ansonsten unberechenbar und Überdosierungserscheinungen, wie z. B. fleckige „bleibende“ Zähne, sind möglich.

Impfungen

Gleich vorweg eine Bemerkung zu Impfungen aus ayurvedischer Sicht:

Primäres Ziel im Ayurveda ist der Erhalt der Gesundheit. Prophylaxe, d.h. vorsorgliche Maßnahmen, stehen immer vor der Therapie der entsprechenden Krankheiten. Impfungen sind daher ganz im ayurvedischen Sinne und werden in den Ländern, in denen Ayurveda zu Hause ist (Indien und Sri Lanka) selbstverständlich auch durchgeführt, soweit Geld vorhanden ist. Beispielsweise gibt es in Sambia keine Masern mehr. Sie sind durch Impfung ausgerottet. In Deutschland dagegen gibt es heute noch Masernepidemien mit tödlichem Ausgang für einige Kinder!

Impfungen gehören zu den wichtigsten präventiven Maßnahmen auf dem Gebiet der Medizin. So ist der Anstieg der Lebenserwartung in den Industrieländern um 30 Jahre in den vergangenen 100 Jahren u. a. den Impfungen zu verdanken. Schwerwiegende Erkrankungen wie Poliomyelitis, Diphtherie, Tetanus, die Hämophilus-Meningitis oder die Epiglottitis sind fast ganz verschwunden. Moderne Impfstoffe sind zudem gut verträglich und schwerwiegende unerwünschte Nebenwirkungen, im Gegensatz zu manch anderen Behauptungen, sind sehr selten. Auch wertvolle Tiere werden seit vielen Jahren durch Impfungen vor schweren und tödlichen Krankheiten geschützt.

Abb. 66: Für Mensch und Tier sind Impfungen wichtige präventive Maßnahmen!

Geschützt werden soll zum einen vor Erkrankungen, die häufig auch bei richtiger Behandlung zu schweren Schäden oder zum Tod führen können. Beispiele sind hier die Diphtherie-Impfung, die Hämophilus-Impfung, die Pneumokokken- und die Meningokokken-Impfung etc. Zum anderen soll vor Erkrankungen geschützt werden, für die keine Behandlung mit Heilungschancen existiert. Beispiele sind hier die Polio-Impfung, die Hepatitis-B-Impfung, die Masern-Mumps-Röteln-Impfung oder auch die FSME-Impfung.

Erkrankungen wie Poliomyelitis, Tetanus, Hämophilus-Meningitis, Meningokokken-Sepsis oder Pneumokokken-Meningitis, aber auch z. B. Masern und Mumps, mit allen Komplikationen sind nicht alternativ oder homöopathisch therapierbar. Nichtimpfen bedeutet, schwere und evtl. tödliche Erkrankungen der Kinder bewusst in Kauf zu nehmen.

Eine wichtige Aufgabe jedes Arztes ist, für einen wirksamen und ausreichenden Impfschutz der von ihm betreuten Personen zu sorgen. Dies gilt insbesondere für jeden Kinder- und Jugendarzt. Dazu gehören die möglichst frühe Durchführung der sog. Grundimmunisierung sowie die späteren Auffrischimpfungen.

Der Impfkalender für Säuglinge, Kinder und Jugendliche (Stand Mai 2007) der ständigen Impfkommission (STIKO) umfasst Impfungen zum Schutz vor:

- Poliomyelitis
- Diphtherie
- Pertussis (Keuchhusten)
- Hämophilus influenzae Typ b
- Hepatitis B
- Masern
- Mumps
- Röteln
- Varizellen
- Meningokokken-Infektionen (seit Oktober 2006 Leistung der gesetzlichen Krankenkassen)
- Pneumokokken-Krankheiten (seit Oktober 2006 Leistung der gesetzlichen Krankenkassen)
- Rotavirusinfektionen (oraler Impfstoff = Schluckimpfung; steht seit Oktober 2006 zur Verfügung; bisher keine Leistung der gesetzlichen Krankenkassen)
- Humanes Papillomavirus = HPV (die Impfung verhindert das Zervix-Karzinom und steht seit Ende 2006 zur Verfügung)

Abschließende Bemerkungen:

Der Sinn aller Vorsorgeuntersuchungen ist, Krankheiten zu vermeiden oder wenigstens rechtzeitig zu erkennen. Bedenken Sie, dass ein wachsender und sich entwickelnder Mensch eine besondere „Wartung“, Pflege und Vorsorge braucht. Bei einem technischen Gerät können defekte Teile im Gegensatz zum Menschen einfach ausgetauscht werden! Lassen Sie die Gesundheit Ihres Kindes regelmäßig überprüfen und lassen Sie sich gut beraten. Nutzen Sie auch die Möglichkeiten der Nahrungsergänzung und der Impfungen! Dies ist ganz im Sinne einer wirklich ganzheitlichen, ayurvedischen Denkweise.

Bedenken Sie:

„Das Schönste, was es in dieser Welt gibt, ist ein leuchtendes Gesicht.“
(Albert Einstein)
Erhalten Sie Ihrem Kind sein leuchtendes Gesicht!

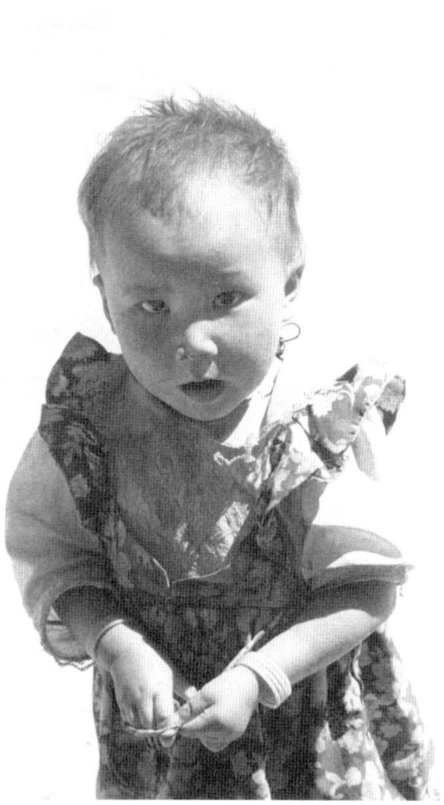

Abb. 67 und 68

Therapie im Kindes- und Jugendalter – Prinzipielles

8

Die Therapie von Erkrankungen im Kindes- und Jugendalter soll prinzipiell so „sanft“ wie möglich ausgeführt werden. Häufig sind eine Anpassung der Ernährung (z. B. bei Magen-Darmkrankheiten, Bauchschmerzen, Leistungsabfall …), eine Ergänzung der Nahrung durch Vitamine und Spurenelemente, eine Veränderung der Lebensumstände oder des Tagesablaufes, das Vermeiden von Giftstoffen (z. B. Aktiv- oder Passivrauchen) etc. und sog. Hausmittel ausreichend. Die Therapie kann bei Bedarf ergänzt werden durch ayurvedische Kräuter und/oder andere ayurvedische Therapieformen (siehe unten).

Therapie im ayurvedischen Sinne soll immer wirklich ganzheitlich sein. Die alleinige Gabe von Medikamenten, auch von pflanzlichen oder homöopathischen, ist in diesem Sinne nicht als ganzheitlich anzusehen!

Die ayurvedische Therapie schwerer Erkrankungen im Kindes- und Jugendalter gehört ausschließlich in die Hand sehr erfahrener Ayurveda-Spezialisten. Ideal ist eine Therapieplanung und -steuerung durch einen erfahrenen Kinder- und Jugendarzt.

Bei leichten Erkrankungen und einfachen Symptomen wie Unwohlsein, leichtem Fieber, leichtem Durchfall etc. können ayurvedische Kräuter und sonstige ayurvedische Maßnahmen wie Hausmittel zur Eigentherapie verwendet werden.

Abb. 69: Manchmal helfen alleine frische Luft und Bewegung!

Erfahrungsmedizin und Schulmedizin (moderne Medizin)

Der Gegensatz zwischen der Erfahrungsmedizin (z. B. Ayurveda) und der sog. Schulmedizin (moderne Medizin) ist nur scheinbar vorhanden. Viele Behandlungen und auch Medikamente etc. leiten sich von der Erfahrungsmedizin ab. Auch sog. Hausmittel sind Erfahrungsmedizin, in diesem Fall aus unserem eigenen Kulturkreis. Die kombinierte Anwendung ist manchmal sinnvoll, manchmal ist auch eine Therapieform weit überlegen. Weder traditionelle Medizin noch moderne Medizin ist prinzipiell gut oder schlecht. Es kommt nur darauf an, die richtige und wenn möglich beste Therapie oder beste Kombination auszuwählen.

Beispiele mit einigen Hinweisen auf die Therapie:

1. Bei einer bakteriellen Lungenentzündung (Pneumonie) gibt es nur eine sinnvolle Alternative, nämlich die Behandlung mit einem passenden Antibiotikum. Auch ein Ayurveda-Arzt greift hier zu „westlicher“ Medizin. Die begleitende Therapie (Ernährung etc.) kann nach ayurvedischen Richtlinien erfolgen.

2. Bei häufigen Bauchschmerzen mit unregelmäßigen Stühlen ohne fassbaren Befund ist eine Behandlung im Sinne von Ayurveda sinnvoll. Diese besteht vor allem in einer Ernährung nach ayurvedischen Richtlinien, d. h. angepasst an die Konstitution, frisch zubereitet, leicht verdaulich usw.

3. Bei Neurodermitis ist eine kombinierte Therapie am sinnvollsten. Grundlage ist hier eine Ernährung nach ayurvedischen Richtlinien, in diesem Falle Pitta senkend. Saure, scharfe und konservierte Nahrung soll gemieden werden. Unnötige und schlechte Fette werden weggelassen. Nahrungsmittel wie Wurst gehören dementsprechend nicht auf den Speiseplan. Einölen vor dem Baden mit Oliven- oder Mandelöl ist sinnvoll. Dauerndes Einfetten der Haut sollte aus ayurvedischer Sicht aber unterbleiben. Aus der modernen Medizin können Antihistaminika (z. B. Fenistil®) zur Verminderung von Juckreiz sinnvoll und notwendig sein. Bei Verschlechterungen sind auch manchmal lokale Kortikosteroidpräparate (Salben oder Cremes) notwendig.

Unterschiede der modernen Therapie zur ayurvedischen Therapie in der Praxis

	Moderne Kinder- und Jugendmedizin	**Ayurvedische Kinder- und Jugendmedizin**
Berücksichtigung der Konstitution	nein	sehr wichtig
Berücksichtigung der altersabhängigen Einflüsse	meist nein	sehr wichtig
Individuelle Therapie	meist nein	prinzipiell ja
Ganzheitliche Therapie	meist nein	sehr wichtig
Stellenwert der Gesundheitsvorsorge	wichtig, aber nur ca. 10% der Tätigkeit	sehr wichtig, ca. 90% der Tätigkeit
Stellenwert der Ernährung	im Kassensystem nicht vorgesehen, daher eher unwichtig	sehr wichtig, da Grundlage der Gesundheitsvorsorge und Therapie
Stellenwert der Bewegung	im Kassensystem nicht vorgesehen, daher eher unwichtig	sehr wichtig, da Grundlage der Gesundheitsvorsorge und Therapie
Stellenwert bei akuten, bedrohlichen Erkrankungen	meist moderne Medizin Mittel der Wahl	eher gering; bei akuten lebensbedrohlichen Erkrankungen ungeeignet
Stellenwert bei chronischen Erkrankungen	häufig kein optimaler Erfolg	hoher Nutzen als alleinige Therapie oder ergänzend
Notwendige Mitarbeit des Patienten/der Eltern	erforderlich, aber Aufwand eher gering	gute Mitarbeit von Patient und Eltern notwendig
Kosten der Medikamente	hoch	eher niedrig
Zeitaufwand	niedrig	hoch

Prinzipielles zum Umgang mit modernen und „westlichen“ Medikamenten

Medikamente sollten nur bei „echten“ Erkrankungen gegeben werden! **Jedes** Medikament – auch ein pflanzliches und homöopathisches – kann Nebenwirkungen haben. **Jedes überflüssige und sinnlose Arzneimittel kann daher Ihrem Kind schaden. Bei schweren Erkrankungen** (z. B. schwere Bronchitis, Mittelohrentzündung, Lungenentzündung ...) sind Medikamente dagegen notwendig, um schwerwiegende Gesundheitsschäden zu vermeiden. Diese Medikamente verschreibt Ihr Kinder- und Jugendarzt bei Bedarf nach einer entsprechenden Untersuchung.

Arzneimittel für häufige Symptome wie Fieber oder Erbrechen sollten Sie kennen, um Sie bei Bedarf auch selbst verabreichen zu können.

Hinweise zu Medikamenten, die zur Selbstbehandlung bei entsprechenden Symptomen und Beschwerden geeignet sind, werde ich Ihnen in den folgenden Kapiteln geben. Ebenso werde ich auf Überflüssiges hinweisen. Beachten Sie zu Medikamenten, Dosierungen etc. auch den wichtigen Hinweis am Anfang des Buches.

Prinzipielles zum Umgang mit ayurvedischen Kräutern und Medikamenten

Ayurvedische Kräuter und Medikamente können vorbeugend (prophylaktisch) und zur Therapie eingesetzt werden. Sie können alleine gegeben werden oder als Ergänzung zu modernen, schulmedizinischen Maßnahmen.

Abb. 70

In Deutschland erhältliche Ayurvedakräuter sind als Nahrungsergänzung anzusehen. Dennoch sind sie sehr wirkungsvoll und sollten nur nach Indikationsstellung durch medizinisch versierte Ayurveda-Spezialisten (Ärzte, Heilpraktiker) eingesetzt werden! Verfügbar sind bis auf Ausnahmen Kräuterpulver, die kindgerecht mit etwas Saft, Milch und Honig etc. gegeben werden können, oder Kräuterkonzentrate in Kapseln oder als sog. Presslinge (günstig für Schulkinder und Jugendliche).

Beachten Sie:

> Therapien werden im Kindesalter immer „sanft“ ausgeführt! Es wird nicht „mit der Brechstange“ therapiert! Und: Kinder und Jugendliche sind keine kleinen Erwachsenen!

Häufigkeit sehr schwerer Erkrankungen

Sehr schwerwiegende Erkrankungen kommen im Kindes- und Jugendalter glücklicherweise eher selten vor. Außer beim Neugeborenen gilt die Regel:

„Ein Kind/Jugendlicher gilt so lange als gesund, bis das Gegenteil bewiesen ist.“

Auch akute Notfälle, die eine sofortige Therapie erfordern, sind sehr selten. Rechnen Sie also nicht bei jeder Erkrankung Ihres Kindes/Jugendlichen mit dem Schlimmsten. Gehen Sie im Zweifelsfalle zur Abklärung zu einem Kinder- und Jugendarzt Ihres Vertrauens. Dieser wird Ihr Kind/Ihren Jugendlichen kompetent untersuchen und evtl. notwendige Untersuchungen und Maßnahmen veranlassen.

Daten zur Kinder- und Jugendgesundheit

Im September 2006 wurden erste Daten einer Studie zur Kinder- und Jugendgesundheit (KiGGS) in Deutschland veröffentlicht. Über drei Jahre lang hat das Robert-Koch-Institut hierzu über 17 000 Kinder und Jugendliche befragt und untersucht.

- 15 % der Kinder- und Jugendlichen zwischen 3 und 17 Jahren sind übergewichtig und 7 % leiden unter Adipositas (Fettsucht).
- 22 % der 11- bis 17-Jährigen zeigen Ess-Störungen.
- 22 % aller Kinder und Jugendlichen zeigen psychische Auffälligkeiten, darunter Störungen des Sozialverhaltens (10 %), Angst-Störungen (7,6 %) und Depressionen (5,4 %).
- Zwischen 13,6 % und 18,9 % leiden unter Allergien, wobei Oberschichtkinder häufiger betroffen sind.
- 50 % der Kinder leben in einem Raucherhaushalt und sind damit durch Passivrauchen belastet. Nach den durchgeführten Schadstoffuntersuchungen im Urin ist der Prozentsatz eher noch höher.

Häufigkeit von Beschwerden und einfachen Krankheiten

Beschwerden wie z. B. Bauchschmerzen, aber auch einfach zu behandelnde Erkrankungen mit Fieber, Durchfall oder Erbrechen, Husten und Schnupfen etc. sind dagegen häufig. Dazu kommen noch in der Regel, medizinisch gesehen, harmlose Symptome wie der „häufig schreiende Säugling“.

Für die wichtigen häufigen Beschwerden, Symptome und Erkrankungen werde ich Ihnen Ratschläge und Tipps geben aus ayurvedischer Sicht. Dabei ist es sinnvoll, die vorhandenen Möglichkeiten zu nutzen und bei Bedarf Ayurveda, moderne Medizin und Hausmittel zu kombinieren. Hier ist es wichtig, dass Sie sich selbst und Ihrem Kind/Jugendlichen sinnvoll helfen können.

Für eine WHO-Gesundheitsstudie wurden ca. 10 000 Schulkinder nach häufigen Beschwerden befragt. Dabei wurden nur diejenigen Beschwerden gezählt, die mehrmals wöchentlich auftreten.

Beschwerden	**Jungen [in %]**	**Mädchen [in %]**
Erschöpfung	15,7	18,8
Schlafstörungen	19,6	23,1
Schlechte Laune	9,8	10,9
Nervosität	10,7	11,5
Schwindelgefühl	5,8	7,9
Angstgefühl	3,6	6,7
Kopfschmerzen	11,2	15,8
Nacken- und Schulterschmerzen	8,2	11,2
Rückenschmerzen	7,2	10,5
Bauchschmerzen	7,2	12,5

Aus den bekannten Daten muss man schließen, dass Gesundheitszustand und Wohlbefinden der Kinder und Jugendlichen in Deutschland nicht ideal sind. Wesentlich für eine Verbesserung der Situation ist eine verbesserte Gesundheitsvorsorge. Diese beginnt bereits vor der Schwangerschaft und setzt sich bis zum Erwachsenenalter fort. Hier sind einerseits die Eltern, aber auch die Kindergärten und Schulen und letztlich die Politik und die gesamte Gesellschaft gefordert.

Abb. 71 bis 73: Musik steigert das Wohlbefinden und fördert die Entwicklung: Musik in Deutschland und Musikunterricht in Neuseeland.

Ausgewählte Ayurvedakräuter und -medikamente für Kinder und Jugendliche

9

Abb. 74: Ashoka (Saraca indica)

Ayurvedakräuter/-medikamente können vorsorglich oder gezielt bei spezifischen Erkrankungen eingesetzt werden. Alle in Deutschland erhältlichen Ayurvedakräuter sind als spezielle Nahrungsergänzung anzusehen.

Im den alten Schriften des Ayurveda findet sich der Satz: „Nahrung ist Medikament und Medikament ist Nahrung." Damit soll einerseits auf den gleich hohen Wert von Nahrung und Kräutern/Medikamenten in der Gesundheitsvorsorge und in der Therapie hingewiesen werden. Andererseits wird dadurch klar, dass es große Überschneidungen zwischen Nahrungsmitteln, Gewürzen, Kräutern und Medikamenten gibt. Beispiele dazu werden Sie unten finden (z. B. Asafoetida, Kardamom, Mango etc.). Selbstverständlich gilt das auch für „westliche" Kräuter und Gewürze. Denken Sie z. B. an die Wirkung von Thymian, Salbei usw.

Sie werden auch feststellen, dass „ayurvedische Hausmittel“ und „europäische Hausmittel“ manchmal identisch sind (z. B. Zwiebel, Knoblauch etc.).

Dennoch sollten Sie ayurvedische Medikamente bei der Behandlung von schwerwiegenden Erkrankungen nur nach Beratung und Auswahl durch medizinisch versierte Ayurveda-Spezialisten verwenden. Bei leichten Gesundheitsstörungen und vorbeugend zur Gesundheitsförderung können Sie die meisten Kräuter den „westlichen“ Hausmitteln entsprechend auch eigenverantwortlich einsetzen.

Beachten Sie:

Besonders bei Kindern und Jugendlichen gilt keineswegs „Viel hilft viel.“! Das richtige Kraut und die richtige Menge bringen den optimalen Nutzen.

Einteilung der Kräuter/Medikamente

Um Ihnen auch eine eigenverantwortliche Vorsorge bzw. Therapie möglich zu machen, habe ich die Kräuter/Medikamente in zwei Gruppen eingeteilt:

HA: Mit HA sind die Kräuter/Medikamente gekennzeichnet, die Sie auch problemlos und eigenverantwortlich als **HA**US-MITTEL einsetzen können.

AR: Mit AR sind die Kräuter/Medikamente gekennzeichnet, welche die Wirksamkeit eines Medikaments besitzen, die exakt ausgewählt werden müssen und die auch bei schweren und chronischen Erkrankungen sehr wirksam sind. Diese sollen nur nach Untersuchung und auf Empfehlung oder nach Verordnung durch einen **A**YU**R**VEDA-SPEZIALISTEN bzw. einen KINDER- und JUGEND**AR**ZT eingesetzt werden.

Im Folgenden finden Sie nützliche Kräuter und Medikamente (ohne Anspruch auf Vollständigkeit), die in Deutschland verfügbar sind, mit den wichtigsten Indikationen (Gründen für eine Einnahme) und den Wirkungen auf die Doshas.

Aloe (Aloe vera)

wirkt entgiftend, schmerzstillend, kühlend, stoffwechselanregend, fiebersenkend, entzündungshemmend und menstruationsfördernd. Aloe ist in vielen Formen von Saft bis zu Duschgelen z. B. in Apotheken und Reformhäusern erhältlich. **Vorsicht:** Aloe wirkt abortiv. Daher nicht während der Schwangerschaft anwenden! Ebenfalls nicht bei Neigung zu Blutungen einnehmen!

Klassifizierung: HA
Indikationen:
- Schmerzen
- Entzündungen und Ekzeme
- schlechter Stoffwechsel
- Zustände mit hohem Ama (Gifte und Schlackenstoffe) im Körper
- Verstopfung
- Dysmenorrhoe und Amenorrhoe
- Leberfunktionsstörungen

Wirkung auf die Doshas:
Senkt Pitta und Kapha.

Amalaki (Emblica officinalis)

wirkt appetitanregend, stoffwechselanregend, fiebersenkend, blutbildend, abwehrsteigernd, verjüngend und entzündungshemmend. Außerdem verbessert Amalaki die Leistung von Gehirn, Nervensystem und Sinnesorganen und den Zustand von Haut und Haaren. Es ist erhältlich als Pulver, Tablette und in Form von Cyavanprash (Amlamus). Amlamus ist süß und schmackhaft und kann problemlos auch Kindern gegeben werden. In dieser Form ist es eine ideale Nahrungsergänzung (s. dort). Amalaki ist auch als Pulver für die lokale Anwendung an der Haut erhältlich.

Klassifizierung: HA
Indikationen:
- allgemeine Schwäche
- Abwehrschwäche
- Appetitlosigkeit
- Konzentrationsschwäche
- Erkrankungen von Augen und Sinnesorganen
- Fieber
- Asthma bronchiale
- Übersäuerung
- Erkrankungen der Leber

Abb. 75

Wirkung auf die Doshas:
Senkt alle Doshas.

Amrita = Guduci (Tinospora cordifolia)

Abb. 76

wirkt blutreinigend, verjüngend, abwehrsteigernd, entzündungshemmend, abschwellend und fiebersenkend. Amrita besitzt eine cortisonähnliche Wirkung, allerdings ohne Nebenwirkung. Amrita ist erhältlich als Pulver, Kapsel oder Pressling.

Klassifizierung: AR
Indikationen:
- Fieber
- Entzündungen und Schwellungen der Gelenke, rheumatische Erkrankungen, Gichtschmerzen
- Entzündungen und Schwellungen der Haut und Unterhaut etc.
- Lebererkrankungen
- Übersäuerung (Hyperazidität) des Magens
- Erbrechen und chronische Durchfälle

Wirkung auf die Doshas:
Gleicht alle Doshas aus.

Arjuna (Terminalia arjuna)

wirkt herzstärkend, blutdrucksenkend, blutstillend und fördert die Heilung von Verletzungen wie Knochenbrüchen etc. Arjuna ist erhältlich als Pulver, Kapseln, Tabletten und Kräuterwein.

Klassifizierung: AR
Indikationen:
- Bluthochdruck
- Herzrasen (Tachykardie)
- bei allen chronischen Herzerkrankungen (auch nach Infarkt)
- Blutungen wie häufiges Nasenbluten, verstärkte Menstruationsblutungen (Menorrhagie)
- schlecht heilende Wunden
- Knochenbrüche

Wirkung auf die Doshas:
Senkt Pitta und Kapha.

Asafoetida (Ferula assa-foetida)

wirkt verdauungsfördernd, krampflösend, appetitanregend, geschmacksverstärkend, gegen Blähungen, schleimlösend, stimulierend, antiasthmatisch, fiebersenkend, juckreizstillend und schmerzstillend. Asafoetida ist erhältlich als Pulver, Kapsel und in Harzform. Asafoetida kann auch in jedem Lebensmittelgeschäft mit asiatischen Nahrungsmitteln als Gewürz erworben werden.

Klassifizierung: HA
Indikationen:

- Verdauungsprobleme
- Blähungen und Verstopfung
- Appetitlosigkeit
- Bronchitis und Asthma bronchiale
- Fieber
- Kopfschmerzen, Zahnschmerzen, Ischialgie
- Juckreiz

Wirkung auf die Doshas:
Senkt Vata und Kapha, erhöht Pitta.

Ashoka (Saraca indica)

ist schmerzstillend und blutstillend, besonders bei Dysmenorrhoe (schmerzhafter Regel) und Menorrhagie (übermäßiger Regelblutung). Ashoka ist erhältlich als Pulver, Kapseln und Kräuterwein.

Klassifizierung: AR
Indikationen:

- Dysmenorrhoe
- Menorrhagie

Wirkung auf die Doshas:
Senkt Pitta und Kapha.

Ashwagandha (Withania somnifera)

fördert den Aufbau optimaler Gewebe, insbesondere den Muskelaufbau, und wirkt damit anabol ohne jede Nebenwirkung. Ashwagandha ist kein Doping-Mittel! Ashwagandha ist immunstimulierend und regenerierend und wirkt gegen Schlaflosigkeit. Außerdem wirkt Ashwagandha gegen Koliken, Übelkeit und Erbrechen, gegen Verschleimung und gegen Asthma-Symptome. Zusätzlich ist es wirksam gegen Sterilität beider Geschlechter und wirkt aphrodisierend. Ashwagandha ist erhältlich als Pulver, Tabletten oder Kräuterwein. Bemerkung: Es ist auch Hauptbestandteil von Ashwagandha-Thailam (siehe Ayurveda-Massagen).

Klassifizierung: AR
Indikationen:

- allgemeine Schwäche
- Abwehrschwäche
- rheumatische Erkrankungen
- hypotone Kreislaufregulationsstörung (niedriger Blutdruck)
- Muskelhypotonie
- Abmagerung (Anorexie)
- Asthma bronchiale
- krampfartige Bauchschmerzen und Blähungen
- schlecht heilende Wunden
- zum schnelleren Muskelaufbau
- Schlafstörungen

Wirkung auf die Doshas:
Senkt Vata und Kapha.

Bala (Sida cordifolia)

wirkt aufbauend, immunstimulierend, allgemein tonisierend, Nerven tonisierend, fiebersenkend. Bala ist erhältlich als Pulver, Kapseln und Kräuterwein. Bemerkung: Bala ist neben Ashwagandha Hauptbestandteil von Bala-Ashwagandha-Thailam (ayurvedisches Sportöl).

Vorsicht: Bala enthält Ephedrin. Geringe Mengen sind problemlos. Hohe Ephedrindosen sind im Sport Doping!

Klassifizierung: AR
Indikationen:
- allgemeine Schwäche und Leistungsabfall
- Abwehrschwäche
- Übertrainings-Syndrom im Sport
- Störungen des Nervensystems wie Fazialisparese (Gesichtsnervenlähmung), Neuralgien (Nervenschmerzen), Tremor (Zittern)
- Tinnitus (Ohrgeräusche)
- Fieber

Wirkung auf die Doshas:
Senkt Vata und Pitta.

Balsambirne = Bittergurke = Bittermelone (Momordica charantia)

wirkt stark blutzuckersenkend, stoffwechselsteigernd, entgiftend, fiebersenkend, hauttherapeutisch, gewichtsreduzierend, herzstärkend, cholesterinsenkend etc. Erhältlich als Tee im Reformhaus und in Ayurveda-Shops sowie als Frucht im asiatischen Lebensmittelhandel.

Klassifizierung: HA
Indikationen:
- Diabetes mellitus
- Adipositas (Fettsucht)
- schlechter Stoffwechsel
- Fettstoffwechselstörungen
- Herzschwäche
- Akne
- Zustände mit viel Ama im Körper
- Fieber
- diverse Hautkrankheiten

Wirkung auf die Doshas:
Senkt Pitta und Kapha.

Basilikum (Ocimum basilicum)

wirkt blutreinigend, entzündungshemmend, blähungswidrig, appetitsteigernd, verdauungsfördernd, fiebersenkend, schleimreduzierend. Erhältlich als Pflanze und Gewürz.

Klassifizierung: HA
Indikationen:
- Appetitlosigkeit
- Verdauungsstörungen und Blähungen
- Husten, Asthma bronchiale und Pseudo-Krupp
- Fieber
- Nasenbluten

Wirkung auf die Doshas:
Senkt Vata und Pitta.

Brahmi (Bacopa monniera)

Abb. 77

reguliert und verbessert die Gehirnfunktion. Brahmi wirkt stresslösend und verbessert die Konzentration. Es erweitert die Bronchien und wirkt antiasthmatisch. Brahmi ist verfügbar als Pulver, Kapseln, Tabletten und gemischt mit Ghee (Butterfett) als Brahmi-Ghritam.

Klassifizierung: AR
Indikationen:
- Konzentrationsschwäche, Stress, nervöse Störungen
- schlechtes Gedächtnis
- Schlafstörungen
- Übertrainings-Syndrom im Sport
- Asthma bronchiale und obstruktive Bronchitis

Wirkung auf die Doshas:
Senkt Vata und Kapha.

Bhringaraja (Eclipta alba)

wirkt anregend auf den Leberstoffwechsel, blutdrucksenkend, haarwuchsfördernd, blutreinigend, entzündungshemmend, schmerzstillend etc. Bhringaraja ist als Pulver, Pressling oder in Form von Kapseln erhältlich.

Klassifizierung: AR
Indikationen:
- Lebererkrankungen
- Hepatitis
- Bluthochdruck
- dünne Haare oder Haarausfall
- Kopfschmerzen

Wirkung auf die Doshas:
Senkt Vata und Kapha.

Dill (Anethum graveolens)

wirkt krampflösend, diuretisch, gegen Verdauungsstörungen, gegen Blähungen und Übelkeit, menstruationsfördernd etc. Dill ist als Gewürz erhältlich und wächst auch im eigenen Garten.

Klassifizierung: HA
Indikationen:
- Verdauungsstörungen, Blähungen, Übelkeit
- Harnzwang und Dysurie (Schmerzen beim Wasserlassen)
- Dysmenorrhoe und Amenorrhoe

Wirkung auf die Doshas:
Senkt Vata und Kapha.

Fenchel (Foeniculum vulgare)

wirkt verdauungsverbessernd, beruhigend, blähungswidrig, gegen Erbrechen, schleimlösend, fiebersenkend, blutreinigend, aufbauend (anabol) und schärft den Verstand. Fenchel ist als Gewürz erhältlich.

Klassifizierung: HA
Indikationen:
- Verdauungsstörungen
- Unruhe (z. B. schreiender Säugling)
- Blähungen, Übelkeit und Erbrechen
- Fieber
- allgemeine Schwäche
- Zustände mit viel Ama (Gifte und Schlackenstoffe) im Körper
- Konzentrationsschwäche

Wirkung auf die Doshas:
Senkt Vata und Pitta.

Gewürznelke (Syzygium aromaticum)

wirkt blutreinigend, appetitanregend, stoffwechselverbessernd, mundreinigend, brechreizstillend, schleimlösend, bronchienerweiternd, schmerzstillend, stimulierend. Gewürznelken sind als Gewürz und Öl erhältlich.

Klassifizierung: HA
Indikationen:
- Husten und Asthma bronchiale
- Kopfschmerzen, Zahnschmerzen
- Nervenschmerzen
- Verdauungsstörungen
- Verschleimungen im Mund
- Appetitlosigkeit und Blähungen
- Zustände mit viel Ama im Körper

Wirkung auf die Doshas:
Senkt Pitta und Kapha.

Gokshura (Tribulus terrestris)

wirkt gewebeaufbauend vor allem für Muskelgewebe (anabol), schmerzstillend, entzündungshemmend und verbessert die Funktion der Nieren und Harnwege. Gokshura ist als Pulver, Kapsel und Tablette erhältlich.

Klassifizierung: AR
Indikationen:
- Muskelschwäche
- Muskelschmerzen
- Erkrankungen der Nieren und Harnwege
- Nervenschmerzen

Wirkung auf die Doshas:
Senkt Vata und Pitta.

Granatapfel (Punica granatum)

wirkt gegen Übelkeit, Erbrechen, Durchfall und außerdem blutstillend, entzündungshemmend und kräftigend. Granatäpfel sind als frische Früchte erhältlich.

Klassifizierung: HA
Indikationen:
- Durchfall, Übelkeit und Erbrechen
- Fieber
- Blutungen
- allgemeine Schwäche

Wirkung auf die Doshas:
Senkt alle Doshas.

Guggulu (Commiphora mukul)

wirkt intensiv stoffwechselsteigernd, fettabbauend, blutzuckersenkend, blutreinigend, schmerzstillend, blutdrucksenkend und durchblutungssteigernd. Guggulu ist ein Rasayana-Medikament für Fettgewebe und Herz. Außerdem wirkt Guggulu cholesterinsenkend. Guggulu ist ein Harz und als Reinsubstanz erhältlich als Kapsel und in Form von Pillen. Es ist außerdem in verschiedenen Kombinationen (z. B. Triphala-Guggulu) in Pillenform verfügbar. Vorsicht: Guggulu kann bei Europäern in seltenen Fällen allergische Reaktionen auslösen.

Klassifizierung: AR
Indikationen:
- rheumatische Erkrankungen
- Adipositas (Fettsucht)
- Bluthochdruck
- Diabetes mellitus
- Hypercholesterinämie

Wirkung auf die Doshas:
Senkt alle Doshas (älteres Harz).

Haridra (Curcuma longa)

wirkt entzündungshemmend, antibakteriell und antitoxisch. Außerdem wirkt Haridra fiebersenkend, blutzuckersenkend, auswurffördernd und schleimlösend, appetitanregend, verdauungsfördernd, juckreizstillend, allgemein hauttherapeutisch, wundheilend und blutstillend. Haridra = Curcuma ist im Lebensmittelhandel als Gewürz erhältlich. In Indien ist das Gewürz Bestandteil von nahezu jedem Essen. Außerdem kann es als Pulver oder Kapsel bei Ayurveda-Shops erworben werden.

Klassifizierung: HA
Indikationen:
- Hauterkrankungen mit Juckreiz wie Ekzeme, Neurodermitis, Urticaria (Nesselsucht)
- Fieber
- Bronchitis und Asthma bronchiale
- Blähungen, Koliken und Erkrankungen des Dickdarms
- Blutungen
- schmerzhafte Hämorrhoiden
- Entzündungen des Urogenitalsystems
- schlecht heilende Wunden
- Konjunktivitis
- Diabetes mellitus

Wirkung auf die Doshas:
Senkt alle Doshas, besonders intensiv Pitta und Kapha.

Ingwer (Zingiber officinale)

wirkt blutreinigend, antibakteriell, antiviral, entzündungshemmend, schleimreduzierend, antiasthmatisch, verdauungsfördernd, gegen Blähungen, Übelkeit und Erbrechen sowie herz- und nervenstärkend. Ingwer ist frisch und als Gewürzpulver erhältlich. Außerdem ist Ingwer Bestandteil von Trikatu.

Klassifizierung: HA
Indikationen:
- Völlegefühl, Übelkeit, Erbrechen
- Durchfall
- Erkältungen
- Husten und Asthma bronchiale
- Herzschwäche
- „schwaches“ Nervensystem
- Fieber

Wirkung auf die Doshas:
Senkt Vata und Kapha.

Kardamom (Elettaria cardamomum)

wirkt stimulierend, kühlend, stoffwechselverbessernd, stärkend bei Vata-Krankheiten, verdauungsfördernd, antiasthmatisch. Es ist erhältlich als Gewürz.

Klassifizierung: HA
Indikationen:
- Appetitlosigkeit
- Koliken
- Brennen und Gliederschmerzen
- Schwäche
- Husten und Asthma bronchiale
- Dysmenorrhoe (schmerzhafte Regelblutung)

Wirkung auf die Doshas:
Senkt alle Doshas.

Knoblauch (Allium sativum)

wirkt blutdrucksenkend, gefäßerweiternd, herzstärkend, cholesterinsenkend, schmerzstillend, stoffwechselanregend, diuretisch, entgiftend, blutzuckersenkend und als Rasayana für Gehirn und Nerven. Erhältlich im Lebensmittelhandel.

Klassifizierung: HA
Indikationen:
- Bluthochdruck
- Lähmungen
- schlechte Gehirnfunktion
- Schmerzen
- Zustände mit viel Ama (Gifte und Schlackenstoffe) im Körper
- Diabetes mellitus
- Adipositas (Fettsucht)
- Hypercholesterinämie

Wirkung auf die Doshas:
Senkt Vata und Kapha, vermehrt Pitta.

Koriander (Coriandrum sativum)

wirkt verdauungsfördernd, entgiftend, schmerzstillend und verbessert die Gehirnfunktion. Koriander ist als Gewürzkraut erhältlich.

Klassifizierung: HA
Indikationen:
- Völlegefühl und Verdauungsstörungen
- Konzentrationsschwäche
- Schwindel
- Mundgeruch
- rheumatische Schmerzen

Wirkung auf die Doshas:
Senkt alle Doshas.

Kümmel (Carum carvi)

wirkt verdauungsfördernd, gegen Blähungen und Übelkeit. Kümmel ist als Gewürz erhältlich.

Klassifizierung: HA
Indikationen:
- Verdauungsstörungen
- Blähungen, Übelkeit

Wirkung auf die Doshas:
Senkt Vata und Kapha.

Lavendel (Lavandula stoechas)

wirkt beruhigend, durchblutungsfördernd, stoffwechselanregend, schmerzstillend und verbessert die Funktion von Gehirn und Nerven. Verwendet werden die Blüten als Tee und als Badezusatz.

Klassifizierung: HA
Indikationen:
- Gedächtnisschwäche und Konzentrationsschwäche
- Schlafstörungen
- Schmerzen diverser Art
- Migräne
- Blähungen und Übelkeit
- Appetitlosigkeit

Wirkung auf die Doshas:
Senkt Vata und Kapha.

Löwenzahn (Taraxacum officinale)

wirkt blutreinigend, entgiftend, entzündungshemmend, stoffwechselverbessernd und diuretisch (steigert die Urinausscheidung). Löwenzahn wächst in den meisten Gärten.

Klassifizierung: HA
Indikationen:
- Leberfunktionsstörungen
- chronische Nierenerkrankungen
- Appetitlosigkeit
- Vergiftungen
- Rheuma und Gicht

Wirkung auf die Doshas:
Senkt Pitta und Kapha.

Majoran (Origanum majorana)

wirkt entzündungshemmend, entgiftend, schmerzstillend, blähungswidrig, schleimreduzierend, antiasthmatisch. Majoran ist erhältlich als frisches Kraut, Gewürz und ätherisches Öl.

Klassifizierung: HA
Indikationen:
- Blähungen, Koliken und Appetitlosigkeit
- Husten und Asthma bronchiale
- Kopfschmerzen, Zahnschmerzen und Ohrenschmerzen
- rheumatische Schmerzen

Wirkung auf die Doshas:
Senkt Vata und Kapha, vermehrt Pitta.

Mango (Mangifera indica)

wirkt kühlend, blutstillend, wundheilend, gegen Übelkeit, verbessert den Appetit und stärkt das Herz. Erhältlich als Frucht im Lebensmittelhandel. Verwendet wird die reife Frucht.

Klassifizierung: HA
Indikationen:
- Appetitlosigkeit und Übelkeit
- Verstopfung
- Herzschwäche
- Blutungen und Wunden

Wirkung auf die Doshas:
Senkt Vata und Pitta.

Neem = Nimbaum (Antelaea azadirachta)

wirkt entzündungshemmend, juckreizstillend, therapeutisch bei vielen Hauterkrankungen, blutreinigend, desinfizierend bei bakteriellen Infektionen und Pilzinfektionen (Mykosen). Neem wird vorwiegend lokal eingesetzt. Neem ist in verschiedenen Formen (als Öl, Seife ...) in Ayurveda-Shops und im Handel (z. B. in Reformhäusern) erhältlich.

Klassifizierung: HA
Indikationen:
- Hauterkrankungen mit Juckreiz
- Pigmentierungsstörungen der Haut
- Mykosen (Pilzinfektionen)
- Zahnhygiene

Wirkung auf die Doshas:
Senkt Pitta und Kapha.

Papaya (Carica papaya)

wirkt verdauungsfördernd, entgiftend, menstruationsfördernd. Erhältlich als Frucht und Trockenfrucht im Lebensmittelhandel und Reformhaus. Vorsicht: Nicht in der Schwangerschaft in größeren Mengen essen! Papaya wirkt abortiv.

Klassifizierung: HA
Indikationen:
- Verdauungsstörungen
- Obstipation
- Dysmenorrhoe und Amenorrhoe

Wirkung auf die Doshas:
Senkt Vata und Kapha.

Pfeffer, langer (Piper longum)

wirkt stimulierend, verjüngend, blutreinigend und entgiftend, schmerzstillend, hustenreizlindernd, antiasthmatisch, verdauungsfördernd, blähungswidrig, krampflösend, erhitzend. Langer Pfeffer ist u. a. erhältlich als Pulver und ist Bestandteil von Trikatu (siehe dort).

Klassifizierung: HA
Indikationen:
- Konzentrationsschwäche
- Husten und Asthma bronchiale
- Nasennebenhöhlenentzündung
- Appetitlosigkeit, Völlegefühl und Koliken
- Zustände mit viel Ama im Körper
- Kältegefühl
- Diabetes mellitus

Wirkung auf die Doshas:
Senkt Vata und Kapha.

Pfeffer, schwarz (Piper nigrum)

wirkt stimulierend, durchblutungsfördernd, schleimreduzierend, stoffwechselanregend, schweißtreibend, blutreinigend, fettreduzierend, blähungswidrig etc. Schwarzer Pfeffer ist als Gewürz erhältlich und Bestandteil von Trikatu (s. dort).

Klassifizierung: HA
Indikationen:
- Husten und Asthma bronchiale
- Durchblutungsstörungen
- Appetitlosigkeit, Blähungen und Koliken
- Adipositas (Fettsucht)
- schlechter Stoffwechsel

Wirkung auf die Doshas:
Senkt Vata und Kapha.

Sandelholz, weiß (Santalum album)

wirkt beruhigend, schmerzlindernd, kühlend, juckreizstillend, blutstillend, entgiftend, desodorierend etc. Sandelholz ist erhältlich als ätherisches Öl und ist Bestandteil vieler Parfüme.

Klassifizierung: HA
Indikationen:
- Muskelschmerzen
- Unruhe und Anspannung
- Fieber
- Blutungen
- Juckreiz
- Insektenstiche

Wirkung auf die Doshas:
Senkt Pitta und Kapha.

Shallaki (Boswellia serrata)

wirkt entzündungshemmend und schmerzlindernd insbesondere bei Beschwerden im Gelenkbereich, aber auch bei chronisch entzündlichen Darmerkrankungen, Nierenerkrankungen und chronischen Lungenerkrankungen. Außerdem wirkt es verdauungsfördernd und herzstärkend. Erhältlich ist Shallaki als Tablette oder Kapsel. Die Pulverform ist für die Einnahme weniger geeignet. Boswellia serrata ist auch in Deutschland in wissenschaftlichen Studien gut untersucht. Der wirksame Inhaltsstoff ist v. a. die Boswellinsäure.

Klassifizierung: AR
Indikationen:
- rheumatische Erkrankungen
- schmerzhafte und entzündliche Erkrankungen der Gelenke und Weichteile
- Adipositas (Fettsucht)
- Nieren- und Blasenentzündung
- chronisch entzündliche Darmerkrankungen (M. Crohn und Colitis ulcerosa)
- chronische Bronchitis und Asthma bronchiale
- Verdauungsstörungen
- Herzschwäche
- schlechter Stoffwechsel

Wirkung auf die Doshas:
Senkt Pitta und Kapha.

Shatavari (Asparagus racemosus)

wirkt allgemein stärkend und aufbauend, verjüngend, nährend, wund- und knochenheilend. Speziell für Frauen ist es ein sehr wirksames Rasayana (Mittel, um jung und fit zu bleiben). Es wirkt zudem antiallergisch, immunstimulierend, milchbildend, aphrodisierend, nerven- und hirntonisch. Shatavari ist erhältlich als Pulver, in Tabletten- und Kapselform. Bemerkung: Shatavari ist Hauptbestandteil von Mahanarayana Thailam (siehe bei Ayurveda-Massagen).

Klassifizierung: AR
Indikationen:

- verzögerte Pubertät bei jugendlichen Mädchen (Pubertas tarda)
- Unfruchtbarkeit
- Anorexie bei Mädchen
- Leistungsabfall
- Abwehrschwäche
- nach Knochenbrüchen und Verletzungen
- Allergien
- Nervosität und Konzentrationsschwäche
- Übertrainings-Syndrom bei Frauen im Sport

Wirkung auf die Doshas:
Senkt Vata und Pitta, vermehrt Kapha.

Süßholz (Glycyrrhiza glabra)

wirkt schleimlösend, nervenstärkend, leicht abführend, kühlend, fiebersenkend, wundheilend, nährend und entzündungshemmend. Es verbessert die Gehirnfunktion, schärft den Verstand, verbessert die Funktion der Augen und ist allgemein geeignet für Hautkrankheiten. Es ist in verschiedenen Formen erhältlich und Bestandteil von Tees sowie Hauptbestandteil der Lakritze. Vorsicht: Süßholz sollte nicht länger als eine Woche eingenommen werden. In hohen Dosen kann es den Elektrolythaushalt stören und den Blutdruck erhöhen.

Klassifizierung: HA
Indikationen:

- Konzentrationsschwäche
- Nervenkrankheiten mit Schmerzen
- Augenkrankheiten
- Bronchitis und Asthma bronchiale
- Verstopfung
- chronisches Fieber
- Hautkrankheiten
- Wunden und Entzündungen

Wirkung auf die Doshas:
Senkt Vata und Pitta.

Trikatu (Piper longum, Piper nigrum, Zingiber officinalis)

wirkt verdauungsfördernd, entgiftend, antiasthmatisch, fettabbauend. Trikatu ist sehr scharf (Trikatu = dreifache Schärfe) und daher als Pulver im Kindesalter nicht anwendbar. Trikatu ist auch als Tablette oder Kapsel erhältlich.

Klassifizierung: AR
Indikationen:
- sehr schlechter Stoffwechsel
- Adipositas (Fettsucht)
- Entgiftung des Körpers, Beseitung von Ama (Ama = Gift-/Schlackestoffe)
- Asthma bronchiale bei gleichzeitigem Übergewicht

Wirkung auf die Doshas:
Senkt Kapha und Vata.

Triphala (Emblica officinalis, Terminalia chebula und belerica)

ist nützlich zur Optimierung des Stoffwechsels, wirkt regenerierend und immunstimulierend, antidiabetisch und mild abführend. Triphala ist erhältlich als Pulver (schmeckt sehr schlecht), in Tabletten- und Kapselform.

Klassifizierung: HA
Indikationen:
- schlechte Verdauung
- Verstopfung (Obstipation)
- Abwehrschwäche
- schlechter Stoffwechsel
- Diabetes mellitus

Wirkung auf die Doshas:
Gleicht alle Doshas aus.

Tulsi = „heiliges“ Basilikum (Ocimum sanctum)

wirkt blutreinigend, fettreduzierend, entzündungshemmend, stoffwechselverbessernd, juckreizstillend, temperaturregulierend und verbessert die Funktion der Ohren und regeneriert die Nase. Tulsi ist erhältlich in verschiedenen Formen, u. a. als ätherisches Öl (Extrakt).

Klassifizierung: HA
Indikationen:
- Appetitlosigkeit
- Adipositas
- Tinnitus (Ohrgeräusche)
- Fieber
- Juckreiz

Wirkungen auf die Doshas:
Senkt Vata und Kapha.

Vasaka (Adhatoda vasika)

wirkt schleimlösend, antiasthmatisch, fiebersenkend, schmerzstillend, blutstillend und herzstärkend. Vasaka ist erhältlich als Pulver, Kapseln und Sirup (besonders gut für Kinder geeignet, da schmackhaft und alkoholfrei).

Klassifizierung: AR
Indikationen:
- Bronchitis
- Asthma bronchiale
- Sinusitis (Nasennebenhöhlenentzündung)
- Fieber
- Nervenschmerzen, Wundschmerzen
- Blutungen
- Herzschwäche

Wirkung auf die Doshas:
Senkt Pitta und Kapha.

Ysop (Hyssopus officinalis)

wirkt schleimlösend, entzündungshemmend, stoffwechselanregend, gegen Blähungen und Verstopfung sowie menstruationsfördernd. Ysop ist erhältlich als Pflanze und Gewürz.

Klassifizierung: HA
Indikationen:
- Asthma bronchiale
- chronische Bronchitis und Pneumonie (Lungenentzündung)
- Verdauungsstörungen
- Blähungen und Verstopfung
- Amenorrhoe

Wirkung auf die Doshas:
Senkt Vata und Kapha.

Zwiebel (Allium cepa)

wirkt schleimlösend, diuretisch, lokal schmerzstillend, fettreduzierend und blutzuckersenkend. Erhältlich in jedem Lebensmittelgeschäft. Kann in kleine Stücke geschnitten und mit Kandiszucker vermischt werden; vom entstehenden Saft werden jeweils 10ml verabreicht.

Klassifizierung: HA
Indikationen:
- Husten und Erkältung
- Schwellungen und Insektenstiche
- schmerzhaftes Wasserlassen (Dysurie)
- Diabetes mellitus

Wirkung auf die Doshas:
Senkt Vata und Kapha, vermehrt Pitta.

Zimt (Cinnamomum verum)

wirkt stimulierend, stoffwechselanregend, entzündungshemmend, schleimlösend, blutreinigend, blutzuckersenkend, herzstärkend. Zimt ist als Gewürz erhältlich. Vorsicht: Wegen des teilweise hohe Cumaringehalts bei Kindern und Jugendlichen nur in geringen Mengen verwenden.

Klassifizierung: HA
Indikationen:
- schlechter Stoffwechsel
- Diabetes mellitus
- Bronchitis und Asthma bronchiale
- Zustände mit viel Ama im Körper
- Adipositas (Fettsucht)
- Herzschwäche

Wirkung auf die Doshas:
Senkt Vata und Kapha, vermehrt Pitta.

Bemerkung zur Qualität von Ayurvedaprodukten

Vorweg das Wichtigste: Produkte namhafter, großer Hersteller sind von ausgezeichneter Qualität.

Da immer wieder Berichte über die angeblich fragliche Qualität von Ayurvedaprodukten veröffentlicht werden, habe ich in den letzten Jahren in Indien (Bangalore und Kerala) und in Sri Lanka recherchiert. Unter anderem habe ich Link Natural Products (größter Hersteller von pflanzlichen Medikamenten, Ayurvedaölen etc. in Sri Lanka), SEVA bei Bangalore und das Institut für Pflanzenzucht und Biotechnologie bei Trivandrum (Kerala) besucht. Dort konnte ich mich vom hohen Standard in der Forschung und Produktion überzeugen. ISO-Zertifizierung ist beispielsweise eine Selbstverständlichkeit. Der Standard in der Qualitätssicherung besitzt hohes internationales Niveau.

Abb. 78: Dr. Detlef Grunert mit Wissenschaftlern vom Research Institute Palode, Trivandrum (Kerala)

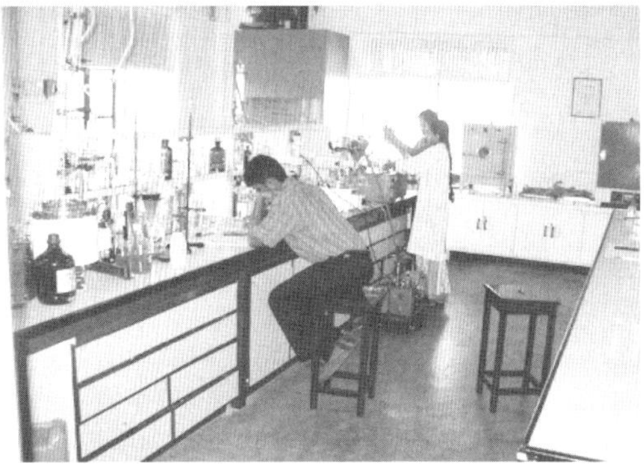

Abb. 79–82: Lager, Sortierung, Labor und Ölherstellung bei Link Natural Products (Sri Lanka)

Ayurveda-Massagen und Spezialbehandlungen für Kinder und Jugendliche

10

Abb. 83: Kupferkessel zur Ölherstellung

Massagen sind bereits im Säuglings- und Kleinkindesalter sinnvoll. Sie fördern den Aufbau der Gewebe, stimulieren die Abwehr, verbessern das Nervensystem usw., d.h., sie beeinflussen die Entwicklung der Kinder insgesamt positiv. Säuglinge und Kleinkinder werden mit Olivenöl (bestes Öl), Mandelöl oder speziellen Ölrezepturen auf Sesambasis massiert. Die Massagen werden bei kleinen Kindern sanft und mit nur geringem Druck ausgeführt.

Wichtig:

Benutzen Sie für Ayurveda-Massagen kein Sonnenblumenöl, normales, unbehandeltes Sesamöl etc., da diese Öle wirkungslos sind! Nur durch die Anwendung der richtigen Öle wird eine Massage zur Ayurveda-Massage und eine Therapie zur Ayurveda-Therapie! Gute Ayurveda-Öle sind hochwirksame Therapeutika. Sie enthalten die Inhaltsstoffe von 3 bis 5 Kilogramm Kräutern in jedem Liter.

Schulkinder und Jugendliche werden je nach Konstitution und Indikation für die Massage auch mit höherem Druck und passenden Therapieölen behandelt. Besonders geeignet sind Öle wie Mahanarayana-Öl, Bala-Ashwagandha-Öl, Vata-Therapieöl oder bei Bedarf auch Prabhanjana Kuzhambu (stark nährend), z. B. bei Anorexie. Bei Jugendlichen mit Kapha-Störung und Adipositas (Fettsucht) kann Sahacaradi-Thailam angewandt werden. Die Beschreibung und Wirkung der verschiedenen Ayurveda-Öle finden Sie in der entsprechenden Literatur.

Wichtige Therapieformen sind:
- **Abhyanga (sanfte Ölmassage)** in allen Altersstufen zur Regeneration, bei Schlafstörungen usw.

- **Mardana oder Thalodal (Ölmassage mit hohem Druck)** bei Jugendlichen zur Stimulierung des Stoffwechsels, als Sportmassage usw.
- **Jambira Pinda Sweda (Zitronenwickel),** ab dem Jugendalter zur Aktivierung des Stoffwechsels etc.
- **Kayaseka (warmer Ölguss),** ab dem Schulalter möglich bei Vata-Störungen, Anorexie, Schlafstörungen etc.
- **Shiroabhyanga und Shiromardana (Kopfmassage mit geringem oder höherem Druck)** in allen Altersstufen zur Stärkung der Abwehr, bei Schlafstörungen usw.
- **Shirodhara (Stirnölguss),** ab dem Jugendalter möglich bei Stresssymptomen, Schlaflosigkeit, schlechter Entspannungsfähigkeit etc.
- **Sweda (Schwitzbad),** am besten mit Dampf oder Kräuterdampf, ist in der Kombination z. B. mit Abhyanga eine ideale Regenerations- und Entschlackungsmaßnahme. Ein kurzes Schwitzbad ist bereits bei Kleinkindern möglich.
- **Nasya (ayurvedische Nasenbehandlung)** kann ab dem Alter von sieben Jahren durchgeführt werden. Nasya wirkt schleimlösend, abwehrsteigernd usw.
- **Vasti (Einlauf)** können in jedem Alter durchgeführt werden. Sie wirken entschlackend, abführend, Vata senkend usw.

Abhyanga (Ölmassage mit geringem Druck)

kann in allen Alterstufen angewandt werden.

Prinzipiell wirkt Abhyanga

- regenerierend, entspannend, stresslösend
- stoffwechselverbessernd
- durchblutungsfördernd
- entschlackend
- abwehrsteigernd
- schmerzlindernd

Weitere Wirkungen sind abhängig vom eingesetzten Therapieöl.

Indikationen:

- allgemeine Schwäche und Abwehrschwäche
- Rücken- und Gelenkprobleme
- Muskelschmerzen und Muskelschwäche
- psychosomatische Erkrankungen
- Störungen der Motorik (Lähmungen, Zerebralparese etc.)
- schlechter Stoffwechsel
- Schlafstörungen

Wichtige Bemerkungen und Regeln:

- Jugendliche mit gut ausgebildeter Muskulatur bevorzugen in der Regel Massagen mit höherem Druck.
- Hoher Druck bei langsamer Massagegeschwindigkeit senkt Vata und Kapha, reguliert Pitta und optimiert den Stoffwechsel.
- Ayurveda-Massagen mit Therapieölen sollen ausschließlich von geübten Ayurveda-Therapeuten durchgeführt werden.
- Massagen bei Säuglingen (Babymassage) und Kleinkindern mit Oliven- oder Mandelöl können Sie nach Anleitung selber durchführen.

Mardana (intensive Ölmassage mit hohem Druck)

Mardana kann wie Thalodal zur Regeneration, Stoffwechselsteigerung etc. angewandt werden. Der Ablauf entspricht der ayurvedischen „Grundmassage“ (Abhyanga). Die Wirkungen und die eingesetzten Öle entsprechen Thalodal.

Thalodal (spezielle Druckmassage mit sehr hohem Druck)

Die „ayurvedische Sportmassage“ soll erst ab dem Jugendalter eingesetzt werden. Die Anwendungsdauer, der Druck und das eingesetzte Öl müssen individuell ausgewählt werden. Dazu bedarf es einiger Erfahrung.

Prinzipiell wirken Thalodal und Mardana
- intensiv stoffwechselsteigernd
- intensiv regenerierend
- kräftigend
- fettabbauend
- leistungssteigernd
- abhärtend
- belebend für die Sinne
- entschlackend

Indikationen:
- als Sportmassage
- Adipositas (Fettsucht)
- allgemeine Schwäche und Abwehrschwäche
- Rücken- und Gelenkprobleme
- Muskelschmerzen und Muskelschwäche
- psychosomatische Erkrankungen
- Störungen der Motorik (Lähmungen, Zerebralparese etc.)
- schlechter Stoffwechsel
- Schlafstörungen

Mögliche Ayurveda-Öle (Auswahl):
- Mahanarayana Thailam
- Bala-Ashwagandha Thailam, Ashwagandha Thailam
- Dhanvantaram Thailam (bei Vata-Konstitution oder Vata-Störung)
- Pinda Thailam (bei Pitta-Konstitution oder Pitta-Störung)
- Sahacaradi-Thailam (bei Kapha-Störung und Übergewicht)

Profi-Tipp:

Massieren Sie kurz den Körper oder die gewünschten Regionen mit Mahanarayana Thailam und verwenden Sie direkt anschließend ein zweites Therapieöl. Auf diese Weise potenzieren Sie die Wirkung! Beispiele für gewünschte Effekte: Mahanarayana Thailam plus
- Ashwagandha Thailam: Muskelaufbau, Verbesserung des Muskel- und Gewebestoffwechsels, Regeneration
- Bala-Ashwagandha Thailam: Muskelaufbau, Verbesserung des Muskelstoffwechsels, Regeneration
- Pinda Thailam: zur Therapie von Schmerzen und Entzündungen der großen Gelenke und der Haut
- Murivenna Keram: zur Therapie bei Gelenkschmerzen, Zerrungen, Verletzungen, nach Operationen zur schnellen Regeneration

Jambira Pinda Sweda (Zitronenwickel)

ist eine intensiv stoffwechselsteigernde, schweißtreibende, entschlackende, fettabbauende Behandlung. Sie ist außerdem sehr wirkungsvoll bei Schwellungen der Gelenke und Gewebe. Diese Therapieform soll erst ab dem Jugendalter angewandt werden.

Prinzipiell wirkt Jambira Pinda Sweda
- entschlackend und reduzierend
- intensiv fettabbauend
- gewebeverbessernd
- intensiv stoffwechselsteigernd
- schweißtreibend
- regenerierend
- Kapha reduzierend

Indikationen:
- Adipositas
- schlechter Stoffwechsel
- schlechte Haut und schlechtes Unterhautgewebe (Orangenhaut)
- Muskel- und Gelenkprobleme
- Leistungsabfall
- allgemeine Schwäche und Abwehrschwäche

Nicht anwenden:
- bei kleinen Kindern
- bei schwerer Pitta- oder Vata-Störung

Kayaseka (warmer Ölguss)

ist sehr wirksam bei Vata-Störungen, also z. B. bei Schlafstörungen, Nervenschmerzen, Gewichtsabnahme etc. Bei dieser Therapieform wird warmes Therapieöl über den Körper gegossen. Der Aufwand und Verbrauch an Öl ist sehr hoch.

Prinzipiell wirkt Kayaseka
- intensiv Vata senkend
- regenerierend
- intensiv entspannend
- aufbauend

Indikationen:
- jede Vata-Störung
- Schlafstörungen
- Gewichtsabnahme
- psychosomatische Erkrankungen

Shiroabhyanga und Shiromardana (sanfte und intensive Kopfmassage)

kann in jedem Alter, auch beim Säugling, durchgeführt werden. Bei Säuglingen und kleinen Kindern wird prinzipiell sanft massiert. Es kann Olivenöl, Mandelöl mit Rose oder spezielles Kopföl verwendet werden.

Prinzipiell wirken Shiroabhyanga und Shiromardana
- stresslösend
- harmonisierend
- abwehrsteigernd
- positiv auf Augen, Nase und Ohren

Indikationen:
- Schlafstörungen
- Unruhe und Schmerzen
- Erkrankungen mit Störungen der Motorik (Lähmungen, Zerebralparese, …)
- Stresssymptome

- psychosomatische Krankheiten wie Herzrhythmusstörungen, Asthma bronchiale, Magersucht (Anorexie), Neurodermitis …
- schlechte Gehirnleistung

Shirodhara (Stirnölguss)

kann angewendet werden ab dem Jugendalter bei Stresssymptomen, Schlaflosigkeit, schlechter Entspannungsfähigkeit etc. Diese Behandlung besitzt eine intensive Wirkung auf Psyche und Gehirnfunktion und soll nur von einem qualifizierten Therapeuten bei entsprechender Indikation und nach Vorbehandlung durchgeführt werden! Hier muss unbedingt auf die korrekte Auswahl der Öle geachtet werden!

Beachten Sie:

- nie ohne Vorbehandlung (z. B. Abhyanga).
- nicht mit erhitzenden Ölen!
- nicht mit Sonnenblumenöl!

Prinzipiell wirkt Shirodhara
- Vata und Pitta senkend
- harmonisierend (erzeugt Alpha-Aktivität im Gehirn)
- intensiv regenerierend auf Gehirn und Psyche

Indikationen:
- Schlafstörungen
- Schmerzsyndrome
- Erkrankungen mit Störungen der Motorik (Lähmungen, Zerebralparese …)
- Angstsyndrome
- Stresssymptome
- psychosomatische Krankheiten wie Herzrhythmusstörungen, Asthma bronchiale, Magersucht (Anorexie), Neurodermitis …
- schlechte Gehirnleistung

Abb. 84

Sweda (Schwitzbad)

Ein ayurvedisches Schwitzbad, am besten mit Dampf oder Kräuterdampf, ist in der Kombination z. B. mit Abhyanga eine ideale Regenerations- und Entschlackungsmaßnahme. Ein kurzes Schwitzbad ist bereits bei Kleinkindern möglich. Ab dem Schulkindalter können Schwitzbäder problemlos durchgeführt werden.

Wichtig:

- Kopf, Augen und Herzregion sollen nicht hoher Hitze ausgesetzt werden!
- Es sind verschiedene Formen möglich. Art und Dauer der Schwitzbehandlung muss altersentsprechend gewählt werden.
- Prinzip: Je jünger, umso sanfter und kürzer.

Prinzipiell wirkt Sweda
- entschlackend
- wärmend und beruhigend
- durchblutungssteigernd
- stoffwechselsteigernd
- schleimlösend
- schmerzlindernd

Indikationen:
- Adipositas
- schlechter Stoffwechsel
- Zustand mit viel Ama im Körper
- Asthma bronchiale und chronische Bronchitis
- Schmerzsyndrome
- Kältegefühl

Nasya (ayurvedische Nasenbehandlung)

kann ab dem Alter von sieben Jahren durchgeführt werden. Dabei wird nach Erwärmen des Gesichts spezielles Nasya-Öl in die Nase geträufelt. Diese Behandlung soll nur nach Untersuchung und Indikationsstellung von einem geübten Ayurveda-Spezialisten durchgeführt werden.

Prinzipiell wirkt Nasya
- schleimlösend
- Kapha senkend
- regenerierend für die Schleimhäute
- entzündungshemmend
- abwehrsteigernd

Indikationen:
- chronische Nasennebenhöhlenentzündung
- schlechte Nasenatmung
- häufige Atemwegsinfekte
- häufige Bronchitiden
- schlechter Geruchsinn

Vasti (Einläufe)

können bereits bei Säuglingen durchgeführt werden. Im Ayurveda werden bei Kindern und Jugendlichen in der Regel sog. kleine Öleinläufe durchgeführt. Diese sind keineswegs unangenehm und werden sehr gut toleriert. Verwendet wird angewärmtes Sesamöl. Sie können auch Olivenöl benutzen.
Folgende Ölmengen sind sinnvoll:

- bei Säuglingen 2 – 10 ml je nach Alter und Gewicht
- bei Kleinkindern 10 – 20 ml
- bei Schulkindern 20 – 50 ml
- bei Jugendlichen 50 – 100 ml

Vasti wirken prinzipiell

- abführend
- entschlackend
- pflegend und nährend für den Dickdarm
- Vata senkend

Indikationen:

- Obstipation (Verstopfung)
- Blähungen und Darmkrämpfe
- Kopfschmerzen
- schlechte Verdauung
- Vata-Störungen

Abhängig vom Alter des Kindes/Jugendlichen kann nahezu die gesamte Palette der Ayurveda-Therapien genutzt werden. Der Einsatz erfordert allerdings eine große Erfahrung in der Kinder- und Jugendmedizin! Einige der Therapieformen können Sie auch als Eltern bei Ihren Kindern/Jugendlichen selbst anwenden.

Zur Selbsttherapie zu Hause sind geeignet:

- Abhyanga (sanfte Massage) in jedem Alter
- Shiroabhyanga (Kopfmassage) in jedem Alter
- Vasti (Einläufe) bei Bedarf in jedem Alter

Panchakarma-Behandlung

Panchakarma bedeutet fünffache Reinigung. Reinigungs- und Entschlackungsmaßnahmen werden im Ayurveda im Rahmen einer mindestens zweiwöchigen Kur durchgeführt. Prinzipiell sind diese Therapien auch bei älteren Kindern und Jugendlichen durchführbar. In Mitteleuropa gibt es jedoch keine Angebote für diese Altersgruppe, d. h., kinder- und jugendorientierte ayurvedische Kurzentren existieren bisher nicht.
Wirksame Entschlackungs- und Regenerationsbehandlungen können aber in angepasster Form auch ambulant und teilweise zu Hause durchgeführt werden.

Beachte:
Jede Ayurveda-Therapie besteht aus 3 Teilen:

1. Vorbehandlung (z. B. Ölmassagen, Yoga, Bewegung etc.)
2. Hauptbehandlung (z. B. entschlackende oder regenerierende Maßnahmen)
3. Nachbehandlung (in der Regel regenerierende Maßnahmen)

Ayurveda-Therapien inkl. Panchkarma-Kuren sollen immer von einem kompetenten Ayurveda-Spezialisten und im Kindes- und Jugendalter nach Möglichkeit von einem Kinder- und Jugendarzt überwacht und geleitet werden!

Für jede Ayurveda-Therapie inkl. der Panchakarma-Kur wird ein individueller Therapieplan erstellt.

Anwendung der Kräuter, Medikamente und Therapien

In den nächsten Kapiteln werden häufige Beschwerden und Symptome sowie häufige und wichtige Erkrankungen im Kindes- und Jugendalter beschrieben. Neben Hinweisen auf mögliche Ursachen finden Sie Vorschläge zur Therapie aus moderner medizinischer Sicht, Hinweise zu den Störungen und Ursachen aus ayurvedischer Sicht und Therapiemöglichkeiten aus ayurvedischer Sicht.

Moderne und ayurvedische Therapie schließen einander dabei nicht aus. Bei akuten Erkrankungen ist in der Regel die moderne Therapie Mittel der Wahl. Bei langandauernden und chronischen Erkrankungen ergänzen sich moderne und ayurvedische Therapie. In manchen Fällen ist eine Behandlung nach ayurvedischen Richtlinien der modernen Therapie auch überlegen.

Abb. 85: Kräuter-Shop in Trivandrum (Kerala)

Denken Sie daran:

„Mehrere Wege führen nach Rom.“ Die Auswahl der richtigen bzw. optimalen Therapieform erfordert viel Erfahrung. Und: Vor einer guten Therapie steht die richtige Diagnose. Letztlich sind sowohl für die Diagnosestellung wie auch für die Therapie das umfassende Wissen und die „Sinne“ des Arztes gefragt. Häufig ist auch der „siebte Sinn“ des Arztes wichtig.

Auch wenn Sie selber zu Hause Ihr Kind/Ihren Jugendlichen behandeln, müssen Sie die richtige Diagnose stellen und auch das richtige „Hausmittel“ auswählen. Dabei sollen Ihnen die nächsten Kapitel behilflich sein.

Für Interessierte:
Wenn Sie sich über den Weg zur Diagnose und den Hintergrund der modernen und ayurvedischen Therapie näher informieren wollen, empfehle ich Ihnen die Lektüre der Zeitschriftenartikel: „Diagnostik über die Sinne im Ayurveda“ und „Therapie über die Sinne im Ayurveda“.

Sie finden beide Artikel auf der Homepage www.kinderarzt-grunert.de .

Häufige Beschwerden und Symptome

11

1 Fieber

Als Fieber wird eine Körpertemperatur über 38° C bezeichnet. Fieber ist keine Krankheit, sondern eine normale Reaktion zur Körperabwehr. Die Abwehr arbeitet schneller und besser mit Fieber! Fieber über 39° C sollte jedoch in der Regel gesenkt werden, um Komplikationen zu vermeiden.

Wenn die Temperatur längere Zeit über 39° C liegt oder bei Fieber über 40° C, zeigen Sie das Kind/den Jugendlichen einem Kinderarzt, um die Ursache klären zu lassen! Säuglinge sollen schon bei anhaltender Temperatur über 38,5° C dem Kinderarzt vorgestellt werden.

Ursachen:

Die Ursachen für Fieber können vielfältig sein. In jedem Fall soll bei anhaltendem Fieber nach der Ursache gefahndet werden.

Häufige Ursachen:
- leichte Infekte der Atemwege (Bronchitis etc.)
- schwere Infekte der Atemwege (Pneumonie = Lungenentzündung)
- Otitis media (Mittelohrentzündung)
- Angina tonsillaris (Mandelentzündung)
- Harnwegsinfekte
- Magen-Darm-Infekte mit Durchfall und/ oder Erbrechen (Gastroenteritis)

Seltene Ursachen:
- Appendizitis (Blinddarmentzündung)
- Meningitis (Gehirnhautentzündung)

Moderne Therapie:

Verwenden Sie in der Regel Ibuprofen, Paracetamol (als Zäpfchen oder Saft) und/ oder Wadenwickel.

Störung aus ayurvedischer Sicht:
- Meist Pitta-Störung

Therapie aus ayurvedischer Sicht:
- kühlende Maßnahmen (kalte Wickel)
- genügend, kühl trinken
- Mahlzeiten leicht und kühlend; nicht heiß, sauer oder scharf
- Kräuter und Medikamente: Amrita (Tinospora cordifolia), Amalaki (Emblica officinalis) etc. sind verfügbar und können bei Bedarf bei älteren Kindern eingesetzt werden.

Wichtig:

Bei Erkrankungen wie Lungenentzündung, Harnwegsinfekt, Mittelohrentzündung etc. muss selbstverständlich auch die Grundkrankheit behandelt werden. Die Therapie dieser akuten, fieberhaften Erkrankungen gehört in die Hand eines Kinder- und Jugendarztes! Akut lebensbedrohliche Erkrankungen wie die Gehirnhautentzündung werden in einem Kinderkrankenhaus therapiert. In manchen Fällen (z. B. bei einer Blinddarmentzündung) ist auch ein chirurgischer Eingriff erforderlich.

2 Bauchschmerzen

Über Bauchweh klagen Kinder, aber auch Jugendliche sehr häufig. Unterscheiden muss man dabei akute und chronische Bauchschmerzen.

Vorsicht:

Akute, vor allem heftige Bauchschmerzen, die über drei Stunden andauern, können eine Appendizitis = Blinddarmentzündung (anhaltende Schmerzen im Unterbauch rechts) oder auch ein Darmverschluss = Ileus (kolikartige, heftige Schmerzen) etc. sein. D. h., es ist evtl. ein chirurgischer Eingriff notwendig.

Aber keine unnötige Panik:

Blinddarmentzündung und Darmverschluss sind im Verhältnis zu allen anderen Ursachen für Bauchschmerzen selten.

Häufige Ursachen für akute Bauchschmerzen:

- Infektionen des Magen-Darm-Traktes (Gastroenteritis)
- Harnwegsinfekt
- Obstipation
- Kleine Kinder klagen häufig auch bei Angina tonsillaris oder Otitis media (Mittelohrentzündung) über Bauchschmerzen!

Seltene Ursachen für akute Bauchschmerzen:

- Appendizitis (Blindarmentzündung)
- Ileus (Darmverschluss)
- Pneumonie (Lungenentzündung)
- Diabetes mellitus (Zuckerkrankheit)

Häufige Ursachen für chronische Bauchschmerzen:

- Obstipation (Verstopfung)
- ungünstige Ernährung (Ernährungsrichtlinien siehe unten)
- Stress und Bewegungsmangel

Seltene Ursachen für chronische Bauchschmerzen:

- chronisch entzündliche Darmerkrankungen (M.Crohn und Colitis ulcerosa)
- Nahrungsmittelallergie
- Nahrungsmittelunverträglichkeit (Stoffwechselstörung; Verdauung bestimmter Nahrungsbestandteile ist nicht oder nur eingeschränkt möglich.)

Beachten Sie:

1. Zur Diagnosestellung bei akuten und chronischen Bauchschmerzen im Kindes- und Jugendalter gehört:

- Anamnese (Befragung) mit Wertung der Symptome
- Untersuchung
- Urinuntersuchung (außer bei Brechdurchfall)
- Ultraschalluntersuchung (v. a. bei chronischen und sehr heftigen akuten Bauchschmerzen)

2. Bei allen chronischen Bauchschmerzen zusätzlich:

- die Befragung hinsichtlich der Ernährung
- die Kontrolle von Stuhlgang, Bauchschmerzen und der gesamten Ernährung über ca. 2 Wochen!

Bemerkung: Im System der gesetzlichen Krankenkassen ist eine Befragung und Beratung hinsichtlich der richtigen Ernährung und auch hinsichtlich der richtigen Bewegung durch den Arzt nicht vorgesehen! Es existiert dafür nicht einmal eine sog. Abrechnungsziffer (Stand Oktober 2006).

Moderne Therapie bei akuten Bauchschmerzen:

Die Therapie ist, abhängig von der Ursache, unterschiedlich.

1. bei Erbrechen und Durchfall: Siehe unter 3 „Erbrechen“

2. bei Blinddarmentzündung und Darmverschluss: chirurgisch (Ausnahme ist die sog. Invagination)
3. bei akutem Harnwegsinfekt: Antibiotika

Moderne Therapie bei chronischen Bauchschmerzen:

Auch in diesen Fällen ist die Therapie abhängig von der Ursache.

1. bei chronischer Verstopfung: Siehe unter 4 „Verstopfung“ (Obstipation)
2. bei chronisch entzündlicher Darmerkrankung: Spezifische Therapie durch einen kompetenten Kinder- und Jugendarzt, z. B. mit entzündungshemmenden Medikamenten, Optimierung der Ernährung und Nahrungsergänzung mit Vitaminen und Spurenelementen
3. bei Stress und/oder Bewegungsmangel: Stressbewältigung evtl. mit Hilfe eines Kinder- und Jugendpsychotherapeuten sowie genügend und passend Sport und Bewegung
4. bei ungünstiger Ernährung: Optimierung der Ernährung und Nahrungsergänzung

Bemerkung: Nach meiner Erfahrung ist eine ungünstige Ernährung mit weitem Abstand die häufigste Ursache für chronische Bauchschmerzen im Kindes- und Jugendalter! Leider werden eine ausführliche Nahrungsmittelanalyse und -beratung nur selten durchgeführt. Deswegen möchte ich an dieser Stelle **die häufigsten Ernährungsfehler** kurz zusammenfassen:

1. zu viel Fett und zu wenig Kohlenhydrate
2. zu viel tierisches Eiweiß und tierische Fette
3. zu schweres, ungünstiges und zu spätes Abendessen
4. kein Frühstück
5. Mangel an Vitaminen und Spurenelementen sowie hochungesättigten Fettsäuren

Wichtig aus moderner und ayurvedischer medizinischer Sicht:

Die richtige Ernährung und genügend Sport/Bewegung sind die Grundlage von Gesundheit und Wohlbefinden! Bei folgenden Beschwerden und Erkrankungen ist die richtige und möglichst optimale Ernährung in Verbindung mit passender Bewegung auch immer Grundlage oder wichtiger Bestandteil der Therapie:

- chronische Bauchschmerzen
- Verstopfung (Obstipation)
- Leistungsabfall und chronische Müdigkeit
- Infektanfälligkeit
- Übergewicht und Adipositas (Fettsucht)
- Magersucht (Anorexie)
- viele chronische Erkrankungen wie Diabetes mellitus, chronisch entzündliche Darmerkrankungen, Asthma bronchiale, rheumatische Erkrankungen, Neurodermitis …

Störung aus ayurvedischer Sicht:

- Meist Vata- und/oder Pitta-Störung, manchmal auch Kaphastörung
- Gestörtes Verdauungsfeuer und insbesondere bei chronischen Bauchschmerzen evtl. Ansammlung von Giften und Schlackestoffen (Ama)

Therapie aus ayurvedischer Sicht:

Bei akuten Bauchschmerzen entspricht die ayurvedische Therapie zum großen Teil der modernen (westlichen) Therapie, d. h. chirurgischer Eingriff bei Appendizitis, Flüssigkeitsersatz bei akutem Brechdurchfall usw. Zusätzliche Maßnahmen bei Erbrechen, Durchfall und Obstipation siehe unter den jeweiligen Beschwerden.

Bei chronischen Bauchschmerzen bietet Ayurveda allerdings wichtige zusätzliche Therapiemöglichkeiten. Dabei steht an erster Stelle die optimale Ernährung für die eigene Konstitution nach ayurvedischen Regeln. Hierzu informieren Sie sich im Kapitel 4 „Die Bedeutung der gesunden Ernährung“ und Kapitel 5 „Vom großen Effekt der

Kleinigkeiten" und in der weiterführenden Literatur.

Bei allen chronischen Beschwerden und Erkrankungen sind entschlackende Maßnahmen, z. B. im Rahmen einer Panchakarma-Kur, sinnvoll. Ein Teil der möglichen Therapien (z. B. Nasya = Nasenbehandlung) ist allerdings erst bei älteren Kindern und Jugendlichen durchführbar. Zudem scheitert in Mitteleuropa die Durchführung einer kinder- und jugendspezifischen Kur an fehlenden Therapiemöglichkeiten, d. h., es sind für Kinder und Jugendliche keine ayurvedisch orientierten Kliniken vorhanden.

Weitere Therapiemöglichkeiten aus ayurvedischer Sicht:

1. **Bei Vata-Störung mit chronischen Bauchschmerzen,** schlechter Verdauung und Blähungen wirken neben einer Anti-Vata-Ernährung u. a. günstig: Asafoetida, Curcuma, Ingwer, Zimt, Kardamom, Fenchel, Kümmel, Dill etc.
2. **Bei Pitta-Störung mit chronischen Bauchschmerzen,** Übersäuerung, Sodbrennen und/oder häufigen dünnen Stühlen wirken neben einer Anti-Pitta-Ernährung u. a. günstig: Amrita, Shatavari etc.
3. **Bei Kapha-Störung mit chronischen Bauchschmerzen,** Völlegefühl etc. wirken neben einer Anti-Kapha-Ernährung u. a. günstig: Ingwer, schwarzer Pfeffer, langer Pfeffer, Chili (nicht bei kleinen Kindern), Trikatu (nicht bei kleinen Kindern), Curcuma, Balsambirne, Dill etc.

Ayurvedische Therapie bei spezifischen Erkrankungen mit chronischen Bauchschmerzen:

Bei **chronisch entzündlichen Darmerkrankungen (M. Crohn und Colitis ulcerosa)** sind Kräuter/Medikamente der Wahl: Shatavari, Amrita und v. a. Shallaki mit seinem intensiven entzündungshemmenden Effekt. Die Therapie dieser Erkrankungen ist allerdings kompliziert und komplex und sollte kompetenten und erfahrenen Kinder- und Jugendärzten vorbehalten bleiben!

3 Durchfall

Mehr als drei dünnflüssige Stühle pro Tag werden als Durchfall bezeichnet.

Besonderheit:
Gestillte Säuglinge können mehrere dünne Stühle pro Tag absetzen. Ist der Säugling dabei gut gelaunt, fieberfrei und gedeiht gut, sind die dünnen Stühle harmloser „Muttermilchstuhl". Auch wenn Ihr Säugling häufig spuckt, dabei aber gut gedeiht, ist dies kein Grund zur Besorgnis. Bei sehr starkem Erbrechen sollten Sie jedoch Ihr Kind in der Kinderarztpraxis zeigen. In diesen Fällen muss die Ursache geklärt werden. Erbrechen bei einer Darminfektion ist für Säuglinge immer gefährlich! Ein Säugling mit Brech-Durchfall sollte in jedem Fall in der Praxis untersucht werden!

Wichtig:
Bei zusätzlichen Symptomen wie Fieber, Bauchschmerzen, Erbrechen, Gewichtsabnahme etc. ist Ihr Kind/Jugendlicher krank. Akuter Durchfall muss rasch behandelt werden, um ein Austrocknen des Kindes zu vermeiden. Bei lang anhaltenden (chronischen) Durchfällen muss die Ursache geklärt werden. Suchen Sie einen Kinderarzt auf oder lassen Sie sich beraten, wenn

- ein Säugling bis 12 Monate über 6 Stunden,
- ein Kleinkind/Kindergartenkind bis 6 Jahre über 12 Stunden,
- ein Schulkind/Jugendlicher über 24 Stunden

unter Durchfall leidet.

Ursachen für akuten Durchfall:
Häufige Ursachen:
- Virusinfektionen (z. B. Rotavirus)
- bakterielle Infektionen (z. B. Salmonellen)

Seltene Ursachen:
- Protozoen (z. B. Lamblien)

Ursachen für chronischen Durchfall:
Häufige Ursachen:
- Postenteritis-Syndrom (nicht ausgeheilte akute Durchfallerkrankung und ungünstige Ernährung nach akutem Durchfall)

Seltene Ursachen:
- Laktose-Intoleranz (Milchzuckerunverträglichkeit)
- Nahrungsmittelallergien
- chronisch entzündliche Darmerkrankungen (M. Crohn und Colitis ulcerosa)
- Zöliakie (Gluten-Unverträglichkeit)

Moderne Therapie:
Grundlage der Therapie ist die Flüssigkeitszufuhr und das Vermeiden der Nahrungsmittel, die den Durchfall verstärken.
- Milch, Fett und Ei dürfen nicht mehr gegeben werden!
- Getränke werden in kleinen Portionen und kühl (verlangsamt die Darmaktivität und vermindert Darmkrämpfe) verabreicht. Je nach Alter können Salz-Traubenzuckerlösungen (z. B. Oralpädon®), Saftschorle, abgekühlter Tee mit Zucker (kein Kamillentee!) und evtl. auch Cola verwendet werden.
- Bei älteren Kindern und Jugendlichen kann die Darmaktivität durch Medikamente wie z. B. Lopedium® reduziert werden.

Überflüssig oder zu vermeiden:
- Sonstige Mittel gegen Durchfall sind in der Regel völlig sinnlos. Der Durchfall ist beendet, wenn die Darmschleimhaut regeneriert ist. Dabei können „moderne" Medikamente nicht helfen.

Störung aus ayurvedischer Sicht:
- Pitta- und/oder Vata-Störung

Therapie aus ayurvedischer Sicht:
- genügend, kühl trinken
- Die Geschmacksrichtungen süß, bitter und zusammenziehend (adstringierend) sind günstig.
- Kräuter und Medikamente: Verschiedene Kräuter wie Ingwer (Zingiber officinale), Kardamom (Elettaria cardamomum), Asafoetida (Ferula assa-foetida) etc. wirken günstig und können bei älteren Kindern und Jugendlichen eingesetzt werden.

4 Erbrechen (mit oder ohne Durchfall)

Erbrechen bei Säuglingen

Manche Säuglinge spucken immer wieder kleinere Nahrungsmengen, gedeihen dabei aber prächtig. Diese Form des Erbrechens ist in der Regel harmlos und bedarf keiner Therapie.

Erbrechen Säuglinge mehrfach größere Nahrungsmengen im Schwall, suchen Sie unbedingt einen Kinder- und Jugendarzt auf. Es kann sich um eine sog. Pylorusstenose (Magenpförtnerkrampf) handeln. Die Diagnose wird mittels Ultraschalluntersuchung gestellt. Das Problem wird in der Regel durch eine kleine Operation beseitigt. Ayurveda und Hausmittel helfen hier nicht.

Bei Erbrechen mit Fieber liegt immer ein Infekt vor. In diesem Fall stellen Sie den Säugling möglichst rasch bei einem Kinderarzt vor. Das Prinzip der Therapie von Magen-Darm-Infekten mit Erbrechen ist in allen Altersklassen identisch (siehe unten). Beachten Sie aber: Je kleiner das Kind, umso rascher muss gehandelt werden.

Erbrechen bei älteren Kindern und Jugendlichen

Häufige Ursachen:
- meist akute Magen-Darm-Infekte
- Harnwegsinfekte
- Angina tonsillaris (Mandelentzündung)

Seltene Ursachen:
- Appendizitis (Blinddarmentzündung)
- Darmverschluss
- Meningitis (Gehirnhautentzündung)

Moderne Therapie:

Grundlage der Therapie ist die Flüssigkeitszufuhr und das Vermeiden der Nahrungsmittel, die Erbrechen und Durchfall verstärken. Zuerst muss allerdings das Erbrechen gestoppt werden.
- Zuerst werden brechreizstillende Medikamente wie Vomex® oder Vomacur® als Zäpfchen (!) verabreicht.
- Nach einer Wartezeit von ca. 30 Minuten wird dann schluckweise Flüssigkeit gegeben.
- Getränke werden in kleinen Portionen und kühl (verlangsamt die Darmaktivität und vermindert Darmkrämpfe) verabreicht. Je nach Alter können Salz-Traubenzuckerlösungen (z. B. Oralpädon®), Saftschorle, abgekühlter Tee mit Zucker (kein Kamillentee!) und evtl. auch Cola verwendet werden.
- Milch, Fett und Ei dürfen nicht mehr gegeben werden!
- Bei älteren Kindern und Jugendlichen kann die Darmaktivität durch Medikamente wie z. B. Lopedium® reduziert werden.

Überflüssig oder zu vermeiden:

- Sonstige Mittel gegen Erbrechen und/oder Durchfall sind in der Regel völlig sinnlos. Der Durchfall ist beendet, wenn die Darmschleimhaut regeneriert ist. Dabei können Medikamente nicht helfen.
- In der Regel sind keine Antibiotika erforderlich.
- Bakterienpräparate sind in der Regel nutzlos.

Störung aus ayurvedischer Sicht:

- Pitta-Störung und evtl. zusätzlich Vata-Störung

Therapie aus ayurvedischer Sicht:

- genügend, kühl trinken
- Die Geschmacksrichtungen süß und zusammenziehend (adstringierend) sind günstig.
- Kräuter, Medikamente und Früchte: Mango (Mangifera indica), Granatapfel (Punica granatum), Gewürznelke (Syzygium aromaticum) etc. wirken brechreizlindernd und können bei älteren Kindern und Jugendlichen eingesetzt werden.

5 Verstopfung (Obstipation)

Verstopfung ist in Deutschland im Kindes- und Jugendalter ein sehr häufiges Problem. Typische Symptome sind seltener (alle 2 – 3 Tage oder seltener) Stuhlgang, harter Stuhl, Bauchbeschwerden und Blähungen, evtl. Blut auf dem Stuhl und Schmerzen beim Stuhlgang. Kinder mit Verstopfung sind zudem in der Regel appetitlos.

Besonderheit:

Voll gestillte Säuglinge haben manchmal nur 1x pro Woche einen weichen Stuhlgang. Dies ist nicht besorgniserregend und auch keine Verstopfung!

Ursachen:

- ungünstige Ernährung
- zu wenig Bewegung
- Schmerzen beim Stuhlgang durch kleine Einrisse am After (Fissuren)
- Verhaltensproblem („Das Kleinkind will nicht!“)

Folgen chronischer Verstopfung:

- aufgeweiteter Dickdarm mit schlechter Funktion
- Koliken und Blähungen
- schlechter Stoffwechsel und schlechte Verdauung
- Appetitlosigkeit
- Leistungsabfall
- Kopfschmerzen
- später chronische Erkrankungen des Dickdarms (Polypen, Divertikel, Tumoren, chronische Entzündungen)

Wichtig:

Da die Folgen einer chronischen Verstopfung schwerwiegend sein können, muss unbedingt für einen regelmäßigen Stuhlgang und eine gute Verdauung gesorgt werden!

Moderne Therapie:

Bei akuter Verstopfung wird einmalig ein „Mini-Einlauf", z. B. Babylax® oder Microklist®, durchgeführt. Bei Bedarf wird die Nahrung angepasst (siehe bei chronischer Verstopfung). Zusätzlich kann Milchzucker bzw. Laktulose als Nahrungszusatz hilfreich sein.

Bei chronischer Verstopfung muss sehr konsequent vorgegangen werden. An 3 bis 5 Tagen hintereinander (!) wird der Darm mittels „Mini-Einlauf" zumindest teilweise entleert. Laktulose als Nahrungszusatz ist häufig hilfreich. Sehr wichtig ist jedoch eine Optimierung der Ernährung! „Stopfende" Nahrung wie Schokolade, Karotte und Banane wird weggelassen. Ungünstige schwerverdauliche Nahrungsmittel wie Wurst, fettes Fleisch und konservierte Nahrung etc. sollen gemieden werden. Die Nahrung soll frisch zubereitet und leicht verdaulich sein. Viel Obst und Gemüse sind günstig. Am besten führen Sie einen Ernährungskalender und notieren dabei über ca. 2 Wochen den Stuhlgang, eventuelle Bauchschmerzen sowie die Ernährung über den Tag. Berücksichtigen Sie auch die Tipps aus dem Ayurveda. Besprechen Sie den Kalender dann mit Ihrem Kinder- und Jugendarzt.

Bei älteren Kindern muss auch auf ausreichend Sport und Bewegung geachtet werden.

Störung aus ayurvedischer Sicht:

- Vata-Störung und evtl. Kapha-Störung
- vermindertes Verdauungsfeuer (Agni)

Therapie aus ayurvedischer Sicht:

Bei akuter Verstopfung ist ein einmaliger Einlauf mit Sesamöl sinnvoll. Bei chronischer Verstopfung wird der Einlauf täglich bis zu 5 Tagen wiederholt. Zu Richtlinien für die Ölmenge und die Durchführung siehe im Kapitel 10 unter „Vasti".

Die Ernährungsanpassung erfolgt, wie unter moderner Therapie beschrieben. Aus ayurvedischer Sicht sind zudem konservierte Nahrungsmittel (z. B. Wurst, Rauchfleisch, Konserven) prinzipiell ungünstig und zu vermeiden. Zusätzlich sollte abends auf Rohkost und Sauermilchprodukte (Joghurt etc.) verzichtet werden.

Weitere Maßnahmen:

- genügend, warm trinken
- Kräuter, Medikamente und Früchte: Triphala (verbessert das Verdauungsfeuer), evtl. Trikatu (Vorsicht, sehr scharf!) können bei älteren Kindern und Jugendlichen eingesetzt werden. Mild abführend wirken Aloe (Aloe vera) und Bhringaraja (Eclipta alba).

6 Appetitmangel

Eine häufige Klage der Eltern in der Praxis ist: „Mein Kind isst nichts!"

Häufig essen diese Kinder jedoch normal!

Vorsicht, falsche Ansichten:

1. „Ein zierliches Kind, nach Ayurveda eine Vata- oder Vata-Pitta-Konstitution, isst nach Ansicht der Eltern häufig zu wenig." Beachten Sie aber, dass ein kleiner Körper auch nur wenige Kalorien benötigt und dass derzeit viele Kinder deutlich zu viel essen.
2. „Ein wohlgenährtes Kind, gemeint ist eher ein pummeliges bzw. übergewichtiges Kind, ist stabil und gesund." Das Gegenteil ist der Fall! Übergewicht und Fettsucht sind die Ursachen für viele Erkrankungen. Und dicke Kinder werden immer häufiger.
3. „Ein Kind muss immer gleich viel essen." Auch das ist falsch! Kinder haben wie Erwachsene nicht jeden Tag den gleichen Appetit. Zudem wachsen sie schubweise. Im Wachstumsschub ist der Appetit natürlich größer.
4. „Viel Essen ist gesund." Die Menge ist nicht ausschlaggebend. Die Qualität und die Inhaltsstoffe sind wichtig.
5. „Kinder müssen notfalls zum Essen gezwungen werden." Mit Zwang erreichen Sie bei Kindern und Jugendlichen nichts. Im Gegenteil: Jeder Druck und Zwang verstärken die Probleme. Eigenes Interesse, Spaß und Einsicht sind gefragt.

Was ist beim Essen wirklich wichtig?

1. Ein Kind/Jugendlicher mit normalem Gewicht (beachten Sie aber unbedingt den Typ = Konstitution des Kindes/Jugendlichen) isst genug.
2. Ein Kind/Jugendlicher mit Übergewicht isst zu viel und bewegt sich zu wenig.
3. Der BMI = Body-Mass-Index ist alleine nicht ausschlaggebend. Er berücksichtigt nicht den unterschiedlichen Körperbau bzw. die Konstitution. Nähere Informationen zum BMI finden Sie unter „Übergewicht und Adipositas (Fettsucht)".
4. Wenn Sie Essprobleme vermuten, bestimmen Sie Körpergröße und Körpergewicht Ihres Kindes/Jugendlichen. Bestimmen Sie die Konstitution und mögliche Störungen mit Hilfe der Fragebögen im Buch. Vergleichen Sie dann den Körperbau Ihres Kindes/Jugendlichen mit der Beschreibung des entsprechenden Typs. Stimmen Ihr Testergebnis und die Beschreibung überein, ist in der Regel alles in Ordnung.
5. Die Nahrungsmenge alleine ist nicht ausschlaggebend. Viele Kinder essen mehr oder weniger viel. Aber viele Kinder essen nicht ausgewogen. Ich empfehle in vielen Fällen eine passende Nahrungsergänzung mit allen wichtigen Vitaminen, Spurenelementen und zusätzlich Omega-3-Fettsäuren. Informieren Sie sich hierzu nochmals in Kapitel 5 „Vom großen Effekt der Kleinigkeiten".

7 Untergewicht, Gedeihstörung und Anorexie (Magersucht)

Hier handelt es sich um schwere Ernährungsprobleme mit gravierenden Folgen für die körperliche und auch geistige Entwicklung.

Untergewicht und Gedeihstörung im Säuglingsalter

Wenn ein Säugling nicht zunimmt oder gar abnimmt, gibt es zwei **wesentliche Ursachen**:

1. Die Nahrungsmenge reicht nicht aus. Dies ist der weitaus häufigste Fall und kommt immer wieder bei voll gestillten Säuglingen vor, wenn die Milchmenge zu gering ist. Eigenartigerweise fällt dies stillenden Müttern manchmal über Wochen nicht auf, und die Säuglinge werden dann abgemagert in der Praxis vorgestellt.
2. Es liegt ein Stoffwechseldefekt oder eine schwerwiegende Erkrankung vor.

Beachten Sie daher:

- Ihr Säugling soll regelmäßig an Gewicht zunehmen.
- Ein Säugling soll munter und gesund aussehen.
- Ein Säugling ist in der Regel freundlich und zufrieden (Ausnahme siehe unter „Häufig schreiender Säugling“).
- Ein Säugling, der nicht zunimmt oder abnimmt, muss dem Kinder- und Jugendarzt vorgestellt werden.

Untergewicht und Gedeihstörung im Kleinkind- und Schulalter

In dieser Altersklasse ist Untergewicht in Mitteleuropa sehr selten. Nimmt ein Kleinkind oder Schulkind an Gewicht ab, muss es unbedingt dem Kinder- und Jugendarzt vorgestellt werden.

Anorexie und Untergewicht im Jugendalter

Insbesondere bei weiblichen Jugendlichen mit Untergewicht muss an eine Anorexie (Magersucht) gedacht werden. Die Therapie ist schwierig und muss von kompetenten Kinder- und Jugendärzten sowie Jugendpsychologen bzw. Jugendpsychiatern überwacht und durchgeführt werden. Sonstige schwere Erkrankungen (Systemerkrankungen, Tumoren, Hormonstörungen …) müssen selbstverständlich ausgeschlossen werden.

Störung aus ayurvedischer Sicht bei Untergewicht und Gedeihstörung:

In jedem Fall handelt es sich um eine schwere Vata-Störung.

Therapie aus ayurvedischer Sicht:

Alle Maßnahmen, die Vata senken, sind geeignet. Grundlage einer erfolgreichen Therapie sind die ausgewogene, vollwertige Ernährung nach den Richtlinien für Vata sowie Bewegung und Sport, ebenfalls zur Besänftigung von Vata.

Für größere Kinder und Jugendliche ideal ist auch Yoga. Im Vordergrund der Yoga-Übungen stehen die Verbesserung von Kraft, Stabilität und Ausdauer sowie eine gute Entspannung. Entsprechende Übungen finden Sie im Buch „Balance durch Ayurveda-Yoga“ und auf der Vata-DVD aus „Ayur VedaYoga – Yogaprogramme für die eigene Konstitution“ (siehe unter Literatur).

8 Infektanfälligkeit

Sehr häufig klagen Eltern über häufige Infekte, vor allem bei Kindern im Kindergartenalter.

Gleich vorweg möchte ich darauf hinweisen, dass häufige Virusinfektionen in der Regel kein Hinweis auf einen Immundefekt etc. sind.

Häufigkeit von Infektionen der Atemwege und des Magen-Darm-Traktes:

Infektionen der Atemwege wie Rhinitis (Schnupfen) und Bronchitis, Mittelohrentzündung (Otitis media) sowie Magen-Darm-Infektionen kommen bei Kindern im Kindergartenalter und bei den jüngsten Kindern in einer Familie besonders häufig vor. Bis zu 8 Infektionen pro Jahr sind hier normal.

Vorsicht bei langandauernden, chronischen und „ungewöhnlichen" Infektionen!

In der folgenden Tabelle finden Sie Hinweise auf entsprechende Infektionen mit Beispielen für Grunderkrankungen und Beispiele für notwendige Untersuchungen (ohne Anspruch auf Vollständigkeit):

Infektion	Suche nach	Untersuchung
Chronischer Husten	vergrößerte Rachenmandel (Adenoide) Asthma bronchiale Allergien Mukoviszidose Erkrankungen des Herzens Alpha-1-Antitrypsinmangel	HNO-Untersuchung Lungenfunktion Allergietest Schweißtest Echokardiographie Labor
Gehäufte bakterielle Infektionen der Atemwege (Pneumonien)	vergrößerte Rachenmandel (Adenoide) Asthma bronchiale Mukoviszidose Immundefekte	HNO-Untersuchung Lungenfunktion Schweißtest Labor
Mehr als ein Harnwegsinfekt	Fehlbildungen der Nieren und Harnwege	Ultraschall der Nieren und Harnwege bei Bedarf: radiologische Diagnostik
Allgemeine gehäufte und schwerwiegende Infektionen	Zinkmangel Diabetes mellitus	Labor Labor

Häufige Ursachen für Infektanfälligkeit im Kindesalter :

- vergrößerte Rachenmandeln = Adenoide (gehäuft im Kindergartenalter)
- Asthma bronchiale
- rauchende Eltern oder Geschwister
- fehlende Bewegung, „frische Luft" und „Abhärtung"
- ungünstige Ernährung und Mangel an Vitaminen und Spurenelementen

Therapie und Vorbeugung aus ganzheitlicher Sicht:

- Vergrößerte Rachenmandeln müssen chirurgisch durch einen HNO-Arzt verkleinert werden.
- Asthma bronchiale muss adäquat durch einen kompetenten und erfahrenen Kinder- und Jugendarzt behandelt werden (siehe unter „Asthma bronchiale").
- Grundlage der Therapie und Prophylaxe ist eine vollwertige und am besten konstitutionsangepasste Ernährung.
- Sehr wichtig ist eine vollständige und optimale Versorgung mit Vitaminen und Spurenelementen. Nach eigenen Untersuchungen findet sich im Blut bei über 90 % der Kinder und Jugendlichen zumindest ein Vitamin oder Spurenelement unter dem notwendigen Mindestwert! Ich empfehle Ihnen daher, bei gehäuften Infekten, aber auch bei Leistungsabfall, Appetitmangel etc. die Nahrung Ihres Kindes/Jugendlichen durch Vitamine und Spurenelemente inkl. Zink, Selen, Biotin, Folsäure usw. zu ergänzen.
- Sorgen Sie für genügend Bewegung und Sport an der frischen Luft. Frische Luft und Sonnenbestrahlung aktivieren das Abwehrsystem.
- In Räumen, in denen sich Kinder und Jugendliche aufhalten, darf nicht geraucht werden.
- Anwendungen nach Kneipp verbessern nachweislich das Abwehrsystem.

Ursache und Erklärung aus ayurvedischer Sicht:

Eine schwache Abwehr, Anfälligkeit, allgemeine Schwäche und Leistungsabfall beruhen auf einem Mangel an Ojas. Ojas bedeutet so viel wie Lebensenergie und Immunität gleichermaßen. Ausreichend Ojas entsteht nur bei optimaler Ernährung und dem Funktionieren aller Gewebe. Es ist quasi der Extrakt, der gebildet wird bei guten Körperfunktionen und gleichzeitiger Harmonie von Körper und Geist, d. h. bei vollkommener Gesundheit.

Therapie und Vorbeugung aus ayurvedischer Sicht:

- Alle oben genannten Maßnahmen sind auch aus ayurvedischer Sicht besonders wichtig.
- Zusätzlich können folgende ayurvedische Nahrungsergänzungsmittel und ayurvedische Kräuter nützlich sein: Cyavanprash (Amla-Mus), Ashwagandha, Bala, Shatavari, Triphala. Außer Cyavanprash sollen die anderen ayurvedischen Kräuter bei entsprechender Indikation nur von einem erfahrenen Ayurveda-Spezialisten eingesetzt werden.
- Auch Umckaloabo®, ein Extrakt aus Pelargonium reniforme/sidoides (eine Pflanze aus der Medizin der Zulu in Südafrika), scheint bei bestimmten Indikationen (z. B. chronische Atemwegserkrankungen und Sinusitis) wirkungsvoll zu sein. Es sollte jedoch nicht als Dauermedikament eingesetzt werden.

Überflüssig oder nutzlos:

Sonstige pflanzliche Immunstimulantien wie z. B. Extrakte aus Purpursonnenhutkraut (Echinacea purpura) sind außer im Reagenzglas nur fraglich oder nicht wirksam. Die Wirksamkeit von Bakterienextrakten ist ebenfalls nicht belegt.

9 Der schreiende Säugling

Säuglinge schreien natürlicherweise, wenn sie Hunger oder Durst haben. Aber sie schreien auch, wenn sie sich ärgern. Manche Säuglinge schreien auch ohne ersichtlichen Grund in den ersten drei Lebensmonaten vorwiegend in den Abend- und Nachtstunden.

Merken Sie:

Der häufig schreiende Säugling ist in der Regel nicht krank! Wenn Ihr Kind wächst und normal an Gewicht zunimmt, hat es keine Blähungen. Blähungen kommen nur vor bei schweren Verdauungs- oder Stoffwechselstörungen und sind dann ein Problem des Dickdarms und nicht des Magens!

Welche Erkrankungen muss der Kinderarzt ausschließen?

- Akute Infektionen (Bronchitis, Mittelohrentzündung, Harnwegsinfekt etc.),
- Hunger bei Mangelernährung,
- ein Leistenbruch etc.

müssen ausgeschlossen werden.

Was ärgert einen Säugling?

Ärger kann bei einem Säugling viele Ursachen haben:

- Langeweile
- Erschrecken
- nasse Windel
- Frieren oder Schwitzen
- behinderte Nasenatmung
- Unruhe der Umgebung, wie z. B. hektische Musik, hektische Mutter oder hektischer Vater
- wenn er selber zu hektisch getrunken hat

Welche Säuglinge schreien besonders viel und heftig?

Nach meiner Erfahrung kann man die Säuglinge, die eher heikel oder kompliziert sind und die Tendenz zu Schreikindern haben, bereits im Neugeborenenalter erkennen. An dieser Stelle hilft auch das Wissen aus der ayurvedischen Konstitutionslehre.

Das schon anfangs ruhige, kräftig gebaute Neugeborene mit hohen Kapha-Anteilen wird auch als Säugling normalerweise ruhig sein.

Das zierliche, bewegliche Neugeborene mit hohen Vata-Anteilen ist zwar anspruchsvoller und evtl. auch empfindlicher, bei guter Ernährung und einer warmen, ruhigen Umgebung wird auch dieses Kind nicht übermäßig schreien.

Das energische Neugeborene mit hohen Pitta-Anteilen, das schon bei der Vorsorgeuntersuchung U2 durch heftiges Schreien mit hochrotem Kopf auffällt, wird als Säugling sehr anspruchsvoll und eher schwierig sein. Aus dieser Gruppe stammen die meisten „Schreikinder".

Welche Maßnahmen dienen der Beruhigung des Säuglings?

An dieser Stelle vermeide ich bewusst den Begriff Behandlung oder Therapie. Ein gesunder, aber heftig brüllender Säugling benötigt keine Therapie, keine Medikamente und insbesondere keine „Entschäumer" wie Sab simplex®! Was können Sie also tun?

1. Schließen Sie aus, dass Ihr Säugling einen Grund zum Ärgern hat, wie Hunger, verstopfte Nase etc.
2. Machen Sie einen kleinen Test, wenn Ihr Säugling schreit. Legen Sie ihn in einen Kinderwagen und fahren flott (!) mit ihm spazieren oder legen Sie ihn ins Auto und fahren mit ihm einige Minuten. Ist Ihr Säugling ruhig, hat er auch keine Schmerzen und insbesondere keine Blähungen.
3. Bleiben Sie ruhig. Vermeiden Sie beim Umgang mit Ihrem Säugling jede Hektik. Hören Sie evtl. etwas beruhigende Musik.
4. Sehen Sie nicht fern, solange der Säugling bei Ihnen ist.

5. Die Umgebung des Säuglings muss rauchfrei sein!
6. Sie dürfen Ihrem Säugling Fencheltee zu trinken geben, wenn er diesen mag.
7. Eine sanfte, ruhige Bauchmassage beruhigt nicht nur Säuglinge. Massieren Sie den Bauch mit warmem Oliven- oder Mandelöl im Uhrzeigersinn. Sie können auch Rücken, Arme und Beine sowie den Kopf sanft massieren. Zum Thema Babymassage empfehle ich Ihnen auch das Buch von Frédérick Leboyer „Sanfte Hände" (siehe Literatur).

„Die Berührung ist die Wurzel. Und so sollten wir mit ihr umgehen. Wir müssen unsere Babys so nähren, dass sie wirklich satt werden, innen wie außen. Wir müssen zu ihrer Haut sprechen und zu ihrem Rücken, denn diese hungern und dürsten und schreien genauso wie ihr Bauch. Wir müssen sie mit Wärme und Zärtlichkeit genug füttern. Denn das brauchen sie, so sehr wie Milch. Berührt, gestreichelt und massiert werden, das ist Nahrung für das Kind. Nahrung, die genauso wichtig ist wie Mineralien, Vitamine und Proteine. Nahrung, die Liebe ist." (Frédérick Leboyer)

Was sollten Sie auf keinen Fall tun?

1. Versuchen Sie nicht, Ihr Kind durch dauerndes Anlegen oder Füttern zu beruhigen. Anlegen und füttern ist nur sinnvoll, wenn der Säugling wirklich Hunger hat, also nur in Abständen von einigen Stunden.
2. Benutzen Sie auf keinen Fall „Entschäumer". Sie haben nachweislich keinen medizinischen Nutzen. Außerdem enthalten sie Silikon, künstliche Geschmackstoffe wie künstliches Vanillin und Süßstoff. Wollen Sie den Geschmack Ihres Kindes auf künstliche Geschmackstoffe und Süßstoff prägen? Oder würden Sie einem größeren, zornigen Kind zur „Belohnung" ein süßes Bonbon geben?
3. Geben Sie dem Säugling keine Beruhigungsmittel, auch nicht in Kombination mit einem Schmerz- und Fiebermittel.
4. Geben Sie dem Säugling keine pflanzlichen, alkoholhaltigen Tropfen oder Säfte! Alkohol, auch in kleinen Mengen, gehört nicht in ein Arzneimittel für Kinder!

Wichtig zur Beruhigung für alle Eltern:

1. Neugeborene und Säuglinge sind meist gesund. Schwere Erkrankungen sind glücklicherweise selten.
2. Wie der unglückliche Begriff „Drei-Monats-Koliken" zeigt, ist das Problem des „häufig schreienden Säuglings" zeitlich begrenzt.
3. Sie sind auch nicht immer schuld am Ärger Ihres Kindes.

Bemerkung:

Da die Maßnahmen beim schreienden Säugling in der modernen Medizin und im Ayurveda praktisch identisch sind, habe ich hier auf eine Trennung in moderne Therapie und Ayurveda verzichtet.

10 Schmerzen der Extremitäten und Wachstumsschmerzen

Über Schmerzen der Beine klagen Kinder und auch Jugendliche sehr häufig. Sog. Wachstumsschmerzen dürfen dabei erst angenommen werden, wenn andere Ursachen ausgeschlossen sind. An Symptomen kommen manchmal noch Hinken, Bewegungseinschränkung oder ein ungewöhnliches Gangbild dazu.

Wichtig:
Wenn Ihr Kind mehrfach über Beinschmerzen klagt, wenn es hinkt oder zusätzlich Fieber hat, stellen Sie es unbedingt einem Kinder- und Jugendarzt vor.

Häufige Ursachen mit zusätzlichen Symptomen und notwendigen Untersuchungen:

1. **Coxitis fugax (Hüftschnupfen):** Es handelt sich um eine sterile Arthritis des Hüftgelenks, die meist zwischen dem 4. und 8. Lebensjahr auftritt. Die Kinder hinken plötzlich und klagen über Schmerzen im Knie oder in der Leiste. Die Erkrankung heilt nach 1 bis 2 Wochen folgenlos aus. Ihr Kinderarzt stellt die Diagnose mittels einer Ultraschalluntersuchung, die zur Kontrolle nach 8 bis 14 Tagen wiederholt werden muss. Andere Erkrankungen wie z. B. ein M. Perthes oder eine eitrige Arthritis sind deutlich seltener, müssen aber ausgeschlossen werden.
2. **Wachstumsschmerzen:** Hier handelt es sich um Schmerzen, die vorwiegend nachmittags, abends und nachts manchmal nach intensiver körperlicher Aktivität zwischen dem 4. und 13. Lebensjahr auftreten. Meist sind beide Beine betroffen. Wachstumsschmerzen dürfen nur angenommen werden, wenn andere Erkrankungen ausgeschlossen sind. Wachstumsschmerzen treten sporadisch und mit längeren Pausen auf und sind gut mit Ibuprofen zu unterdrücken. Zeigen Sie Ihr Kind im Zweifelsfall unbedingt einem Kinder- und Jugendarzt. Er wird evtl. notwendige Untersuchungen veranlassen.
3. **Chondropathia patellae:** Von diesem Schmerzsyndrom sind vorwiegend Jugendliche betroffen. Sie klagen über Beschwerden im Bereich der Kniescheibe v.a. beim Sport, beim Treppenhinuntergehen etc., also immer, wenn der Druck im Bereich der Kniescheibe hoch ist. Andere Ursachen für Knieschmerzen, wie z. B. ein M. Osgood-Schlatter, müssen ausgeschlossen werden. Notwendig dazu ist in der Regel eine Ultraschalluntersuchung und im Zweifelsfall auch eine Röntgen- und/oder Kernspinuntersuchung. Zur Entlastung wird in der Regel eine spezielle Kniegelenksbandage verordnet. Wichtig sind auch Dehnübungen der Kniestrecker sowie der Aufbau einer guten und flexiblen Muskulatur, z. B. durch Radfahren, Yoga etc.
4. **Muskel-, Knochen- und Gelenkschmerzen durch Überlastung oder Verletzung:** Bei Kindern und Jugendlichen, die intensiv Sport betreiben, aber auch durch ungünstige Belastung im Schulsport etc. können Überlastungsschmerzen auftreten. Verletzungen wie Muskelfaserrisse, Frakturen, Sehnen- oder Bandverletzungen müssen durch Ultraschall und evtl. durch Röntgen und/oder Kernspin ausgeschlossen werden. Bei frischen Verletzungen ist Kälteanwendung (Eis) angezeigt. Danach sind warme Bäder, Massagen, abschwellende Gele und evtl. Bandagen je nach Befund notwendig und beschleunigen die Hei-

lung. Die Therapie sollte von einem Orthopäden oder einem sportmedizinisch versierten Kinder- und Jugendarzt durchgeführt werden.

Störungen und Therapie aus ayurvedischer Sicht:

Bei allen Schmerzsyndromen handelt es sich um eine Vata-Störung, evtl. in Kombination mit einer Pitta-Störung (bei eitrigen Entzündungen, Fieber etc.) oder einer Kapha-Störung (bei Schwellungen, Gelenkerguss etc.). Das erste Ziel ist immer, den Schmerz zu vermindern. Hierzu sind bei Wachstumsschmerzen, Muskelschmerzen nach Überlastung oder durch Verletzung, Knochen- und Gelenkschmerzen durch Überlastung oder Verletzung Massagen mit Mahanarayana-Öl geeignet. Bei chronischen oder lang anhaltenden Schmerzen kann die Gabe Amrita (Tinospora cordifolia) und/oder Shallaki (Boswellia serrata) sinnvoll sein. Bei Pitta-Störung sind zusätzliche Kühlung mit Eis, Sandelholzöl, Aloe und weitere Pitta senkende Maßnahmen hilfreich. Vorsicht bei Kapha-Störung: In diesem Fall sind stark erhitzende Medikamente wie Guggulu oder Trikatu angezeigt. Diese erhöhen jedoch Pitta und evtl. auch Vata und sind bei starken Schmerzen und Entzündungen zu vermeiden.

Bemerkung:

Eine ayurvedische Therapie kann die moderne Therapie sehr gut ergänzen. Bei akuten Beschwerden und Verletzungen ist die moderne Therapie schneller und überlegen, bei lang andauernden Beschwerden ist der Nutzen einer zusätzlichen ayurvedischen Behandlung sehr groß.

Seltene Ursachen für Extremitätenschmerzen:

In seltenen Fällen „verbergen" sich hinter Extremitätenschmerzen schwerwiegende Erkrankungen.

Meist akute Schmerzen:
- Osteomyelitis (Knochenentzündung)
- eitrige Arthritis (eitrige Gelenkentzündung)
- rheumatisches Fieber (Folgekrankheit von Streptokokkeninfektionen wie Angina tonsillaris mit Beteiligung von Herz, Gelenken und evtl. auch Gehirn)

Schmerzen bei Belastung:
- Morbus Perthes (Hüftkopfnekrose), 3. bis 9. Lebensjahr
- Hüftkopfepiphysenlösung in der Pubertät

Häufig wiederkehrende Schmerzen oder Dauerschmerzen:
- gutartige Knochentumore (Osteoidosteom, Knochenzyste etc.)
- bösartige Tumore und Systemerkrankungen (Osteosarkom, Ewing-Sarkom, Leukämie etc.)

Wiederkehrende oder länger dauernde Schmerzen meist an wechselnden Gelenken:
- juvenile chronische Arthritis („Rheuma") (siehe unten)

Wichtig:

Bei allen chronischen Erkrankungen ist aus ayurvedischer Sicht eine optimale, frisch zubereitete und konstitutionsangepasste Ernährung die Grundlage jeder Therapie. Sinnvoll ist außerdem eine Ergänzung der Ernährung durch Vitamine und Spurenelemente usw. Chronische Erkrankungen können den Bedarf an diesen wichtigen Kleinigkeiten beträchtlich erhöhen. Die Behandlung wird ergänzt durch Kräuter/Medikamente und physikalische Maßnahmen (Massagen etc.).

11 Rückenschmerzen, Haltungsschwäche

Nahezu jeder dritte Jugendliche kennt bereits Rückenschmerzen. Bei mehr als der Hälfte lässt sich dabei keine organische Ursache finden. Allerdings müssen organische Ursachen bei lang anhaltenden Rückenschmerzen immer ausgeschlossen werden. Hierfür ist, wie bei allen Erkrankungen des Bewegungsapparates, eine gute Zusammenarbeit von Kinder- und Jugendarzt mit einem kompetenten Orthopäden notwendig.

Häufige organische Ursachen:
- Skoliose
- M. Scheuermann
- Kyphose
- Entzündungen der Nieren

Seltene organische Ursachen:
- Entzündungen der Wirbelsäule
- Tumoren

Merke:

Die mit Abstand häufigste Ursache ist jedoch eine allgemeine Haltungsschwäche aufgrund einer untrainierten und unzureichenden Muskulatur des Rumpfes. In den meisten Fällen ist v. a. die Bauchmuskulatur zu schwach. Dies führt zu einer Hyperlordose im Lendenwirbelbereich (Hohlkreuz) und einer Kyphose im Brustwirbelbereich (Rundrücken).

Therapie bei organischen Ursachen:
Die Therapie richtet sich nach der Grunderkrankung und wird vom Kinder- und Jugendarzt in Zusammenarbeit mit einem Orthopäden durchgeführt.

Störung aus ayurvedischer Sicht:
Aus ayurvedischer Sicht liegt in jedem Fall eine Vata-Störung vor. Die Stabilität ist verloren gegangen. Das Muskel- und Knochengewebe ist geschwächt.

Therapie der Haltungsschwäche aus moderner und ayurvedischer Sicht:
Die Stabilität muss wiederhergestellt werden. Außerdem muss aus ayurvedischer Sicht die Qualität des Muskel- und Knochengewebes verbessert werden. Eine gute Ernährung ist als Grundlage selbstverständlich.

An erster Stelle steht regelmäßiges Training v.a. der Bauchmuskulatur (!). Um einen anhaltenden Erfolg zu haben, müssen aber auch alle anderen körperlichen/sportlichen Fähigkeiten regelmäßig (mindestens dreimal pro Woche) geübt werden. Besonders geeignet bei Rückenschmerzen sind nach neuesten wissenschaftlichen Erkenntnissen passende Yogaübungen. Entsprechende Programme finden Sie z. B. auf den DVDs „AyurVedaYoga“ (siehe Literatur). Tipp: Üben Sie anfangs das Vata-Programm.

Die Therapie, d. h. das körperliche Training, kann bei starken Rückenproblemen begleitet werden von sehr wirksamen Ayurveda-Massagen mit Mahanarayana-Öl. Anfangs können auch moderne Medikamente wie Ibuprofen und/oder ayurvedische Kräuter/Medikamente wie Amrita oder Shallaki sinnvoll sein.

Merke:

Ohne intensive eigene Anstrengung ist eine Therapie von Rückenschmerzen nicht möglich. Die alleinige Verordnung von Massagen oder Krankengymnastik ist sinnlos.

12 Kopfschmerzen, Migräne

Bereits mit 7 Jahren hat ein Drittel aller Kinder mindestens einmal über Kopfschmerzen geklagt. Einmalig und sporadisch auftretende Kopfschmerzen sind in der Regel harmlos. Bei zunehmenden starken Kopfschmerzen oder Kopfschmerzen mit Begleitreaktionen (Erbrechen, Fieber, Bewusstseinstrübung ...) muss allerdings unbedingt nach organischen Ursachen gefahndet werden. Diese Kinder und Jugendlichen müssen daher rasch einem Kinder- und Jugendarzt zur Untersuchung vorgestellt werden. Organische Ursachen für Kopfschmerzen im Kindes- und Jugendalter sind zwar selten, können aber sehr gefährlich sein.

Mögliche organische Ursachen bei starken Kopfschmerzen:
- Meningitis (Gehirnhautentzündung), meist begleitet von Nackensteifigkeit etc.
- Tumore (sehr selten)
- Bluthochdruck (Hypertonie)

Mögliche organische Ursachen bei häufigen Kopfschmerzen:
- Sehfehler (bei Verdacht: Vorstellung beim Augenarzt)
- niedriger Blutdruck (hypotone Kreislaufregulationsstörung)
- Probleme im Bereich der Wirbelsäule (s. oben) und Haltungsschwäche (sehr häufige Ursache)
- schlechte Zähne und Probleme des Kiefergelenks

Nicht organische Ursachen:
- Migräne (in 80 % hat auch mindestens ein Elternteil Migräne)
- Stress („Ich könnte platzen vor Wut.“)
- Übermüdung
- als Begleitsymptom bei der Menstruation (Hinweise zur Therapie siehe unter Pubertätsprobleme)

Moderne Therapie:

Bei starken Kopfschmerzen darf und soll rechtzeitig ein einfaches Schmerzmittel wie z. B. Ibuprofen gegeben werden. Denken Sie daran: Das Gehirn merkt sich Schmerzen, wir haben ein Schmerzgedächtnis. Häufige Schmerzen können sich quasi verselbstständigen und letztlich ohne oder durch eine minimale Ursache ausgelöst werden. Schmerzen sollten daher nicht prinzipiell „ausgehalten“ werden.

Störung aus ayurvedischer Sicht:

Aus ayurvedischer Sicht liegt in der Regel eine Vata-Störung und manchmal auch zusätzlich eine Pitta-Störung vor. In der Therapie sind daher Vata senkende Maßnahmen die Mittel der Wahl.

Ayurvedische Therapie:

Grundlage der Therapie ist einerseits eine Ernährung nach ayurvedischen Richtlinien (s. dort) für Vata bzw. Pitta. Konservierte Nahrung und schlecht verdauliche, fette Nahrung wie z. B. Wurst sollen gemieden werden. Die zweite Säule der Therapie ist körperliche/sportliche Aktivität mindestens dreimal pro Woche. Rauchen und größere Mengen Alkohol sind selbstverständlich nicht erlaubt!

Bei leichteren, akuten Kopfschmerzen ist Pfefferminzöl auf die Schläfen häufig hilfreich.

Zusätzliche wirkungsvolle Maßnahmen:
- Ayurveda-Massagen mit Mahanarayana-Öl
- Shirodhara (Stirnölguss)
- Hydrotherapie nach Kneipp

Ayurvedische Kräuter/Medikamente:
- Brahmi
- Asafoetida

- Bei Pitta-Störung auch Amalaki, Shatavari und Sandelholz-Öl
- evtl. weitere Kräuter/Medikamente je nach Ursache

Merke:

> Eine erfolgreiche Therapie bei Kopfschmerzen und Migräne ist nur bei intensiven eigenen Bemühungen und guter Mitarbeit möglich.

13 Husten, Niesen, Bronchitis, Pneumonie, Pseudo-Krupp und Otitis media

Husten und Niesen sind normale Reflexe, um die Atemwege von Staub, Fremdkörpern oder Schleim zu säubern, d.h., sporadisches, seltenes Husten oder Niesen ist keine Krankheit. Bei häufigem Husten, Husten mit Geräuschen wie Rasseln und Pfeifen, Husten mit Fieber und jedem länger (über 14 Tage) andauernden Husten muss die Ursache geklärt werden.

Wichtig:

> Der Ansprechpartner bei hustenden Kindern und Jugendlichen ist Ihr Kinder- und Jugendarzt. Er wird alle notwendigen Untersuchungen durchführen oder veranlassen und ist in der Lage, alle wichtigen Atemwegserkrankungen Ihres Kindes/Jugendlichen kompetent zu behandeln.

Häufige Ursachen und Diagnosen bei Husten:
- einfache Virusinfektionen der Atemwege („Erkältung“)
- Pseudo-Krupp (stenosierende Laryngitis)
- virale Bronchitis
- Infektionen durch Mykoplasmen und Chlamydien
- eitrige Bronchitis
- Sinusitis (Nasennebenhöhlenentzündung)
- Pneumonie (Lungenentzündung)
- Allergien
- Asthma bronchiale und obstruktive Bronchitis (s. dort)
- vergrößerte Rachenmandeln (Adenoide)

Seltene und weitere Ursachen und Diagnosen bei Husten:
- Fremdkörper in den Atemwegen
- Mukoviszidose
- Keuchhusten (Pertussis; siehe auch unter „Vermeidbare Infektionskrankheiten“)

- Masernpneumonie (siehe auch unter „Vermeidbare Infektionskrankheiten“)
- Epiglottitis (siehe auch unter „Vermeidbare Infektionskrankheiten“)
- gastroösophagealer Reflux

Bei den Hinweisen zur Therapie möchte ich mich auf die häufigen Erkrankungen der Atemwege beschränken.

Moderne Therapie:

- Grundlage sind schleimlösende Maßnahmen mit N-Acetycystein oder Ambroxol. Auch pflanzliche Extrakte aus Thymian etc. sind möglich.

Jedoch Vorsicht:

Arzneimittel für Kinder dürfen keinen Alkohol enthalten. Achten Sie darauf, wenn Ihnen pflanzliche Präparate verschrieben oder empfohlen werden!

- Neben einer guten Flüssigkeitszufuhr sind bei hohem Fieber auch fiebersenkende Maßnahmen sinnvoll.
- Hustende Kinder dürfen keinem Zigarettenrauch ausgesetzt werden.
- Hustende Jugendliche dürfen nicht rauchen.
- *Bei verschlossener Nase oder stark behinderter Nasenatmung* können abschwellende Nasentropfen eingesetzt werden. Dies erleichtert den Kindern die Atmung und Säuglingen die Nahrungsaufnahme und vermindert das Risiko, dass eine Mittelohrentzündung entsteht.
- *Bei bakterieller Pneumonie, Mykoplasmen- und Chlamydien-Pneumonie, eitriger Mittelohrentzündung (Otitis media)* sind passende Antibiotika die Mittel der Wahl. Auch ein Ayurveda-Arzt verordnet hier Antibiotika!
- *Bei Pseudo-Krupp* ist für zwei bis drei Nächte die rektale Cortison-Gabe, z. B. in Form von Rectodelt®, notwendig. Die kurzfristige Cortison-Gabe ist nebenwirkungsfrei und ungefährlich! Besprechen Sie aber die Therapie bei Pseudo-Krupp mit Ihrem Kinderarzt.

Beachten Sie:
Masernpneumonie, Keuchhusten und Epiglottitis sind lebensgefährlich und können (und müssen!) durch Impfung verhindert werden.

Unbedingt vermeiden:

Hustenden Kindern werden häufig neben Schleimlösern hustendämpfende Mittel wie Sedotussin® gegeben bzw. verordnet. Dies ist gefährlich und in der Kombination mit Schleimlösern kontraindiziert! Denken Sie daran: Husten ist ein Schutzreflex. Wenn das Abhusten des Schleims bei einfachen Infektionen verhindert wird, sind Komplikationen und Verschlechterungen vorprogrammiert.

Störung aus ayurvedischer Sicht:

Je nach Symptomen und Erkrankung stehen unterschiedliche Störungen im Vordergrund.

- Husten mit Bildung von viel Schleim: Kapha-Störung
- Husten mit eitriger Entzündung: Pitta-Störung
- Trockener Reizhusten: Vata-Störung

Ayurvedische Therapie bei akuten Erkrankungen:

Akute Erkrankungen, v.a. bakterielle Infektionen, sind nicht die Domäne einer ayurvedischen Therapie. Bei bakteriellen Infektionen (Pneumonie, Otitis media etc.) steht die moderne Therapie im Vordergrund.

Begleitend ist jedoch eine störungsangepasste Ernährung (Ernährung für Kapha bei Kapha-Störung, für Vata bei Vata-Störung etc.) sehr sinnvoll und hilfreich.

Ayurvedische Therapie bei langdauernden und chronischen Erkrankungen:
Bei langdauernden Atemwegserkrankungen (z. B. Asthma bronchiale, Mukoviszidose etc.) sind neben einer optimalen Ernährung Bewegung und Sport nach ayurvedischen Gesichtspunkten ein wesentlicher Teil der Therapie. Insbesondere passende Yoga-Übungen sind sehr empfehlenswert.

Zusätzliche wirkungsvolle Maßnahmen:
- Ayurveda-Massagen mit ausgewählten Therapieölen
- Nasya (Nasenbehandlung)
- Sweda (Schwitzbehandlung)

Ayurvedische Kräuter/Medikamente:
Die Liste der wirkungsvollen Kräuter und Medikamente bei Erkrankungen der Atemwege ist sehr lang. Hier eine Auswahl wichtiger Kräuter/Medikamente, die je nach Indikation und Konstitution eingesetzt werden können:

- Amalaki
- Asafoetida
- Ashwagandha
- Basilikum
- Brahmi
- Haridra
- Ingwer
- Majoran
- Langer Pfeffer
- Schwarzer Pfeffer
- Shallaki
- Süßholz
- Vasaka (gibt es für Kinder auch als Sirup)
- Ysop
- Zimt
- Zwiebel

Einen Teil dieser Kräuter finden Sie im eigenen Garten. Außerdem gibt es im Reformhaus und im Ayurveda-Versand fertige Tee-Mischungen für Atemwegsprobleme.

14 Angst, Schulangst etc.

Angst ist eine normale Reaktion und warnt vor Gefahren. Nur unbegründete Angst und eine übertriebene Angstreaktion mit gleichzeitig massiven Stressreaktionen bedürfen der Abklärung und Behandlung. Das Kapitel „Angst" kann ich in diesem Buch zwar nicht umfassend behandeln. Ich möchte Ihnen aber zumindest einige Tipps v. a. zur Angstprävention geben.

Angst kann sich in verschiedenen Formen und Ausprägungen zeigen, z. B. als Schlafstörung, Angst vor bestimmten Situationen, Schulangst bis zur Schulverweigerung usw. Häufig treten zusätzlich körperliche Symptome wie Kopfschmerzen, Bauchschmerzen, Ekzeme etc. auf.

Wichtig:

Treten körperliche Symptome auf, muss in jedem Fall eine organische Ursache der Beschwerden ausgeschlossen werden. Dazu ist eine körperliche Untersuchung, evtl. eine Ultraschalluntersuchung und evtl. eine Blutuntersuchung, erforderlich.

Grundlage der Therapie und Prophylaxe auch im Sinne von Ayurveda:

1. gute und vollwertige Ernährung des Kindes/Jugendlichen
2. genügend körperliche Aktivität und Förderung von Sport und Bewegung
3. genügend Sport (mindestens dreimal pro Woche) auch in Kindergarten und Schule

Abb. 86: Yogalehrer (links im Bild) und Ayurveda-Arzt (rechts) bei Trivandrum (Kerala)

4. psychisch stabile Eltern, die Ihr Kind kompetent erziehen können

Grundlage der Therapie ist ein „stabiles Zuhause", eine gute Erziehung und eine optimale Förderung der körperlichen, geistigen und psychischen Entwicklung durch Elternhaus, Kindergarten und Schule. Viele Angst-Störungen und andere psychische Probleme der Kinder und Jugendlichen sind leider „hausgemacht" durch gravierende Fehler im Elternhaus, im Kindergarten und in der Schule.

Ohne eine Veränderung und Verbesserung der Grundbedingungen ist eine erfolgreiche Behandlung psychischer Probleme von Kindern und Jugendlichen meist nicht möglich.

Spezielle Therapie:

Häufig sind spezielle kinderpsychologische Maßnahmen sinnvoll und erforderlich. Hierzu soll in jedem Fall die kompetente Hilfe eines Kinder- und Jugendpsychologen in Anspruch genommen werden.

Störung aus ayurvedischer Sicht:

Aus Sicht von Ayurveda liegt eine schwere Vata-Störung vor und eine Vermehrung der ungünstigen psychischen Faktoren tamas und rajas.

Ayurvedische Therapie:

Neben den oben genannten grundlegenden Maßnahmen können ergänzend aufbauende und „gehirnverbessernde" Kräuter/Medikamente gegeben werden, wie z. B.

- Brahmi oder
- Ashwagandha.

Auch intensive Massagen (z. B. Mardana oder Thalodal) sind geeignet, das Selbstbewusstsein zu steigern und Angst zu vermindern. Diese sind allerdings älteren Kindern und Jugendlichen vorbehalten.

Zu den Themen Angst, psychische und psychosomatische Erkrankungen, Mobbing in der Schule, Entwicklungsstörungen im Jugendalter etc. empfehle ich interessierten Lehrern, Eltern und Erziehern die Lektüre des Standardwerkes der Jugendmedizin: Stier, Weissenrieder: „Jugendmedizin", erschienen bei Springer 2006 (siehe unter Literatur).

Abb. 87: Kinder und Jugendliche in Indien

Häufige Erkrankungen und Zivilisationskrankheiten 12

1 Übergewicht und Fettsucht (Adipositas)

Übergewicht und Fettsucht sind eine der häufigsten Gesundheitsstörungen und die häufigste Ernährungsstörung im Kindes- und Jugendalter. Übergewicht inkl. Adipositas ist auch nach moderner medizinischer Ansicht kein Schönheitsfehler, sondern eine schwerwiegende chronische Erkrankung.

Ursachen:

Die „Drüsen" bzw. Hormonstörungen sind praktisch nie schuld am Übergewicht! Es gibt nur wenige, sehr seltene Erkrankungen des Stoffwechsels und der Hormondrüsen, die zu Übergewicht führen (z. B. M. Cushing etc.). **Die weitaus häufigste Ursache ist die Kombination aus zu viel Essen und zu wenig Bewegung!**

Häufigkeit:

Derzeit sind 15 % der Kinder und Jugendlichen zwischen 3 und 17 Jahren in Deutschland übergewichtig und 6 % leiden unter Fettsucht. Und die Zahl der Übergewichtigen nimmt nachweislich seit Jahren zu.

Die wichtigsten Risikofaktoren:

- übergewichtige Eltern und Geschwister
- zu wenig Bewegung zuhause, in Kindergarten und Schule
- zu viel Fernsehen und zu viel Zeit am Computer
- ungünstige Ernährung mit fetten, kalorienreichen Nahrungsmitteln wie Wurst und fettem Fleisch, Fastfood, kalorienreichen Softdrinks etc. Dabei ist nach meiner Auffassung die kalorienreiche, traditionelle Ernährung (Brotzeit am Abend mit viel Wurst etc.) zusammen mit kalorienreichen Softdrinks häufiger schuld an dem Problem als das manchmal ausschließlich beschuldigte Fastfood. In fetter Wurst (und jede Wurst ist ernährungsphysiologisch zu fett) sind weit mehr Kalorien als in einem „Hamburger".

Folgen des Übergewichts für Gesundheit und Lebensqualität:

- Die Lebenserwartung ist deutlich verkürzt und die Lebensqualität ist deutlich schlechter als bei Normalgewichtigen.
- Ca. ein Drittel der übergewichtigen Kinder und Jugendlichen leiden an Bluthochdruck (Hypertonie) mit allen Folgen oder haben einen gestörten Zuckerstoffwechsel.
- Diabetes mellitus Typ 2 (sog. Altersdiabetes) tritt bereits im Jugendalter auf. 1,5 % der stark übergewichtigen Kinder und Jugendlichen leiden bereits unter einem „Altersdiabetes"!
- Ein Viertel der Kinder und Jugendlichen haben zu hohe Blutfette mit der möglichen Folge der „Arterienverkalkung" =

Arteriosklerose. Schon im Jugendalter werden bei Adipösen Gefäßveränderungen gefunden. Es sind auch in Europa bereits Herzinfarkte im Jugendalter beschrieben worden.

Normal- oder Übergewicht?

An dieser Stelle möchte ich Ihnen den Body-Mass-Index vorstellen. Er berechnet sich aus dem Gewicht, geteilt durch die Körpergröße im Quadrat.

BMI = Körpergewicht : Körpergröße²

Beispiel:

Ein sechsjähriges Mädchen wiegt 30 kg bei einer Größe von 1,20 m. Das ergibt einen BMI von 20,8. D. h., das Kind ist nach unten stehender Tabelle adipös.

Die Schwachstelle des BMI ist, dass nicht zwischen muskelbedingtem Gewicht und fettbedingtem Gewicht unterschieden werden kann, d. h., der Typ bzw. die Konstitution nach Ayurveda und auch der Trainingszustand spielen keine Rolle. Letztlich spielt jedoch die Menge des Fettgewebes die entscheidende Rolle.

Wichtig:

Bestimmen Sie neben dem BMI immer den Konstitutions-Typ des Kindes/Jugendlichen und versuchen Sie die Menge des Fettgewebes abzuschätzen.

Profi-Tipp:

Bei übergewichtigen Kindern und Jugendlichen ist es interessant, die körperliche Leistungsfähigkeit auf einem Fahrradergometer zu bestimmen. Die Leistung bezogen auf das Körpergewicht ist ein sehr guter Maßstab für die körperliche Fitness. Hohes Körpergewicht bei gleichzeitig geringer Leistungsfähigkeit ergibt ein sehr hohes gesundheitliches Risiko. Leider werden die Kosten für diese Untersuchung von den gesetzlichen Krankenkassen nicht übernommen.

Tabelle: Anhaltswerte für den BMI von Jungen und Mädchen zwischen 4 und 18 Jahren

Alter [Jahre]	Mädchen			Jungen		
	Normalgewicht	Übergewicht	Fettsucht	Normalgewicht	Übergewicht	Fettsucht
4	13-17	>17	>19	13-17	>17	>19
6	13,5-18	>18	>20	13-18	>18	>19
8	14-19	>19	>21	14-19	>19	>21
10	14,5-20,5	>20,5	>23	14,5-20,5	>20,5	>23
12	15-22	>22	>25	15-22	>22	>25
14	16,5-24	>24	>27	16,5-24	>24	>27
16	17,5-25	>25	>28	17,5-25	>25	>28
18	17,5-25	>25	>28	18,5-26	>26	>28,5

Moderne Therapie:

Die Säulen der Therapie sind richtige, vollwertige Ernährung und viel (!) Sport und Bewegung. Ohne Sport und Bewegung ist keine Gewichtsabnahme auf Dauer zu erreichen. Das Ziel ist immer eine Aktivierung des Stoffwechsels, ein höherer Kalorienverbrauch und gleichzeitig eine geringere Kalorienzufuhr.

Wichtig:

Die gesamte Familie muss mitmachen!

Störung aus ayurvedischer Sicht:

Kapha-Störung in Kombination mit einem schlechten Stoffwechsel und schlechtem Verdauungsfeuer (Agni). Bei anhaltendem Übergewicht kommt es zusätzlich zu einer Ansammlung von Giften und Schlackestoffen (Ama) und in der Folge zu schweren Krankheiten.

Therapie aus ayurvedischer Sicht:

- Alle Maßnahmen, die Kapha senken und Ama beseitigen, sind geeignet. Grundlage ist richtige Ernährung und intensive Bewegung. Die wichtigsten Maßnahmen und Möglichkeiten finden Sie in Kapitel 2 unter „Richtlinien bei Kapha-Störung".
- Massagen und reduzierende Therapien: Ergänzend sind reduzierende und stoffwechselaktivierende Therapien wie Mardana, Thalodal, Zitronenwickel, Sweda etc. sinnvoll.
- Kräuter und Medikamente: Hier ist besonders die Balsambirne frisch oder als Tee, Guggulu und Trikatu (nicht bei kleinen Kindern) zu erwähnen.

Buchtipp:

Wenn Sie selber, Ihr Kind/Jugendlicher etc. übergewichtig sind und auf die Dauer Ihr optimales Gewicht und Ihre „Wohlfühlfigur" erreichen und halten wollen, empfehle ich Ihnen das Buch „Ayurveda-Yoga für die Wohlfühlfigur", erschienen bei Knaur 2007 (siehe unter Literatur).

2 Allergien

Allergische Erkrankungen und Beschwerden sind in Deutschland sehr häufig. Zwischen 14 % und 19 % aller Kinder und Jugendlichen sind betroffen. Allergien sind keine Abwehrschwäche, sondern eine „fehlgeleitete", überschießende Abwehrreaktion.

Wichtige allergische Erkrankungen:
- allergische Rhinitis (Heuschnupfen)
- allergische Konjunktivitis (allergische Bindehautentzündung)
- allergisches Asthma bronchiale
- allergisch mitverursachte Neurodermitis
- Urticaria (Nesselsucht)

Wichtige Auslöser von Allergien:
- Blütenpollen
- Hausstaubmilben
- Katzenhaare (sehr aggressives Allergen!)
- Nahrungsmittel
- Insektengifte

Beachten Sie:

Eine Allergie muss durch einen Allergie-Test (Prick-Test, Rast, Auslass-Diät etc.) nachgewiesen werden. Einen entsprechenden Test führt Ihr Kinder-/Jugendarzt oder je nach Indikation ein entsprechender Facharzt (Hautarzt, HNO-Arzt) durch. Eine Allergietestung mittels anderer Methoden (Bioresonanz, Kinesiologie ...) entbehrt jeder wissenschaftlichen Grundlage. Die Ergebnisse dieser Methoden sind nachweislich nicht reproduzierbar und mit einer Fehlerquote von mehr als 80 % auch nicht aussagefähig! Auch eine Therapie mit diesen Methoden ist nach allen wissenschaftlichen Erkenntnissen nicht möglich und muss auch aus Sicht eines Ayurveda-Arztes zumindest in die Sparte suggestiv eingeordnet werden.

Moderne Therapie:
1. Wenn möglich, wird das Allergen entfernt. D. h., Bett und Zimmer werden z. B. von Hausstaubmilben befreit, oder bei einer Katzenhaarallergie muss die Katze entfernt werden.
2. Kann das Allergen (z. B. bei Gräserpollen) nicht vermieden werden, ist eine sog. Hyposensibilisierung sinnvoll.
3. Zusätzlich werden bei Beschwerden Antihistaminika (z. B. Fenistil® oder Loratadin) und lokal wirksame Mittel verordnet.
4. Bei akuten Reaktionen (z. B. schwerer Urticaria) ist die zusätzliche Gabe eines Cortison-Zäpfchens erforderlich.
5. Bei lebensbedrohlichen Allergien (z. B. Bienen- oder Wespengiftallergien) muss immer ein Notfallset mitgeführt werden.
6. Spezielle Therapie siehe bei Asthma bronchiale und Neurodermitis.

Störung und Ursachen aus ayurvedischer Sicht:

Allergien können nach Ayurveda vererbt werden. Aber nicht jede Allergie ist familiär. Dies entspricht auch der modernen Ansicht. Zum Ausbruch kommen allergische Symptome, wenn sich im Körper Ama (Gift- und Schlackestoffe) ansammelt, bei schlechtem Verdauungsfeuer (Agni) und bei zusätzlicher Störung der Doshas. Meist liegt eine Kapha-Störung (z. B. bei allergischem Asthma bronchiale) vor. Diese kann auch kombiniert sein mit einer Vata- und Pitta-Störung (z. B. bei schwerer Neurodermitis).

Grundlagen einer ayurvedischen Therapie:
1. Senkung von Ama und Kapha durch eine entsprechende Ernährung: leicht, frisch zubereitet, gut verdaulich, ohne Konservierungsstoffe, frei von unnötigen Fetten (z. B. Wurst etc.) usw.

2. Durch passende Bewegung, Sport und insbesondere ausgewählte Yoga-Übungen kann ebenfalls Kapha oder bei Bedarf Pitta oder Vata gesenkt werden. Das innere Gleichgewicht (das Gleichgewicht zwischen Körper und Geist) ist auch Grundlage einer normalen Abwehrreaktion.
3. Allergieauslöser müssen selbstverständlich gemieden werden.
4. *Ayurvedische Kräuter/Medikamente* können zusätzlich sinnvoll sein. Amrita und Shatavari wirken direkt antiallergisch. Zur Verbesserung des Verdauungsfeuers und zur Entfernung von Ama kommt Asafoetida, Ingwer, langer Pfeffer etc. in Frage. Juckreizstillend wirkt auch Haridra, Sandelholz und Tulsi.
5. Spezielle Therapie siehe unter Asthma bronchiale und Neurodermitis.

Bemerkung:

Bei akuten allergischen Reaktionen ist die moderne Therapie eindeutig überlegen. Um eine Allergie zu „heilen", ist jedoch eine kombinierte Therapie aus moderner und ayurvedischer Medizin am effektivsten und anhaltend Erfolg versprechend. Eine Therapie allergischer Erkrankungen ist nur bei intensiver Mitarbeit von Eltern sowie betroffenem Kind/Jugendlichen sinnvoll möglich. Allergien können auch nicht mit dubiosen Methoden „weggezaubert" werden.

3 Asthma bronchiale, obstruktive Bronchitis

Kennzeichnend für diese Erkrankung(en) ist eine Engstellung der Bronchien und eine Überempfindlichkeit der Bronchialschleimhaut. 10 % aller deutschen Schulkinder leiden unter Asthma bronchiale, häufig ohne es zu wissen oder ungenügend behandelt.

Das Ziel einer adäquaten Therapie ist Beschwerdefreiheit, volle Leistungsfähigkeit (auch im Leistungssport!) und eine normale Lebenserwartung mit normal „funktionierender" Lunge. Dieses Ziel ist bei guter Therapie auch tatsächlich erreichbar.

Sehr wichtig:

Wenn Ihr Kind/Jugendlicher mehr als 14 Tage hustet, wenn die körperliche Leistungsfähigkeit deutlich geringer ist als bei Gleichaltrigen oder wenn bei Belastung Husten auftritt, gehen Sie zu einem kompetenten Kinder- und Jugendarzt. Dieser wird Ihr Kind/Ihren Jugendlichen untersuchen und eine Lungenfunktionsuntersuchung (sofern das Kind alt genug ist und mitarbeiten kann, in der Regel ab 4 Jahren) durchführen.

Zur Diagnosestellung und auch zur Therapieüberwachung bei Asthma bronchiale im Kindes- und Jugendalter ist eine Lungenfunktionsdiagnostik mit Verschlussdruckmessung unerlässlich!

Wichtige Regel:

Die Diagnostik und Therapie des Asthma bronchiale im Kindes- und Jugendalter gehört in die Hand eines Kinder- und Jugendarztes oder eines spezialisierten kinderpulmonologischen Zentrums.

Prophylaxe und Grundlage der Therapie auch im ayurvedischen Sinne:

- wenn möglich 6 Monate stillen
- nicht rauchen während der Schwangerschaft
- nicht rauchen bei Anwesenheit von Kindern und Jugendlichen im Haus, Pkw usw.
- bei hohem Allergierisiko: hypoallergene Nahrung
- prinzipiell gute und konstitutionsangepasste Nahrung im Sinne von Ayurveda und bei Bedarf Nahrungsergänzung mit Vitaminen, Spurenelementen und Omega-3-Fettsäuren
- regelmäßig Bewegung und Sport zu Hause, im Kindergarten und in der Schule (mindestens dreimal pro Woche)
- keine Staubfänger im Schlafzimmer, evtl. bei Bedarf Milbensanierung
- keine Katzen im Haus
- Wohnraum mit angenehmem Wohnklima (z. B. Holz- oder Ziegelbau) ohne Schimmelpilzbefall

Moderne Therapie:

Für die Therapie des Asthmas bronchiale im Kindes- und Jugendalter gibt es Richtlinien, die nicht mit der Erwachsenentherapie identisch sind. Die Therapie erfordert zudem eine große Erfahrung nicht nur in der Atemwegsbehandlung, sondern auch in der Berücksichtigung der verschiedenen Entwicklungsphasen und der speziellen Probleme dieser Phasen (Säuglingsalter, Kindergartenalter, Schulkind und Jugendalter), um eine wirklich optimale Therapie zu gewährleisten. Im Einzelnen werden meist kombiniert eingesetzt:

1. *Beta-2-Sympathikomimetika:* Dies sind Medikamente, welche die Atemwege wieder weit stellen sollen. Meist werden diese Medikamente inhaliert, sind aber auch als Saft etc. verfügbar.
2. *Anticholinergika:* Bewirken eine geringe Weitstellung der Atemwege und sind im

aktuellen Therapieschema für Kinder nicht mehr enthalten.

3. *Theophyllin und Cromoglicinsäure:* Werden inzwischen kaum noch verwendet, da das Nebenwirkungsrisiko zu groß (Theophyllin) oder die Wirkung zu gering (Cromoglicin) ist.
4. *Antileukotriene:* In Deutschland ist Montelukast (Singulair®) zur Therapie ab 2 Jahren zugelassen. Die Substanz wirkt hervorragend antientzündlich ohne nennenswerte bekannte Nebenwirkungen.
5. *Inhalative Kortikoide:* Die antientzündliche Therapie mittels inhalativer Kortikoide ist bei höhergradigem Asthma bronchiale notwendig. Die Bronchialschleimhaut kann unter dem Schutz des Kortikoids regenerieren. Die Therapie muss allerdings mindestens drei Monate ohne Unterbrechung durchgeführt werden. Eine kurzfristige Kortikoidinhalation ist sinnlos.

In der Regel im Kindes/Jugendalter nicht sinnvoll oder falsch:

- systemische Kortisongabe (außer bei Asthma bronchiale Grad IV)
- Kurzzeit-Inhalation von Kortikoiden
- Kombinationspräparate zur Inhalation von langwirksamen Betamimetika mit Kortikoiden („leider große Mode", aber nur in der Erwachsenen-Therapie vorgesehen und sinnvoll!)
- Antibiotika-Gabe (außer bei bakterieller Infektion)
- Therapie ohne Überwachung der Lungenfunktion

Störung und Ursache aus ayurvedischer Sicht:

Asthma ist gekennzeichnet durch wiederkehrende Atemnot, Engstellung der Bronchien und eine Entzündungsreaktion der Bronchialschleimhaut. Die ayurvedische Sichtweise entspricht also exakt der modernen wissenschaftlichen. Ursache ist eine Störung von Kapha und Vata, wobei vor allem die sog. Subdoshas Prana Vata und Udana Vata betroffen sind. Durch einen schlechten Stoffwechsel und ein schlechtes Verdauungsfeuer kommt es zu einer Ansammlung von Ama (Gift- und Schlackenstoffe).

Ayurvedische Therapie:

Grundlage der Therapie, auch aus heutiger ayurvedischer Sicht, sind Atemwegsweitsteller und entzündungshemmende Maßnahmen. Hier sind die modernen Medikamente zu bevorzugen. Ergänzend kann Ayurveda jedoch den Therapieerfolg steigern und zu einem langen und beschwerdefreien Leben beitragen.

Ernährung nach ayurvedischen Richtlinien inklusive Nahrungsergänzung.

Yoga für Vata und/oder Kapha sowie Bewegung und Sport nach ayurvedischen Richtlinien.

Zusätzliche wirkungsvolle Maßnahmen:

- Ayurveda-Massagen mit ausgewählten Therapieölen
- Nasya (Nasenbehandlung)
- Shirodhara (Stirnölguss)
- Sweda (Schwitzbehandlung)
- Panchakarma-Kur bei Jugendlichen

Ayurvedische Kräuter/Medikamente:

- Amalaki
- Asafoetida
- Ashwagandha
- Basilikum
- Brahmi
- Haridra
- Ingwer
- Majoran
- Langer Pfeffer
- Schwarzer Pfeffer
- Shallaki
- Süßholz
- Vasaka (gibt es für Kinder auch als Sirup)
- Ysop
- Zimt

Die Kräuter/Medikamente müssen entsprechend der Indikation von einem Ayurveda-Spezialisten ausgewählt werden.

4 Neurodermitis (Atopisches Ekzem)

Die Neurodermitis ist eine sehr häufige, chronische Erkrankung der Haut mit trockenen oder nässenden Ekzemen meist an typischen Stellen (Ellenbeugen, Kniekehlen) oder verteilt über den ganzen Körper. Weltweit sind 1% bis 3% der Kinder und Jugendlichen betroffen. In Deutschland ist die Zahl der Erkrankten etwa zehnmal so hoch!

Das Ziel einer guten Therapie ist möglichst komplette Ekzemfreiheit zumindest ab dem Schulalter. Dies ist ein erreichbares Ziel, allerdings nur bei optimaler Mitarbeit der Eltern.

Ursachen und Provokationsfaktoren:

- Rauchen und ungünstige Ernährung während der Schwangerschaft
- Vererbung
- ungünstige Ernährung des Kindes
- unnötige Reize der Haut und Allergieauslöser (z. B. Tierhaare, Wolle, Ölbader, Molkebad, Hautcremes mit diversen Inhaltsstoffen, Hautreinigungsmittel, Hautöle mit unnötigen pflanzlichen Inhaltsstoffen …)
- ungünstige Umgebung (sehr trockene Luft, Schimmelpilze etc.)
- sehr „steriles“ Aufwachsen und wenig Impfungen (Nach mehreren wissenschaftlichen Untersuchungen haben Kinder, die mit einer „gesunden“ Menge Dreck aufwachsen und die vollständig geimpft sind, signifikant weniger Neurodermitis und auch weniger Allergien.)
- psychischer Stress, Langeweile etc. („Man könnte aus der Haut fahren“)

Bemerkung:

Nach meiner langjährigen Erfahrung in der Therapie der Neurodermitis ist eine „minimalistische“ Behandlung am erfolgversprechendsten. Bis zum Schulalter, in der Regel aber sehr viel früher, sind die Kinder ekzemfrei. Im Folgenden möchte ich daher meine Auffassung einer Neurodermitis-Therapie darstellen.

Störung und Ursache aus ayurvedischer Sicht:

Es liegt in jedem Fall eine Pitta-Störung vor, je nach Symptomen kombiniert mit einer Vata- und/oder Kapha-Störung. Außerdem sind die Versorgung des Körpers mit Nährstoffen und das Blutgewebe gestört.

Moderne Therapie kombiniert mit einer Therapie nach ayurvedischen Richtlinien:

1. Grundlage ist eine optimale Ernährung nach ayurvedischen Richtlinien, Pitta reduzierend. Gut ist frische, kohlenhydratreiche, vitaminreiche Kost. Vermieden werden müssen: saure, scharfe, fette und konservierte Nahrung, also z. B. Zitrusfrüchte, saure Gurken, Tomaten, Geräuchertes, Wurst, Schweinefleisch und Konserven.
2. Viel Bewegung (für eine optimale Entwicklung und zum Stressabbau) ist die zweite Säule der Therapie.
3. Die Umgebung soll angenehm (Temperatur, Luftfeuchtigkeit, rauchfrei …) und allergenarm (keine Katzen und sonstigen Tierhaare) sein. Es soll möglichst viel Zeit an der „frischen Luft“ verbracht werden.
4. Es werden keine käuflichen Pflegecremes, Ölbäder, Molkebäder etc. verwendet.
5. Bei trockener Haut kann der Körper vor (!) dem Baden mit Olivenöl oder Mandelöl eingeölt oder sanft massiert werden. Anschließend wird das überflüssige Öl im Wasser entfernt.
6. Bei Juckreiz können Fenistil®-Tropfen gegeben werden.
7. Nur bei Verschlechterung der Ekzeme (Ausbreitung, Nässen, Infektion) werden

weitere Medikamente lokal (in der Regel ausschließlich Hydrocortison-Präparate) oder oral (Antibiotika bei Infektionen) eingesetzt. Dies ist bei konsequenter Beachtung der o. g. Punkte nur sehr selten notwendig.

8. Bei älteren Kindern und bei Jugendlichen sind therapeutisch und zur Vorbeugung auch entschlackende/blutreinigende sowie entzündungshemmende Kräuter und Medikamente sinnvoll, wie z. B. Aloe, Amalaki, Amrita, Balsambirne, Haridra, Neem …

Bedenken Sie:

Der gesamte Körper inklusive der Haut wird ausschließlich aus unseren „Lebens-Mitteln“ aufgebaut und aus nichts anderem. Eine prinzipielle Heilung oder Verbesserung des Hautaufbaus über Salben, Bäder etc. ist praktisch nicht möglich. Eine externe Therapie mit Salben etc. nach dem Motto „Viel hilft viel“ verursacht nach meiner Erfahrung im Anschluss an eine vorübergehende Besserung (Verschönerung) häufig eine langdauernde Verschlechterung.

Die Behandlung einer Neurodermitis ist immer ein jahrelanges Bemühen um einen optimalen Hautaufbau. Über 90 % der Behandlung liegen in Ihren Händen. Als Arzt kann ich Ihnen nur Ratschläge und Tipps geben sowie manchmal das ergänzen, was die Natur nicht erreicht.

5 Harnwegsinfektionen

Infektionen von Blase und Nieren kommen im Kindes- und Jugendalter häufig vor. Mädchen sind dabei häufiger betroffen als Jungen. Meist klagen die Kinder/Jugendlichen über Brennen und Schmerzen beim Wasserlassen, aber auch über Bauchschmerzen mit oder ohne Fieber. Tritt Fieber auf, liegt meistens eine Nierenentzündung (Pyelonephritis) vor. Manchmal nässen die Kinder wieder ein (sekundäre Enuresis) etc.

Die Diagnose wird durch eine Urinuntersuchung gestellt. Der Urin muss dabei mit einem Teststreifen und mikroskopisch untersucht werden. Eine alleinige Teststreifenuntersuchung ist nicht ausreichend!

Wichtig:

Zur Klärung der Ursache muss in jedem Fall sofort oder bei der Kontrolluntersuchung auch eine Ultraschalluntersuchung der Nieren und Harnwege durchgeführt werden. Je nach Ergebnis müssen evtl. weitere radiologische Untersuchungen angeschlossen werden.

Die Abklärung sollte ausschließlich durch Ihren Kinder- und Jugendarzt erfolgen und bei Bedarf in einer kinderchirurgischen/kinderurologischen Ambulanz einer großen Klinik (in der Regel Universitätsklinik).

Unnötige Untersuchungen sollen allerdings unbedingt unterbleiben, da diese in der Regel für die Kinder/Jugendlichen unangenehm und/oder mit einer Strahlenbelastung verbunden sind.

Ursachen:
- häufig, speziell bei Mädchen, keine fassbare Ursache
- seltenes Wasser lassen und zu geringe Trinkmenge
- Harnwegs- und Nierenfehlbildungen

Moderne Therapie:

Bei gesicherten Harnwegsinfektionen ist eine antibiotische Therapie unerlässlich. Der Therapieerfolg muss auch kontrolliert werden. Harnwegsinfektionen sind nicht harmlos!

Bei wiederholten Harnwegsinfektionen, auch ohne organische Ursache, ist eine Rezidiv- oder Reinfektionsprophylaxe notwendig. Diese wird vom Kinder- und Jugendarzt bzw. in der kinderurologischen Sprechstunde verordnet.

Wenn notwendig, müssen Harnwegsfehlbildungen auch operativ korrigiert werden.

Ursache aus ayurvedischer Sicht:

Meist liegt eine Pitta-Störung und eine Schwächung von Ojas („Immunsystem“) vor. Zusätzlich können Nieren- und Harnwege Fehlbildungen aufweisen.

Ayurvedische Therapie:

Die ayurvedische Behandlung wird ergänzend zur modernen Therapie angewandt. Im Vordergrund steht die Stärkung des gesamten Körpers durch optimale Ernährung, Nahrungsergänzung und körperliche Aktivität. Durch Yoga können bei Jugendlichen auch gezielt Stoffwechsel und Muskulatur im Bauch- und Beckenraum verbessert werden.

Zusätzlich verbessern einige Kräuter/Medikamente die Nierenfunktion und stärken Nieren und Harnwege. Hier können sinnvoll eingesetzt werden:
- Gokshura
- Shatavari
- Haridra
- Dill

6 Enuresis (Einnässen)

Kinder sollten zwischen dem 4. und 5. Lebensjahr Tag und Nacht trocken sein. Die meisten Kinder erreichen dies ohne spezielles Training. Ist ein Kind noch nicht trocken (primäre Enuresis) oder nässt wieder ein, obwohl es bereits trocken war (sekundäre Enuresis), wird vorsichtig mit einem „Training" begonnen. Vorher muss in jedem Fall ein Harnwegsinfekt ausgeschlossen werden.

Wichtig:

> Zum Ausschluss von Harnwegsfehlbildungen muss in jedem Fall auch eine Ultraschalluntersuchung der Nieren und Harnwege durchgeführt werden. Lassen Sie diese immer von einem Kinder- und Jugendarzt ausführen. Weiter gehende unangenehme Untersuchungen der ableitenden Harnwege sollen in jedem Fall anfangs unterbleiben, um die Psyche des Kindes nicht unnötig zu belasten und damit das Problem zu verschlechtern!

Ursachen:
- meist entwicklungsbedingt verspätetes oder familiär spätes Trockenwerden
- selten organische Ursachen
- als Begleitsymptom bei Verhaltens- oder Entwicklungsstörungen

Moderne Therapie:

Liegt eine organische Ursache vor, muss diese zuerst behoben werden. Bei schweren Verhaltens- oder Entwicklungsstörungen ist eine Verbesserung nur im Rahmen einer kombinierten Verhaltens- und Entwicklungsförderung z. B. in einer Frühfördereinrichtung zu erreichen.

Für die größte Gruppe ist ein Miktionstraining mit Führen eines Kalenders häufig ausreichend und erfolgreich. In einigen Fällen sind zusätzliche Maßnahmen bzw. die Gabe von Medikamenten notwendig. Ihr Kinderarzt wird mit Ihnen ausführlich das Training etc. besprechen.

Hier nur einige Tipps:
1. Arbeiten Sie immer mit Belohnung und positiver Verstärkung! Schimpfen und Druck erzeugen Stress und Gegendruck.
2. Bewahren Sie Ruhe und lassen Sie dem Kind Zeit!
3. Halten Sie Ihr Kind an, tagsüber viel zu trinken und häufig (ca. alle 2 Stunden) auf die Toilette zu gehen.
4. Abends soll wenig getrunken werden.
5. Im Bett wird nichts getrunken.
6. Sie dürfen Ihr Kind nachts zusätzlich „rausholen". Ihr Kind freut sich, wenn es morgens trocken ist, egal auf welche Weise.
7. Lassen Sie Ihr Kind in einem Kalender seine Erfolge registrieren und anmalen. Dies verstärkt den Übungseffekt. Belohnen Sie es für seine Erfolge.

Klappt es auch nach längerem Üben nicht, gibt es noch weitere Möglichkeiten (Desmopressin, „Klingelhose" etc.). Hierüber wird Sie Ihr Kinderarzt informieren.

Störung aus ayurvedischer Sicht:

In der Regel liegt eine Vata-Störung vor.

Ayurvedische Therapie:

Die ayurvedische Behandlung kann ergänzend zur modernen Therapie angewandt werden. Im Vordergrund steht die Stärkung des gesamten Körpers durch optimale Ernährung, Nahrungsergänzung und körperliche Aktivität. Auch Kinder-Yoga ist sinnvoll. Wichtig für eine gute Gesamtentwicklung ist immer eine gute Harmonie von Körper und Geist. Fördern Sie daher die körperliche, geistige und psychische Entwicklung Ihres Kindes. Der Rest ergibt sich dann meist von alleine.

7 Akne

Akne ist die häufigste Hauterkrankung im Jugendalter. Entzündliche Hautveränderungen im Bereich der Talgdrüsen („Pickel") bestimmen das Bild. Die Akne kann leicht aber auch sehr schwer mit ausgedehnten Entzündungen und Narbenbildung verlaufen. Jugendliche mit schwerer Akne sind nicht nur körperlich sondern häufig auch psychisch beeinträchtigt. Eine deutlich sichtbare Akne ist immer behandlungsbedürftig und muss frühzeitig therapiert werden.

Ursachen:
- genetische Ursachen (Vererbung)
- hormonbedingte Fehlbesiedelung der Haut mit Staphylokokken
- Stress
- ungünstige Ernährung

Moderne Therapie:
- erythromicinhaltige Hautgele lokal
- sanfte Reinigung der Haut
- Ernährung, die den Körper nicht übersäuert (nicht zu viele Süßigkeiten etc.), und Vermeiden von überflüssigem Fett, Salz und scharfen Gewürzen (Chips, Erdnüsse etc.)
- Bei Versagen der lokalen Therapie ist die interne Behandlung mit Minocyclin Mittel der Wahl.
- bei schwersten Formen evtl. Roaccutan®
- Bei weiblichen Patientinnen ist auch die Gabe eines östrogenhaltigen Präparates („Pille") möglich.
- Neu ist eine Blaulicht-Therapie, die von manchen Hautärzten erfolgreich angewandt wird (keine Leistung der gesetzlichen Krankenkasse).

Störung aus ayurvedischer Sicht:

Aus ayurvedischer Sicht steht eine Pitta-Störung im Vordergrund.

Ayurvedische Therapie:
1. Grundlage ist eine Ernährung nach den Richtlinien für Pitta, d. h. frisch, eher kühlend, kohlenhydratreich usw. Saure, scharfe und fette Speisen sollen gemieden werden.
2. Ausreichend Bewegung und Sport bzw. Yoga nach den Regeln für Pitta ist wichtig, um Körper und Psyche ins Gleichgewicht zu bringen.
3. Zusätzlich können Kräuter/Medikamente wie Aloe, Amrita, Balsambirne, Haridra etc. sehr nützlich sein. Besonders die Balsambirne frisch oder als Tee ist hier zu empfehlen.

Wichtig:

Für eine erfolgreiche Akne-Therapie ist immer die gute Mitarbeit des Jugendlichen erforderlich.

8 Zyklus- und Blutungsstörungen bei jugendlichen Mädchen

Zur ersten Regelblutung (Menarche) kommt es zwischen 10 und 14,5 Jahren. Probleme mit der Regel sind in den ersten 3 Jahren nach der Menarche sehr häufig, und auch danach sind Beschwerden in Zusammenhang mit der Regelblutung keine Seltenheit. Die wichtigsten Probleme sind:
- Amenorrhoe (fehlende Regelblutung) und Oligomenorrhoe (seltene Regelblutung)
- Menorrhagie (lang andauernde Regelblutung)
- Hypermenorrhoe (sehr starke Regelblutung)
- Dysmenorrhoe (Schmerzen bei der Regelblutung)
- Prämenstruelles Syndrom = PMS (Beschwerden und Schmerzen in der zweiten Zyklushälfte)

Im Jugendalter sind die Mädchen normalerweise noch in der Betreuung eines Kinder- und Jugendarztes, der Diagnostik und Therapie steuert oder an einen endokrinologischen Spezialisten überweist.

Ursachen:
- Störung der Hormonproduktion in Hypophyse oder Hypothalamus
- Stress
- Übergewicht oder Untergewicht
- Diabetes mellitus
- Hypothyreose (Schilddrüsenunterfunktion)
- Ovarialzysten
- Infektionen

Die Ursachen können sehr unterschiedlich sein, so dass an erster Stelle eine gute Diagnostik steht. Diese besteht aus:
- Anamnese (Befragung)
- Untersuchung
- Ultraschalluntersuchung
- Labor

Moderne Therapie:

Die Therapie ist abhängig von den erhobenen Befunden und sollte in jedem Fall von einem endokrinologisch versierten Kinder- und Jugendarzt gesteuert werden.

Ein normaler Zyklus ist jedoch immer stark abhängig von einem prinzipiell gut funktionierenden Körper und einer ausgeglichenen psychischen Verfassung. Grundlage jeder Therapie von Zyklusstörungen und Beschwerden sind daher:
1. eine gute, vollwertige Ernährung mit allen Vitaminen und Spurenelementen
2. genügend Bewegung und Sport
3. gutes Stressmanagement
4. ein prinzipiell gesunder Körper, d.h. die Behandlung sonstiger Krankheiten wie Hypothyreose, Übergewicht, Untergewicht etc.

Auf Einzelheiten der Therapie einzugehen würde den Rahmen dieses Buches sprengen.

Störung aus ayurvedischer Sicht:

Aus ayurvedischer Sicht stehen je nach Beschwerden und Symptomen unterschiedliche Störungen im Vordergrund:
- bei Amenorrhoe und Oligomenorrhoe eine Vata-Störung
- bei Dysmenorrhoe eine Vata-Störung
- bei Menorrhagie und Hypermenorrhoe eine Pitta-Störung
- beim Prämenstruellen Syndrom = PMS im Vordergrund eine Vata-Störung, manchmal kombiniert mit einer Pitta- oder Kaphastörung

In jedem Fall ist zusätzlich das Fortpflanzungsgewebe gestört, welches aus ayurvedischer Sicht nur funktionsfähig ist, wenn alle anderen Körpergewebe (z. B. Blut, Muskulatur, Fettgewebe etc.) gesund sind und ihre normale Funktion besitzen.

Ayurvedische Therapie:

Grundlage der Therapie aus Sicht von Ayurveda ist daher, sofern notwendig, die Wiederherstellung aller Körperfunktionen und das Erreichen eines Gleichgewichts von Körper und Geist.

1. Damit stehen an erster Stelle eine gesunde Ernährung mit Nahrungsergänzung nach ayurvedischen Richtlinien sowie genügend und passende Bewegung am besten in Form von Yoga (z. B. Ayurveda-Yoga) und Sport.
2. Es werden zusätzlich Rasayana-Medikamente eingesetzt, um Körper und Geist „zu verjüngen". Sinnvoll sind hier, je nach Bedarf, z. B. Cyavanprash (Amla-Mus), Shatavari, Kumari-Asavaya (ein Kräuterwein mit Aloe etc.) usw.
3. Für spezielle Symptome sind auch spezifische Kräuter/Medikamente sinnvoll:
   - bei Amenorrhoe und Oligomenorrhoe Shatavari, evtl. Aloe, Ashoka, Dill
   - bei Dysmenorrhoe Ashoka, Kardamom, Asafoetida, Dill
   - bei Menorrhagie und Hypermenorrhoe Shatavari, Ashoka, Arjuna
   - beim Prämenstruellen Syndrom = PMS Shatavari, Aloe, Haridra
4. In der Zeit zwischen den Regelblutungen sind weitere Behandlungen möglich und sinnvoll. Massagen werden am besten mit Mahanarayana-Öl oder bei spezieller Indikation auch mit anderen Therapieölen durchgeführt. Im Einzelnen:
   - Massagen und andere Ölbehandlungen
   - Shirodhara
   - Öl-Einläufe (Vasti)

Eine ayurvedische Therapie bei Zyklusproblemen etc. soll immer von einem kompetenten Ayurveda-Spezialisten gesteuert werden.

9 ADHS = Aufmerksamkeitsdefizit – Hyperaktivitäts-Syndrom

Hinter den vier Buchstaben ADHS verbirgt sich eine Erkrankung, die für die betroffenen Kinder und Jugendlichen schwerwiegende Folgen für das gesamte weitere Leben haben kann. ADHS bedeutet **A**ufmerksamkeits**d**efizit-**H**yperaktivitäts-**S**yndrom. 5 % bis 10 %, d. h. mindestens 500 000 Kinder und Jugendliche in Deutschland zwischen 6 und 18 Jahren, sind von dieser Erkrankung betroffen, wobei nur ein Teil effektiv behandelt wird. Und: Die Zahl der erkrankten Kinder und Jugendlichen hat in den letzten 10 Jahren sehr rasch zugenommen. In den USA wird ADHS als die sich am schnellsten ausbreitende Krankheit bezeichnet! In meiner Praxis für Kinder- und Jugendmedizin behandle ich derzeit über 50 Kinder und Jugendliche, die an ADHS leiden. Das Thema ist daher wichtig und aktuell. Wie bekannt ist, haben 50 % der Betroffenen auch im Erwachsenenalter weiterhin Probleme.

Diesem wichtigen Krankheitsbild möchte ich mich daher etwas ausführlicher widmen.

ADHS ist keine neue Modekrankheit!

Bereits in den ayurvedischen Schriften ist die Erkrankung als Unterart von „Unmada" beschrieben worden. Hier sind Störungen des Geistes, des Intellekts, des Gedächtnisses, des Verhaltens etc. aufgezählt. Betroffen ist vorwiegend Vata-Dosha und zusätzlich psychische Faktoren mit einem Überschuss an rajas (überaktiv) oder tamas (lethargisch). Auch Hippokrates hat vor 2500 Jahren die Krankheit beschrieben. In der westlichen Medizin wurde ADHS erstmals 1902 von G. F. Still systematisch untersucht.

Die Symptome beim ADHS

Das Hauptmerkmal der Erkrankung ist die gestörte „Aufmerksamkeit". Die Erkrankung tritt dabei in zwei Varianten – mit und ohne Hyperaktivität – auf. Ein Teil der Betroffenen fällt durch „Träumen", z. B. im Schulunterricht, auf. Bei der anderen Variante ist ein wesentliches Merkmal die permanente und für die Umwelt sehr unangenehme Unruhe, die „Hyperaktivität". Die geringe Ausdauer sowie die eingeschränkte psychische und emotionale Belastbarkeit führen zu Problemen in der Schule bis hin zu komplettem Schulversagen. Dazu kommen, zusätzlich bedingt durch ein sehr geringes Selbstwertgefühl, Störungen im Sozialverhalten, Krisen in der Familie, Probleme mit Gleichaltrigen usw.

Wo liegt die Störung aus moderner Sicht?

Beim ADHS handelt es sich um eine Stoffwechselstörung des Gehirns. In einem kleinen, aber sehr wichtigen Gehirnbereich wird eine Substanz, die zur Informationsübertragung benötigt wird, extrem rasch verbraucht. Dadurch können Informationen von außen nur während einer kurzen Zeit weitergeleitet und verarbeitet werden. Die Folgen sind schlechte oder fehlende Aufmerksamkeit, schlechte und lückenhafte Speicherung der Informationen und als Folge davon Leistungsabfall, z. B. in der Schule bis hin zu komplettem Schulversagen. Das Gehirn der Betroffenen ist nur für kurze Zeit (wenige Minuten) in der Lage, Informationen korrekt aufzunehmen, weiterzuleiten und zu speichern. Das Gehirn ist somit in vielen wesentlichen Bereichen nur sehr eingeschränkt anpassungs- und leistungsfähig. Durch die Summe der Probleme kommt es zu auffälligem Verhalten bis hin zu schweren Verhaltensstörungen und psychischen Problemen. Als ursächliche Faktoren werden in der modernen Medizin neben vererbten Risiken Störungen vor, während und nach der Geburt beschrieben. Rauchende Mütter oder Väter mit Alkoholmissbrauch, ein schlechtes Wohnumfeld, ungünstige Einflüsse in der Schule usw. erhöhen das Risiko, an ADHS zu erkranken.

Störung aus ayurvedischer Sicht

Aus ayurvedischer Sicht handelt es sich beim ADHS um eine Kombination aus schwerer Vata-Störung und einer Störung des Nervengewebes. Dazu kommt je nach Ausprägung ein Überschuss der pathologischen psychischen Faktoren tamas mit Trägheit, fehlendem Antrieb, Träumen im Unterricht etc. oder rajas mit unangenehmer Überaktivität bis hin zur Aggressivität.

Wie wird die Diagnose gestellt?

Die Diagnose wird durch ein persönliches Gespräch des Arztes mit dem betroffenen Kind/Jugendlichen und mit seinen Eltern gestellt. Zusätzlich sind Informationen aus Schule und Kindergarten wichtig und nützlich. Auch die Beobachtung des Kindes/Jugendlichen liefert weitere Informationen. Häufig finden sich zusätzliche Zeichen wie trockene Haut, brüchige Nägel, Neurodermitis, überempfindliches Gehör, Schlafprobleme, Kopfschmerzen oder Bauchschmerzen. Aus ayurvedischer Sicht sind diese zusätzlichen Erkrankungen bzw. Symptome als Vata-Störungen zu betrachten.

Eine Schilddrüsenfunktionsstörung sollte ausgeschlossen werden. Hierzu ist eine Ultraschalluntersuchung der Schilddrüse und eine Blutabnahme notwendig und sinnvoll.

Welche Untersuchungen sind in der Regel überflüssig?

Weitere moderne Untersuchungsmethoden wie Computertomographie (CT), Kernspintomographie (MRT) oder Hirnstrommessung (EEG) sind für die Diagnosestellung nutzlos und sollten unterlassen werden, um das Kind oder den Jugendlichen nicht unnötig zu belasten!

Moderne Therapie:

Die Therapie des ADHS ist sehr komplex und sollte unbedingt durch einen erfahrenen Kinder- und Jugendarzt oder einen Kinder- und Jugendpsychiater gesteuert werden. Auch eine ergänzende Ayurveda-Therapie bleibt spezialisierten Ärzten vorbehalten.

Grundlage der moderne Therapie sind sog. Stimulantien wie Methylphenidat und eine weitere Substanz (Atomoxetin), die seit 2005 in Deutschland zugelassen ist.

Erstes Ziel ist, den Leistungsabfall in der Schule aufzuhalten und schwere psychische Schäden zu vermeiden. Eine prinzipielle und dauernde Verbesserung der Gehirnfunktion wird damit jedoch nicht erreicht. Eine gute Therapie des ADHS muss im eigentlichen Sinne ganzheitlich sein! Damit sind nicht Bachblüten, Homöopathie oder Ähnliches gemeint. Derartige Therapieversuche sind weder ganzheitlich noch nutzbringend.

Die Behandlung muss immer kombiniert erfolgen mit:

- Beratung der Eltern, Lehrer und Erzieher
- bei Bedarf Verhaltenstherapie der Kinder/Jugendlichen
- Sport- und Bewegungsförderung
- Auffüllen von Wissenslücken („Nachhilfe")

Zusätzliche ayurvedische Therapie:

In jedem Fall ist eine kombinierte Therapie auf Dauer am erfolgversprechendsten. Gerade in diesem Bereich liegt der große Nutzen von Ayurveda! Folgende Maßnahmen (ohne Anspruch auf Vollständigkeit) sind wichtig und sinnvoll:

- sattvische Ernährung mit frischen Nahrungsmitten entsprechend den Regeln für Vata-Störung (warm, nahrhaft, genügend Flüssigkeit etc.)
- Nahrungsergänzung z. B. mit Cyavanprash
- täglich geeignete Bewegung und Sport
- Yoga zur Harmonisierung von Körper und Geist, z. B. Ayurveda-Yoga

- je nach Alter Ayurveda-Therapien wie Abhyanga (Ölmassagen), z. B. mit Mahanarayana-Öl, Shirodhara (Stirnölguss) etc.
- Zusätzlich kann Brahmi (Bacopa monniera) zur Verbesserung der Gehirnfunktion gegeben werden.
- Bei Bedarf sind weitere ayurvedische Medikamente/Kräuter wie Triphala, Ashwagandha etc. nützlich.

Wichtiger als die Therapie ist die aktive Prophylaxe!

ADHS gehört zu den Erkrankungen, die meist nicht zufällig auftreten. Bei vielen Kindern und Jugendlichen wäre das Auftreten eines ADHS zu verhindern!

Aus ayurvedischer Sicht steht die Prophylaxe, d.h. das Verhindern von Erkrankungen wie des ADHS, an erster Stelle. Sie haben bereits einiges über Krankheiten, die verhindert werden könnten, quasi überflüssige Krankheiten wie Adipositas etc. gehört und werden im weiteren Text noch weitere Hinweise finden.

Für alle diese Erkrankungen gilt: Eine ausgeglichene Konstitution und der optimale Aufbau aller (!) Gewebe sind die Grundlage der Gesundheit. Und: Diese Grundlage wird bereits vor der Geburt gelegt!

Faktoren, die das Auftreten eines ADHS aus ayurvedischer Sicht begünstigen, sind u. a.:

- väterliche oder mütterliche „Gene“ (Vererbung und der einzige Punkt, der nicht beeinflussbar ist)
- schlechte Versorgung mit Nährstoffen, Vitaminen, Spurenelementen … während der Schwangerschaft und danach
- ungünstige Nahrung mit viel rajas (sehr scharf, viel Kaffee, viel blutiges Fleisch …) oder viel tamas (Konserven, Schweinefleisch, viel schlechte Fette …) während der Schwangerschaft und danach
- Ama (Toxine) vor und während der Schwangerschaft wie Rauchen, Alkohol oder sonstige Suchtmittel
- hoher Stress während der Schwangerschaft inkl. hoher Lärmpegel (auch laute Disco-Musik)
- fehlende Bewegung der Mutter während der Schwangerschaft
- mangelnde Bewegung des Kindes im Elternhaus
- mangelnde Bewegung in Kindergarten und Schule (Dreimal pro Woche Sport/Bewegung ist aus gesundheitlicher und ayurvedischer Sicht das Minimum!)

Daraus ergeben sich die Möglichkeiten der ADHS-Prophylaxe vor und während der Schwangerschaft:

Mutter und Vater sollen gesund sein und sich ihrer Konstitution entsprechend ernähren und bewegen (siehe hierzu die entsprechenden Kapitel im Buch „Balance durch Ayurveda-Yoga“). Dabei gelten für beide die ayurvedischen Regeln für eine gesunde Lebensweise (siehe entsprechende Literatur). Neben einer optimalen, sattvischen Ernährung mit allen wichtigen Nährstoffen ist das Vermeiden von Genussgiften und Lärm sehr wichtig. Ergänzend soll für eine angenehme Bewegung sowie eine Harmonie von Körper und Geist gesorgt werden. Hierzu ist z. B. Yoga geeignet. Ideal ist z. B. Yoga für die eigene Konstitution – Ayurveda-Yoga.

Nach der Geburt steht die ADHS-Prophylaxe auf zwei Pfeilern:

Zum einen ist dies eine gute, im Idealfall sattvische Ernährung mit frischen Nahrungsmitteln. Die Ernährung soll an die Konstitution angepasst sein und alle notwendigen Vitamine, Spurenelemente etc. enthalten. Besonders wichtig für das Gehirn und zumindest in der deutschen Ernährung knapp sind Zink, Biotin und Omega-3-Fettsäuren. Auch eine Nahrungsergänzung z. B. mit Cyavanprash (Amla-Mus) ist daher durchaus sinnvoll.

Zum anderen ist dies eine gute Bewegung von Anfang an und im Idealfall täglicher (!) Sport in Kindergarten und Schule. In vielen

Ländern der Welt von Neuseeland über Vietnam bis Finnland wird darauf besonders geachtet!

Prinzipielle Bemerkungen:

Die Durchführung einer optimalen Therapie des ADHS erfordert ein ganzes Netzwerk aus Familie, Schule, Ausbildungsstelle usw. Die wichtige ergänzende Ayurveda-Therapie und vor allem sämtliche Maßnahmen zur Verhinderung eines ADHS fallen in den Aufgabenbereich von Ayurveda-Therapeuten und insbesondere der Eltern. Die Voraussetzungen zu schaffen für eine optimale Umwelt, für gute Ernährung und Nahrungsmittel sowie für geeignete Bewegung und Sport ist ebenfalls Aufgabe der Eltern, aber auch der Kindergärten und Schulen und damit auch der Politik!

Im Ayurveda ist Förderung, gute Versorgung und Krankheitsvorsorge der Kinder Grundlage der Gesundheit und Entwicklung einer Kultur. Dies sollte auch in Mitteleuropa und speziell in Deutschland gelten.

An dieser Stelle möchte ich auch meine Meinung als Kinder- und Jugendarzt und damit als „Anwalt" der Kinder und Jugendlichen äußern:

Wenn ich die Situation der deutschen Kinder und Jugendlichen hinsichtlich allgemeiner Förderung, Gesundheitsförderung, Bewegungsförderung, Wertschätzung, Förderung der Familien etc. mit ähnlich reichen Staaten wie Finnland oder Neuseeland, aber auch mit Ländern mit deutlich niedrigerem Lebensstandard vergleiche, komme ich zum Schluss, dass die deutsche Gesellschaft und die deutsche Politik in den letzten Jahren in diesem Bereich versagt haben. Wenn die Zukunft unserer Kinder und Jugendlichen positiv sein soll, muss sich einiges ändern. Und: Für Veränderungen und Verbesserungen haben wir nicht sehr viel Zeit.

10 Erkrankungen der Schilddrüse

Schilddrüsenerkrankungen sind in Deutschland nach wie vor sehr häufig. 30 % bis 40 % der Jugendlichen haben eine vergrößerte Schilddrüse (Struma). Verantwortlich sind einerseits Jodmangel und andererseits genetische Faktoren (familiäre Häufung!). Die wichtigsten Schilddrüsenerkrankungen im Kindes- und Jugendalter sind:

1. **angeborene Schilddrüsenunterfunktion (angeborene Hypothyreose)**
   Die angeborene Hypothyreose wird in der Regel durch das Neugeborenen-Screening erkannt. Die Behandlung erfolgt mit L-Thyroxin.
2. **Hashimoto-Thyreoiditis**
   Die Hashimoto-Thyreoiditis ist die häufigste Ursache für eine Schilddrüsenunterfunktion und eine Schilddrüsenvergrößerung (Struma) im Jugendalter und kommt auch bei jüngeren Kindern vor. Die Behandlung erfolgt mit L-Thyroxin. Kontrolluntersuchungen umfassen eine Ultraschalluntersuchung und eine Blutabnahme.
3. **Schilddrüsenunterfunktion (Hypothyreose) durch Jodmangel**
   Jodmangel führt zu einer Unterfunktion der Schilddrüse und auf Dauer zum Kropf (Struma), anfangs ohne Knoten und später mit knotigen Veränderungen der Schilddrüse (Knotenstruma). Die Jodmangelstruma ist ebenso wie die daraus resultierende Therapie inkl. Schilddrüsenoperation vermeidbar! „Es ist unnötig wie ein Kropf."
4. **Schilddrüsenüberfunktion (Hyperthyreose) und Morbus Basedow**
   Die Schilddrüsenüberfunktion ist im Kindes- und Jugendalter selten, kommt aber wie praktisch alle Schilddrüsenerkrankungen familiär gehäuft vor. Die Therapie erfolgt u. a. mit Thyreostatika wie Carbimazol.
5. **Schilddrüsentumoren**
   Schilddrüsentumoren sind im Kindes- und Jugendalter glücklicherweise sehr selten. Auch Schilddrüsentumoren kommen zusammen mit Tumoren anderer Hormondrüsen teilweise familiär gehäuft vor (sog. multiple endokrine Neoplasie).

Moderne Diagnostik:

Die Diagnostik von Schilddrüsenerkrankungen umfasst immer (!) eine Ultraschalluntersuchung der Schilddrüse und eine Blutabnahme.

Wichtig:

- Diagnostik und auch Therapie von Schilddrüsenerkrankungen im Kindes- und Jugendalter gehören ausschließlich in die Hand eines kompetenten Kinder- und Jugendarztes oder eines Internisten (Endokrinologen).
- Eine Untersuchung der Schilddrüse ist ohne Ultraschalluntersuchung unvollständig.
- Jeder Therapie einer Schilddrüsenerkrankung müssen eine Ultraschalluntersuchung und eine Blutabnahme vorausgehen.
- Eine Szintigraphie (Untersuchung nach radioaktiver Markierung) ist bei den meisten Schilddrüsenerkrankungen überflüssig.

Störung aus ayurvedischer Sicht:

Aus ayurvedischer Sicht liegen folgende Störungen vor:

1. bei Schilddrüsenunterfunktion eine Kapha-Störung
2. bei Hashimoto-Thyreoiditis eine Pitta- und Kapha-Störung
3. bei Schilddrüsenüberfunktion eine Pitta- und/oder Vata-Störung

Ayurvedische Therapie:

Eine begleitende Therapie nach ayurvedischen Richtlinien ist sehr sinnvoll und umfasst eine jeweils entsprechend den festgestellten Störungen optimale Ernährung und Nahrungsergänzung und passende/n Bewegung/Sport. Störungsangepasste Yoga-Übungen sind besonders wirkungsvoll. Ergänzt werden kann die Behandlung je nach Bedarf mit ayurvedischen Kräutern/Medikamenten wie

- Ashwagandha
- Brahmi
- Gokshura
- Guggulu

11 Diabetes mellitus

Im Kindes- und Jugendalter denkt man primär an den sog. **Typ 1-Diabetes mellitus**. Hier kommt es zu einer Zerstörung der Insulin produzierenden Beta-Zellen der Bauchspeicheldrüse. Das Risiko, an einem Typ 1-Diabetes zu erkranken, liegt in Deutschland bei 0,4 %.

Erste Anzeichen der Erkrankung sind Gewichtsverlust, häufiges Wasserlassen, Schwäche, Müdigkeit etc. Die Diagnose wird mittels Urin- und Blutuntersuchung gestellt.

Nach der Diagnosestellung erfolgen die Anfangsbehandlung und Einstellung stationär in einer Kinderklinik.

Moderne Therapie:

Die moderne Therapie steht auf drei Säulen:

- Insulingabe und Blutzuckerüberwachung nach Plan
- angepasste Ernährung
- Sport und Bewegung

Wichtig:

Die prinzipielle Einstellung und Überwachung von Kindern und Jugendlichen mit Diabetes mellitus Typ 1 gehört ausschließlich in die Hand eines pädiatrischen Endokrinologen. Die Zwischenkontrollen sollen immer bei einem Kinder- und Jugendarzt durchgeführt werden. Nur er ist ausgebildet in der Beratung hinsichtlich psychosozialer Probleme, Pubertätsprobleme und der speziellen Therapieanforderungen im Kindes- und Jugendalter.

Störung aus ayurvedischer Sicht:

Aus ayurvedischer Sicht liegt beim Typ 1-Diabetes primär im akuten ersten Krankheitsstadium eine Vata-Störung mit sehr schlechtem Stoffwechsel vor. Später kann, besonders bei schlechter Einstellung des Blutzuckers, eine Kapha- und auch eine Pitta-Störung dazukommen. Der Aufbau aller Gewebe ist gestört. Ojas (Immunkraft) ist vermindert.

Ayurvedische Therapie:

Ein wesentlicher Teil der ayurvedischen Therapie entspricht zwei Säulen der modernen Therapie. Die Ernährung nach erfolgter Blutzuckereinstellung mittels Insulin soll je nach Bedarf leicht Kapha reduzierend, aber dennoch Vata stabilisierend sein. Dazu kommen Sport/Bewegung und Yoga nach ayurvedischen Richtlinien. Ergänzend sind stoffwechselverbessernde Kräuter/Medikamente wirkungsvoll. Sie können die Insulintherapie aber niemals ersetzen! Stoffwechsel verbessernd wirken:

- Balsambirne
- Guggulu
- Haridra
- Zimt

Bei verstärktem Abbau (Vata-Störung) sind aufbauende Kräuter/Medikamente sinnvoll wie:

- Ashwagandha
- Bala

Merke:

Die ayurvedische Ergänzung einer Therapie bei Diabetes mellitus Typ 1 ist ausschließlich ayurvedisch und endokrinologisch versierten Ärzten vorbehalten.

Inzwischen kommt auch der **Typ 2-Diabetes mellitus (sog. Altersdiabetes)** im Kindes- und Jugendalter immer häufiger vor! Hauptrisikofaktor ist das starke Übergewicht. In der EU sind bereits 20.000 Kinder und Jugendliche an einem Typ 2-Diabetes erkrankt.

Moderne Therapie:

Die moderne Therapie steht auf vier Säulen:

- Gewichtsreduktion
- angepasste Ernährung
- Sport und Bewegung
- Medikament zur Blutzuckersenkung (in der Regel Metformin)

Störung aus ayurvedischer Sicht:

Primär liegt beim Typ 2-Diabetes eine Kapha-Störung und eine Ansammlung von Ama (Giften und Schlacken im Gewebe) vor. Später können sich als Komplikation eine Pitta- und im Endstadium eine Vata-Störung einstellen. Alle Körpergewebe sind geschädigt, die Immunität (Ojas) ist massiv geschwächt.

Ayurvedische Therapie:

Beim Typ 2-Diabetes kann die ayurvedische Therapie auch Grundlage der gesamten Therapie sein! Die wichtigsten Ziele sind die Verbesserung des Stoffwechsels, die Senkung von Kapha und die Ausscheidung von Ama. Dies kann erreicht werden durch:

- Anti-Kapha-Ernährung
- Bewegung und Sport für Kapha
- Yoga und Atemübungen für Kapha (aus dem Ayurveda-Yoga, siehe Literatur)
- stoffwechselaktivierende und entschlackende Kräuter/Medikamente

Folgende Kräuter/Medikamente sind sehr nützlich:

- Aloe
- Balsambirne (sehr wirksam)
- Guggulu
- Haridra
- Ingwer
- Langer Pfeffer
- Schwarzer Pfeffer
- Trikatu
- Zimt

12 Hypotonie (niedriger Blutdruck) – orthostatische Regulationsstörung

Ein niedriger Blutdruck bzw. Blutdruckschwankungen mit niedrigem Blutdruck sind im Jugendalter sehr häufig. Entwicklungsbedingt (großes Längenwachstum) ist der Blutdruck in diesem Alter, speziell bei schmal gebauten Jugendlichen, sehr instabil. Morgens beim Aufstehen, aber auch bei längerem Stehen oder Aufstehen aus der Hocke sinkt der Blutdruck, den Jugendlichen wird es schwindelig und evtl. schwarz vor den Augen. Im Extremfall kommt es zur kurzen Ohnmacht. Ein niedriger Blutdruck ist zwar prinzipiell ungefährlich, aber unter Umständen sehr unangenehm.

Moderne Therapie:

Eine Behandlung mit Medikamenten ist nicht sinnvoll und auch nicht notwendig. Die Grundlage für einen stabilen Kreislauf ist:

- regelmäßig Sport (Ausdauersport, Radsport, Laufen etc.)
- vollwertige Ernährung mit häufigen kleineren Mahlzeiten
- genügend trinken

Störung aus ayurvedischer Sicht:

Aus ayurvedischer Sicht liegt eine Vata-Störung vor.

Ayurvedische Therapie:

Die Therapie besteht in einer Vata reduzierenden Ernährung, Yoga für Vata, Sport und Bewegung für Vata. Zusätzlich sind stabilisierende und aufbauende Kräuter/Medikamente nützlich, wie z. B.:

- Arjuna
- Ashwagandha
- Bala
- Cyavanprash (Amla-Mus)
- Shatavari

Stabilisierende und aufbauende Massagen und andere Therapieformen können die Behandlung ergänzen.

13 Hypertonie (Bluthochdruck)

Ein Bluthochdruck liegt vor, wenn über einen längeren Zeitraum ein über der Altersnorm liegender systolischer und/oder diastolischer Blutdruck gemessen wird.

Ursachen aus moderner Sicht:
- Übergewicht und Adipositas
- Nierenerkrankungen
- Gefäßveränderungen
- Hormonstörungen
- Medikamente und Vergiftungen

In vielen Fällen wird keine „fassbare“ Ursache gefunden. In diesen Fällen handelt es sich um eine sog. essentielle Hypertonie.

Moderne Therapie:
Wenn organische Ursachen (Nierenerkrankungen, Gefäßerkrankungen etc.) ausgeschlossen sind, steht im Kindes- und Jugendalter meist die Gewichtsabnahme an erster Stelle. Hierzu muss die Ernährung angepasst werden. Außerdem ist auf genügend Sport v.a. im Ausdauerbereich (Radfahren etc.) zu achten. Bei Bedarf werden auch Blutdruck senkende Medikamente eingesetzt.

Ursachen und Störungen aus ayurvedischer Sicht:
Aus ayurvedischer Sicht kann jede Hypertonie hinsichtlich Ursachen und Störungen eingeordnet werden.

Ursachen und Störungen können sein:
- Kapha-Störung (Hauptzeichen Übergewicht) und/oder Pitta-Störung (Hauptzeichen Ärger, Aggressivität) und/oder Vata-Störung (Hauptzeichen Angst, psychische Stresssymptome)
- Ansammlung von Ama
- schlechte Ernährung
- ungünstige Lebensweise (Stress, wenig Schlaf, fehlende Bewegung etc.)

Ayurvedische Therapie:
Eine ayurvedische Therapie des Bluthochdrucks ist sehr effektiv. Die intensive Mitarbeit des Patienten ist jedoch unbedingt erforderlich. Grundlage ist einerseits in jedem Fall eine Ernährung entsprechend der hauptsächlichen Störung. Andererseits sind Yoga, Bewegung und Sport die zweite Säule der Therapie. Ergänzt wird die Behandlung durch Kräuter/Medikamente entsprechend der Störung:

Bluthochdruck mit Vata-Störung: Ashwagandha, Brahmi, Knoblauch etc.

Bluthochdruck mit Pitta-Störung: Brahmi, Sandelholz, Shatavari etc.

Bluthochdruck mit Kapha-Störung: Arjuna, Gokshura, Guggulu, Kardamom, Trikatu, Zimt etc.

In allen Fällen ist Shirodhara (Stirnölguss) sehr nützlich. In schweren Fällen ist auch eine Panchakarma-Kur indiziert.

Abb. 88: Ein Fahrrad – wichtiges Hilfsmittel in der Therapie von Zivilisationskrankheiten

Wichtige häufige Infektionskrankheiten

13

Einige Erkrankungen aus diesem Bereich finden Sie in den Kapiteln 11 und 12, wie z. B. Harnwegsinfekte, Magen-Darm-Infekte und Atemwegsinfekte. In diesem Kapitel möchte ich kurz auf vier weitere Erkrankungen eingehen, die nicht vermeidbar sind, nämlich Angina tonsillaris/Scharlach, Mononukleose, Ringelröteln und 3-Tage-Fieber.

1 Angina tonsillaris (Mandelentzündung) und Scharlach

Die akute Angina tonsillaris ist eine bakterielle Entzündung der Gaumenmandeln. Sie wird verursacht durch Streptokokken, die zusätzlich ein Exanthem (Hautausschlag) auslösen können (Angina tonsillaris mit Exanthem = Scharlach). Die Erkrankung tritt gehäuft im Kindergarten- und Schulalter auf.

Wichtig:

In der Folge kann v.a. nach einer unbehandelten Streptokokkeninfektion ein rheumatisches Fieber mit Herz- und Nierenentzündung (Endokarditis und Glomerulonephritis) mit bleibenden Schäden auftreten.

Moderne Therapie und Therapie aus moderner ayurvedischer Sicht:

Die durch Streptokokken verursachte Angina tonsillaris muss wegen der möglichen Komplikationen mit einem passenden Antibiotikum (in der Regel Penicillin V über 10 Tage) behandelt werden. Behandlungsversuche ohne Antibiotikum sind ärztliche Kunstfehler!

Die Therapie kann ergänzt werden durch fiebersenkende und kühlende Maßnahmen (kühle Halswickel), Gurgeln mit Salbei und nach Ayurveda durch Anti-Pitta-Ernährung und Amrita.

Merke:

Bei Virusinfektionen des Rachens sind keine Antibiotika notwendig! Hier sind kühlende Maßnahmen (kühle Halswickel), Gurgeln mit Salbei und nach Ayurveda eine Anti-Pitta-Ernährung und Amrita ausreichend.

2 Infektiöse Mononukleose = Monozytenangina

Die Mononukleose (auch Pfeiffer´sches Drüsenfieber genannt) wird durch das Epstein-Barr-Virus verursacht. Die Erkrankung kann fast ohne Symptome, mit wenigen Symptomen oder sehr heftig verlaufen. Symptome können sein:

- Leistungsabfall
- vergrößerte, belegte Gaumenmandeln
- Fieber
- Lymphknotenschwellungen
- Hepatosplenomegalie (Vergrößerung von Leber und Milz)
- Exanthem (Hautausschlag)
- Ikterus („Gelbsucht")

Diagnostik:

Die Diagnose wird über eine Blutuntersuchung gestellt. Bei Verdacht sollte zusätzlich eine Ultraschalluntersuchung des Bauchraumes durchgeführt werden, um Leber und Milz zu beurteilen.

Moderne Therapie:

Die moderne Therapie ist rein symptomatisch (Fieber senken etc.).

Vorsicht:

Niemals Ampicillin oder Amoxicillin bei Verdacht auf Mononukleose verordnen! Diese Antibiotika führen in 100 % der Fälle bei Mononukleose zu einem Exanthem (Hautausschlag).

Störung aus Sicht von Ayurveda:

Aus ayurvedischer Sicht handelt es sich hauptsächlich um eine Pitta-Störung.

Ayurvedische Therapie:

Zusätzlich ayurvedische Therapie kann den Krankheitsverlauf günstig beeinflussen. Alle Pitta reduzierenden Maßnahmen sind geeignet. Außerdem ist eine Nahrungsergänzung mit Vitaminen und Spurenelementen (z. B. Cyavanprash = Amla-Mus) sinnvoll, um die Körperabwehr zu steigern und die Regeneration zu beschleunigen.

3 Ringelröteln = Erythema infectiosum

Ringelröteln sind zu erkennen an einem netzartigen Exanthem (Ausschlag) v. a. an Armen und Beinen. Dazu kommen hochrote Wangen. Das Exanthem kann von einem leichten Juckreiz begleitet sein.

Die Erkrankung ist für das Kind harmlos. Eine Therapie ist nicht möglich und auch nicht notwendig.

4 3-Tage-Fieber = Exanthema subitum

Das 3-Tage-Fieber ist eine Virusinfektion, die sich durch hohes Fieber (auch über 40° C) auszeichnet, welches 3 Tage lang anhält. Nach dem Fieberabfall tritt dann ein feinfleckiges Exanthem auf.

Das Problem der Erkrankung ist das teilweise sehr hohe Fieber. Die Therapie ist symptomatisch (Fieber senken durch Paracetamol, Ibuprofen, Wadenwickel).

Seltene und sehr schwere Erkrankungen

14

1 Juvenile chronische Arthritis und andere rheumatische Erkrankungen (Rheuma)

Rheumatische Erkrankungen sind im Kindes- und Jugendalter glücklicherweise selten. Es handelt sich um Autoimmunerkrankungen, die in verschiedenen Ausprägungen und Formen auftreten können. Hauptsymptom der juvenilen chronischen Arthritis ist eine mindestens drei Monate dauernde Entzündung eines oder mehrerer Gelenke, ohne dass eine andere Ursache festgestellt werden kann. Rheuma im Kindes- und Jugendalter ist eine schwerwiegende Diagnose. Wenn man den Aufwand und die Schwierigkeit der Therapie sowie die Prognose betrachtet, gehören diese Erkrankungen mit den Tumoren zu den schwersten überhaupt.

Diagnostik und moderne Therapie:

Die endgültige Diagnosestellung und v. a. die Steuerung der Therapie sollte durch ein spezialisiertes Zentrum für Kinderrheumatologie erfolgen. Auf Einzelheiten möchte ich hier nicht eingehen.

Unbedingt vermeiden:

Die Therapie rheumatischer Erkrankungen im Kindes- und Jugendalter gehört keinesfalls in die Hände von Heilpraktikern oder Heilern! Auch eine alleinige homöopathische Therapie gefährdet das Leben des Kindes/Jugendlichen.

Störung aus ayurvedischer Sicht:

Die ayurvedische Bezeichnung „Amavata“ macht bereits deutlich, dass es sich um eine schwere Vata-Störung und gleichzeitig um eine Ansammlung von Gift- und Schlackestoffen handelt. Häufig ist die Vata-Störung kombiniert mit einer Pitta- und oder Kapha-Störung. Die Erkrankung gilt auch im Ayurveda als sehr schwer zu therapieren. Wenn alle drei Doshas gestört sind, gilt sie als nicht heilbar.

Ergänzende ayurvedische Therapie:

Prinzipiell sind alle Maßnahmen, die Ama reduzieren und die Vata senken, sinnvoll.

- Hierzu gehört als Grundlage eine vollwertige, leichte, frische Ernährung und eine vollständige Nahrungsergänzung. Insbesondere auf eine ausreichende Zufuhr der antioxidativen Vitamine A, C und E sowie von Zink, Selen und Biotin soll geachtet werden. Auch Omega-3-Fettsäuren (aus Fischöl) wirken günstig.
- Bewegung und Sport und insbesondere Yoga halten den Körper fit und bringen Körper und Geist ins Gleichgewicht.
- Aus ayurvedischer Sicht ist eine Panchakarma-Kur zur Entschlackung und Regeneration notwendig, im Westen aber nur selten im Kindes- und Jugendalter durchführbar.

- Ayurvedische Kräuter/Medikamente wie Shallaki, Guggulu und Amrita sind sehr wirkungsvoll, sollten aber nur nach Abwägen aller Vor- und Nachteile und bei großer Erfahrung in der Therapie eingesetzt werden.
- Sehr nützlich und wirksam sind auch Massagen mit Mahanarayana-Öl, Ölgüsse und andere Vata reduzierende Behandlungen.

Wichtig:
Bei rheumatischen Erkrankungen im Kindes- und Jugendalter ist eine alleinige ayurvedische Therapie in Europa nicht sinnvoll und durchführbar. Ayurvedische Behandlungen sind aber durchaus sehr nützlich als begleitende Maßnahme zur modernen Therapie.

2 Tumore und maligne Systemerkrankungen

Diese Erkrankungen sind im Kindes- und Jugendalter glücklicherweise sehr selten. Die häufigsten sind Leukämien, Lymphome, Gehirntumore, Neuroblastom, Wilmstumor und Knochentumore.

Die primäre Diagnostik erfolgt in der Regel bei Ihrem Kinder- und Jugendarzt. Die endgültige Diagnostik und die Therapie sollen ausschließlich in einem großen kinderonkologischen Zentrum durchgeführt werden.

Eine begleitende ayurvedische Behandlung mit optimaler Ernährung, angepasster Bewegung, evtl. Massagen und Spezialbehandlungen etc. ist häufig sinnvoll und möglich. Eine solche adjuvante Therapie soll jedoch ausschließlich von einem erfahrenen und in Ayurveda ausgebildeten Kinder- und Jugendarzt in Absprache mit dem onkologischen Zentrum durchgeführt werden!

15 Vermeidbare Infektionskrankheiten

In diesem Kapitel möchte ich mich auf die Beschreibung der Infektionskrankheiten beschränken, die in ganz Mitteleuropa häufig auftreten und die durch präventive Maßnahmen (Impfungen) sicher vermeidbar sind.

Dazu zählen nicht behandelbare Erkrankungen:

- Masern
- Mumps
- Röteln
- Varizellen (Windpocken)
- Hepatitis B
- Rotavirus-Gastroenteritis
- Influenza (Virusgrippe)

Außerdem fallen in diese Krankheitsgruppe Erkrankungen, die zwar behandelbar sind, aber selbst bei optimaler medizinischer Versorgung häufig schwere Schäden verursachen oder zum Tode führen.

- Hämophilus influenzae-Infektionen
- Meningokokken-Infektionen
- Pneumokokken-Infektionen
- Pertussis (Keuchhusten)

Weitere durch Impfungen vermeidbare Erkrankungen sind z. B. die FSME (Frühsommer-Meningoenzephalitis), Hepatitis A und Gelbfieber.

Wichtige Bemerkung:

Eine Therapie mit der sicheren Aussicht auf Heilung ist bei diesen Erkrankungen weder mit moderner Medizin noch mit ayurvedischer Medizin möglich. Auch mit homöopathischen Medikamenten können diese Erkrankungen weder verhindert noch therapiert werden! Bevor Impfungen zur Verfügung standen, konnten diese Erkrankungen auch mit keiner (!) Methode verhindert oder adäquat therapiert werden. Und zu dieser Zeit gab es die Homöopathie schon viele Jahrzehnte.

1 Masern

Masern ist eine hochansteckende Viruserkrankung. Die Übertragung erfolgt ausschließlich von Mensch zu Mensch. Hohes Fieber, ein in der Regel schlechter Allgemeinzustand und das typische Exanthem sichern die Diagnose. Bei jedem 15. Masernpatienten kommt es zu ernsten Komplikationen wie Pneumonie, Otitis media etc. Die schwersten Komplikationen sind:

- die Masern-Enzephalitis (Gehirnentzündung) mit einer Häufigkeit von 1:1000. Die Letalität (Sterblichkeit) liegt bei 30 %, und bei übrigen Kindern bleiben in der Regel schwere Gehirnschäden.
- die subakute sklerosierende Panenzephalitis (SSPE). Sie führt zu einem schleichenden Gehirnabbau und letztlich zum Tode.

2 Mumps

Mumps ist eine hochansteckende Viruserkrankung, die an einer schmerzhaften Schwellung der Speicheldrüsen zu erkennen ist.

Beachten Sie:

Nicht jede schmerzhafte Schwellung der Speicheldrüsen ist Mumps. Eine eitrige Entzündung muss ausgeschlossen werden.

Bei den schweren Komplikationen steht die Mitbeteiligung des Gehirns im Vordergrund:

- Bei 65 % der Mumpspatienten wird eine Mitbeteiligung der Gehirnhäute beobachtet. 10 % haben eine klinisch manifeste Meningitis.
- Tritt eine Enzephalitis auf, führt diese in 30 % zum Tode.
- Bei 10 % – 15 % der Jungen kommt es zu einer Hodenentzündung, die bei einem Drittel zum Verlust der Hodenfunktion führt. Auch eine Eierstockentzündung kann bei Mädchen auftreten.
- Eine Entzündung der Bauchspeicheldrüse wird bei jedem zehnten Patienten beobachtet.
- Eine Innenohrschädigung mit bleibender Schwerhörigkeit tritt mit der Häufigkeit 1:15 000 auf.

3 Röteln

Röteln verläuft bei den betroffenen Kindern mild mit Lymphknotenschwellung und Exanthem.

Die Komplikationen betreffen ungeborene Kinder im ersten Drittel der Schwangerschaft. Die gefürchtete Rötelnembryopathie tritt auf, wenn die Schwangere nicht vor Röteln geschützt ist (dies betrifft 10 % – 20 % der Frauen im gebärfähigen Alter) und sich mit Röteln infiziert.

Symptome der Rötelnembryopathie sind u. a.:

- Intelligenzdefekt und Mikroenzephalie (zu kleines Gehirn)
- Herzfehler
- Innenohrschädigung
- Gaumenspalte

Merke:

Rötelnembryopathien sind nur zu verhindern, wenn praktisch alle Mädchen und 90 % – 95 % der Gesamtbevölkerung geimpft sind!

4 Varizellen (Windpocken)

Varizellen sind eine hochansteckende Viruserkrankung. Bei der Erstinfektion kommt es nach anfangs leichtem Fieber zu einem stark juckenden Exanthem mit zuerst Flecken und dann Bläschen. Die Zweiterkrankung bei Reaktivierung ist die schmerzhafte Gürtelrose (Herpes zoster). Bei 5 % der Erkrankten sind Komplikationen zu beobachten, die mit steigendem Alter häufiger werden. Varizellen stellen auch ein Risiko für Schwangere und Neugeborene dar.

Varizellen können gefährliche Komplikationen verursachen:

- Die gefährlichste Komplikation ist eine Enzephalitis (Gehirnentzündung) mit einer Sterblichkeit von 25 %.
- Auch eine Beteiligung der Nieren (Nephritis) und des Herzens (Karditis) ist möglich.
- Außerdem kommen schwere Verläufe mit zusätzlichen Infektionen der Haut und der Lunge und sog. hämorrhagische Windpocken vor.

Bemerkung:

Varizellen sind, entgegen früherer Annahmen, nicht als harmlose Kinderkrankheit anzusehen. Insbesondere bei kleinen Kindern hat die Zahl der schweren Verläufe mit Gehirnentzündung zugenommen. Kinder mit schwacher Immunabwehr und Neurodermitis sind besonders gefährdet, an Varizellen sehr schwer zu erkranken.

5 Hepatitis B

Hepatitis B wird durch direkten Kontakt von Mensch zu Mensch übertragen. Das Hepatitis B-Virus ist hochansteckend. In 30 % der Fälle tritt eine akute Leberentzündung (Hepatitis) mit Gelbsucht (Ikterus) auf.

Viele Fälle verlaufen chronisch (bei Neugeborenen in 90 % der Fälle, bei 1–5 jährigen Kindern in 40 % der Fälle). Bei bis zu 20 % der Fälle kommt es im Verlauf zur Entstehung einer Leberzirrhose. Im weiteren Verlauf sind Leberversagen und das hepatozelluläre Karzinom (Leberkarzinom) die Komplikationen.

Eine effektive moderne Therapie der Hepatitis B existiert nicht.

Ayurvedische Therapie:

Eine sichere Therapie gibt es auch im Ayurveda nicht. Nach Studien können durch konsequente **Anwendung von Phyllantus niruri** zusätzlich ca. 20 % der Patienten im akuten Stadium einer Hepatitis B geheilt werden. Die Pflanze wurde auch bei der Leberzirrhose erfolgreich eingesetzt.

Da es sich um eine schwere Pitta-Störung handelt, sind eine konsequente Anti-Pitta-Ernährung sowie Yoga und Bewegung für Pitta Grundlage der Therapie bei akuter und chronischer Hepatitis.

Zusätzlich sind folgende Kräuter/Medikamente sehr nützlich:

- Aloe
- Amalaki
- Amrita
- Bhringaraja

6 Rotavirus-Gastroenteritis

Die Rotavirus-Gastroenteritis ist eine sehr schwer verlaufende Virusinfektion des Magen-Darm-Traktes. 90 % der Erkrankten sind jünger als 5 Jahre.

Die Erkrankung beginnt meist akut mit hohem Fieber, Erbrechen und wässrigen bzw. blutigen Durchfällen. In der Folge kommt es häufig zur Dehydratation (Austrocknung) und Entgleisung des Elektrolythaushaltes.

Je nach Saison sind bis zu 15 % – 50 % aller schweren Magen-Darm-Infektionen der jungen Kinder durch Rotaviren verursacht. Mehr als 13 000 Kinder werden in Deutschland pro Jahr wegen Rotavirusinfektionen im Krankenhaus stationär behandelt. Todesfälle sind dank der guten medizinischen Versorgung sehr selten. In Entwicklungsländern sterben allerdings jährlich über 400 000 Kinder an dieser Infektion.

7 Influenza (Virusgrippe)

Die Influenza ist eine hochansteckende Viruserkrankung, die in Deutschland hauptsächlich zwischen Ende Dezember und März auftritt. Sie verläuft mit hohem Fieber, Husten, Kopfschmerzen und starken Gliederschmerzen.

In der Folge kommt es häufig zu Komplikationen wie Lungenentzündung und Mittelohrentzündung. Besonders bei kleinen Kindern, älteren Menschen, Menschen mit schwacher Immunabwehr oder Erkrankungen von Lunge und Herz können sehr schwere Verläufe auftreten. Besonders gefürchtet sind Komplikationen wie die Myokarditis (Herzmuskelentzündung), die ohne Vorboten zum Herzstillstand führen kann.

In „normalen" Jahren sterben in Deutschland einige Tausend Menschen (2004/2005: ca. 25 000; 2005/2006 ca. 10 000) an Influenza. In Abständen von mehreren Jahren treten Epidemien auf, die ein Vielfaches an Todesopfern fordern.

8 Hämophilus influenzae-Infektionen

Hämophilus influenzae-Bakterien können zwei lebensgefährliche Infektionen verursachen, die Epiglottitis (Kehldeckelentzündung) und eine Meningitis (Gehirnhautentzündung).

Bei einer Epiglottitis kommt es sehr rasch zu schwerer Atemnot. Selbst bei sehr rascher Notarztbehandlung kann dies zum Ersticken führen.

Die Meningitis durch diesen Keim führt oft erst in einem späten Stadium zu typischen Symptomen mit Nackensteifigkeit etc. Aus diesem Grund sterben viele der erkrankten Kinder oder sie haben unter schweren Folgeschäden zu leiden.

Eine Therapie der Erkrankungen mit Antibiotika ist prinzipiell möglich, kommt aber häufig zu spät.

9 Meningokokken-Infektionen

Die Erreger dieser Erkrankungen sind Bakterien. Ca. 10 % der Bevölkerung sind Träger dieser gefährlichen Keime, ohne selbst zu erkranken. Die Übertragung erfolgt von Mensch zu Mensch.

Die häufigsten Erkrankungen durch Meningokokken sind die Meningitis (Gehirnhautentzündung) mit einer Sterblichkeit von 1 % bis 4 % und die Sepsis („Blutvergiftung“) mit einer Sterblichkeit von 15 % bis 20 %. Die gefährlichste Verlaufsform ist das Waterhouse-Fridrichsen-Syndrom mit einer Sterblichkeit von bis zu 70 %.

Bei 19 % der Überlebenden kommt es zu schweren Folgeschäden wie Gehirnschäden, Krampfanfällen oder Gliedmaßenamputationen.

10 Pneumokokken-Infektionen

Pneumokokken sind Bakterien, die ausschließlich von Mensch zu Mensch übertragen werden. Bis zu 50 % der kleinen Kinder sind Träger dieser Keime. Pneumokokken verursachen viele der schweren Infektionen im Kindesalter. Sie sind die häufigste Ursache für:

- Pneumonien (Lungenentzündung)
- Otitis media (Mittelohrentzündung)

Die schwerste Erkrankung ist jedoch die Pneumokokken-Meningitis, die durch einen besonders schweren Verlauf gekennzeichnet ist. Die Sterblichkeit liegt insgesamt bei ca. 7 % und die Rate der schweren Folgeschäden bei über 20 %. 70 % aller Todesfälle durch Meningitiden sind durch Pneumokokken bedingt.

11 Pertussis (Keuchhusten)

Keuchhusten wird durch Bakterien verursacht, die von Mensch zu Mensch übertragen werden. Die Erkrankung ist nicht, wie manchmal angenommen, harmlos. Besonders bei Säuglingen kann sie auch tödlich verlaufen.

Im Verlauf der Erkrankung kommt es nach einem Anfangsstadium zu schweren Husten- und Erstickungsanfällen, die mehrfach täglich auftreten und mehrere Wochen anhalten.

Bei Säuglingen kann statt Hustenanfällen ein Atemstillstand auftreten. Deswegen muss jeder Säugling mit Keuchhusten mehrere Wochen stationär behandelt werden!

Häufige Komplikationen bei dieser Erkrankung sind Pneumonien, die zusätzlich antibiotisch behandelt werden müssen. Gefürchtet ist die Schädigung des Gehirns (Keuchhustenenzephalopathie) mit Schwellung (Ödem) und kleinen Blutungen. Die Folge davon können Tod, Lähmungen, Krampfanfälle etc. sein.

Vermeidbare Entwicklungsstörungen

16

In diesem Kapitel möchte ich mich ausschließlich mit ganz oder teilweise vermeidbaren Störungen der körperlichen und geistigen Entwicklung beschäftigen.

Schwere Erkrankungen, welche die Entwicklung negativ beeinflussen, ohne dass dies vermeidbar ist, sind glücklicherweise eher selten. Kinder und Jugendliche mit derartigen Erkrankungen bedürfen einer umfassenden und häufig interdisziplinären Therapie. Diese erfolgt in der Regel in Zusammenarbeit von Kinder- und Jugendarzt, Kinderklinik, sozialpädiatrischem Zentrum, Frühförderung usw. Die Darstellung dieser komplexen Erkrankungen und Therapien würde den Rahmen dieses Buches sprengen.

Ziel dieses Buches und auch dieses Kapitels ist es vor allem, Eltern und Erziehern Hinweise und Tipps zu geben, wo Möglichkeiten und Chancen und wo Probleme liegen, damit sie für eine gute Entwicklung Ihrer Kinder und Jugendlichen sorgen können. Gesundheit, Wohlbefinden, Leistungsfähigkeit und Intelligenz sind nicht selbstverständlich und entstehen nur, wenn alle wichtigen Faktoren beachtet werden und wenn sich alle Beteiligten und Verantwortlichen intensiv bemühen.

1 Störungen der motorischen Entwicklung

Störungen der Grobmotorik, der Kraft, der Beweglichkeit, des Gleichgewichts, der Ausdauer und auch der Feinmotorik und Koordination nehmen seit Jahren zu.

Wichtig:

Die Entwicklung der Feinmotorik und Koordination ist direkt abhängig von allen anderen Faktoren der Motorik, d. h., ohne Kraft, Beweglichkeit, Ausdauer etc. entwickelt sich auch keine gute Feinmotorik.

Nach aktuellen Daten aus dem Kinder- und Jugendgesundheitssurvey (KiGGS) des Robert-Koch-Institutes sind über 30 % der Kinder und Jugendlichen nicht in der Lage, 2 oder mehr Schritte auf einem 3 cm breiten Balken rückwärts zu balancieren. 43 % erreichen bei einer Rumpfbeuge nicht den Boden mit den Fingerspitzen. Die Kraftfähigkeit hat nach Messungen seit 1976 um 14 % abgenommen.

Schlussfolgerung:

Viele Kinder und Jugendliche treiben zu wenig Sport und bewegen sich zu wenig und/oder ineffektiv.

2 Störung der psychischen Gesundheit

Im September 2006 wurden Daten der sogenannten Bella-Studie veröffentlicht. Diese wurden im Rahmen der Untersuchungen für den Kinder- und Jugendgesundheitssurvey (KiGGS) erhoben.

Danach liegen bei 22 % der Kinder und Jugendlichen Hinweise auf psychische Auffälligkeiten vor. Am häufigsten sind zu finden:

- **Störungen des Sozialverhaltens bei 10 %**
- **Angststörungen bei 7,6 %**
- **Depressionen bei 5,4 %**

Negative Einflussgrößen waren u.a. ein ungünstiges Familienklima, schlechte Konfliktbewältigung in der Familie und ein niedriger sozioökonomischer Status.

Wichtig:

Die gesundheitsbezogene Lebensqualität ist bei psychisch auffälligen Kindern und Jugendlichen in allen Bereichen deutlich eingeschränkt. Damit ist auch die gesamte Leistungsfähigkeit inkl. der geistigen Leistungsfähigkeit deutlich vermindert!

3 Zusammenstellung wichtiger vermeidbarer Erkrankungen

Nicht alle Erkrankungen in diesem Unterkapitel sind in jedem Fall vermeidbar. Wichtige Risikofaktoren, die das Auftreten der Erkrankungen begünstigen oder den Schweregrad negativ beeinflussen, sind jedoch durchaus zu vermeiden. In der Zusammenstellung können dabei nicht alle wichtigen Erkrankungen, für die dieses zutrifft, berücksichtigt werden.

Die Erkrankungen im Einzelnen:

Asthma bronchiale

Wichtige Risikofaktoren:
- Rauchen in der Familie und im Umfeld

Adipositas

Wichtige Risikofaktoren:
- mangelnde Bewegung und Bewegungsförderung
- ungünstige Ernährung
- Rauchen während der Schwangerschaft

Neurodermitis

Wichtige Risikofaktoren:
- ungünstige Ernährung
- rauchende Eltern, Rauchen in der Wohnung/in geschlossenen Räumen
- ungünstiges Umfeld
- ungünstige Hautpflege

Plötzlicher Kindstod

Wichtige Risikofaktoren:
- Rauchen während der Schwangerschaft
- rauchende Eltern, Rauchen in der Wohnung/in geschlossenen Räumen

ADHS (Aufmerksamkeitsdefizit-Hyperaktivitäts-Syndrom)

Wichtige Risikofaktoren:
- Rauchen während der Schwangerschaft
- mangelnde Bewegung und Bewegungsförderung
- ungünstige Ernährung

Verhaltensauffälligkeiten

Wichtige Risikofaktoren:
- Rauchen während der Schwangerschaft
- Alkohol während der Schwangerschaft
- rauchende Eltern, Rauchen in der Wohnung/in geschlossenen Räumen
- mangelnde Bewegung und Bewegungsförderung
- ungünstige Ernährung

Frühgeburt, Mangelgeburt, Kleinwuchs

Wichtige Risikofaktoren:
- Rauchen während der Schwangerschaft
- Alkohol während der Schwangerschaft

Infektanfälligkeit

Wichtige Risikofaktoren:
- Rauchen während der Schwangerschaft
- Alkohol während der Schwangerschaft
- rauchende Eltern, Rauchen in der Wohnung/in geschlossenen Räumen
- mangelnde Bewegung und Bewegungsförderung
- ungünstige Ernährung

Verminderte Intelligenz

Wichtige Risikofaktoren:
- Rauchen während der Schwangerschaft
- Alkohol während der Schwangerschaft
- rauchende Eltern, Rauchen in der Wohnung/in geschlossenen Räumen
- mangelnde Bewegung und Bewegungsförderung
- ungünstige Ernährung

Abb. 89: Wer trägt die Last und wer die Verantwortung?

Diabetes mellitus Typ 2 („Altersdiabetes")

Wichtige Risikofaktoren:
- mangelnde Bewegung und Bewegungsförderung
- ungünstige Ernährung

Psychosomatische Erkrankungen

Ca. 30 % der Kinder und Jugendlichen klagen über psychosomatische Beschwerden wie Bauchschmerzen, Kopfschmerzen, Müdigkeit, Leistungsabfall etc.

Wichtige Risikofaktoren:
- mangelnde Bewegung und Bewegungsförderung
- ungünstige Ernährung
- rauchende Eltern, Rauchen in der Wohnung/in geschlossenen Räumen

Wie Sie feststellen können, wiederholen sich die Risikofaktoren bei praktisch allen körperlichen und psychischen Entwicklungsstörungen. An dieser Stelle müssen wir uns daher zwei wichtige Fragen stellen:

1. Wer trägt die Verantwortung im positiven Sinne für eine optimale körperliche, geistige und psychische Entwicklung unserer Kinder?
2. Wird die Verantwortung tatsächlich wahrgenommen, oder gibt es Defizite?

Diese Fragen möchte ich im nächsten Kapitel erörtern.

17 Die Bedingungen für eine optimale Entwicklung unserer Kinder und Jugendlichen

Verantwortung übernehmen für die gute und gesunde Entwicklung ihrer Kinder müssen an erster Stelle die Eltern, dann aber auch die Erzieher(innen) im Kindergarten und die Lehrer in der Schule. Die optimalen Bedingungen dafür zu schaffen ist Aufgabe der gesamten Gesellschaft, des Staates und der einzelnen Länder und vor allem auch der Politiker, die letztlich die wichtigen Entscheidungen in der Gesundheits- und Bildungs- und Familienpolitik treffen. Dieses Kapitel ist daher auch ein politisches Kapitel. Die Fakten gebe ich dabei ohne Wertung wieder. Die abschließende Wertung und die Schlüsse daraus möchte ich bewusst Ihnen als Eltern, Erzieher, Lehrer und (hoffentlich) auch den Politikern überlassen.

Kinder- und Jugendärzte, Kinderpsychologen, Krankengymnasten, Logopäden und andere Therapeuten können nur verbessern, was die Natur nicht bietet. Sie können Tipps geben und helfen, aber Sie können prinzipielle Fehler, die gemacht werden, nicht ausgleichen. Und: Sie sind nicht verantwortlich für eine gute Erziehung, Vermittlung von positiven Werten, die gesunde Ernährung, genügend Sport/Bewegung etc. des einzelnen Kindes/Jugendlichen.

Die folgende Tabelle soll die Zuständigkeiten nochmals verdeutlichen. Wer ist verantwortlich für Erziehung, Gesundheit, Ernährung, Bewegung/Sport etc. in den verschiedenen Altersstufen?

Alter des Kindes/ Jugendlichen	Eltern verantwortlich für	Kindergarten verantwortlich für	Schule verantwortlich für	Politik verantwortlich für	Professionelle Hilfe durch
Ungeborenes in der Schwangerschaft	Gute Entwicklungs-bedingungen			Umwelt-bedingungen, Bedingungen für Gesund-heitssystem, Gesundheits-erziehung und Aufklärung, finanzielle Mittel der Eltern	Frauenarzt, Hebamme, Kinderarzt
Neugeborenes	Gesundheit Ernährung Pflege			Umwelt-bedingungen, Bedingungen für Gesund-heitssystem, Gesundheits-erziehung und Aufklärung, finanzielle Mittel der Eltern	Frauenarzt, Hebamme, Kinderarzt
2 bis 12 Mon.	Ernährung, Pflege, Gesundheit, Bewegungs-förderung, Erziehung			Umwelt-bedingungen, Bedingungen für Gesund-heitssystem, Gesundheits-erziehung und Aufklärung, finanzielle Mittel der Eltern	Kinderarzt, bei Bedarf Kranken-gymnast, bei Bedarf weitere Hilfe
1 bis 3 Jahre	Erziehung, Ernährung, Pflege, Gesundheit, Bewegungs-förderung, Vermittlung von Werten, Vermittlung von Wissen			Umwelt-bedingungen, Bedingungen für Gesund-heitssystem, Gesundheits-erziehung und Aufklärung, finanzielle Mittel der Eltern	Kinderarzt, bei Bedarf Kranken-gymnast, bei Bedarf weitere Hilfe

Alter des Kindes/ Jugendlichen	Eltern verantwortlich für	Kindergarten verantwortlich für	Schule verantwortlich für	Politik verantwortlich für	Professionelle Hilfe durch
3 bis 6 Jahre	Erziehung, Vermittlung von Werten, Ernährung, Bewegungs-förderung, Sport, Musik, Vermittlung von Wissen, Pflege, Gesundheit	Bewegungs-förderung, Sport, Musik, Erziehung, Vermittlung von Werten, Ernährung, Gesundheit, Vermittlung von Wissen		Lehrplan für die Kinder-gärten, finanzielle Mittel der Kindergärten, Umwelt-bedingungen, Bedingungen für Gesund-heitssystem, Gesundheits-erziehung und Aufklärung, finanzielle Mittel der Eltern	Kinderarzt, Erzieher(in), bei Bedarf Kranken-gymnast, bei Bedarf Logopäde, bei Bedarf weitere Hilfe
6 bis 18 Jahre	Erziehung, Vermittlung von Werten, Ernährung, Bewegungs-förderung, Sport, Musik, Vermittlung von Wissen, Pflege, Gesundheit		Vermittlung von Wissen und „Können" in Gesundheit, Sport, Musik und Kunst, Wissen-schaften, Sprachen etc., Erziehung, Vermittlung von Werten	Lehrplan für die Schulen, finanzielle Mittel der Schulen, Bedingungen für Gesund-heitssystem, Gesundheits-erziehung und Aufklärung, finanzielle Mittel der Eltern, Umwelt-bedingungen,	Kinder- und Jugendarzt, Lehrer, bei Bedarf Kinder-psychologe, bei Bedarf weitere Hilfe

Bei Jugendlichen, die eine Ausbildung absolvieren, kommt dazu auch die Verantwortung des Ausbildungsbetriebes.

Beachten Sie:

1. Entwicklung ist ein kontinuierlicher Prozess. Eine Fähigkeit baut auf der anderen auf. So ist z. B. die Förderung der Feinmotorik erst möglich, wenn alle wichtigen „groben" Bewegungsmuster geübt, gespeichert und weitgehend automatisiert sind. D. h., vor dem Malen mit einem Stift kommt Stehen, Gehen, Laufen, Hüpfen, Werfen usw. Ist ein wichtiger Entwicklungsschritt ausgelassen oder sind die Fähigkeiten zu wenig geübt und gefördert worden, wird es auch mit allen folgenden Entwicklungsschritten Probleme geben!
2. Entwicklung ist ein komplexer Prozess. Schon im alten Indien vor mehreren tausend Jahren war den Ayurveda-Ärzten bekannt, dass Wohlbefinden, Gesundheit, Leistungsfähigkeit und Intelligenz nur erreicht und erhalten werden können,

wenn alle Voraussetzungen beachtet werden. Dies sind insbesondere die gesunde Ernährung, die Bewegungsförderung, das Vermeiden unnötiger Gifte, eine gute Umwelt, die optimale Pflege, die Vermittlung positiver Werte, die Vermittlung von Wissen in allen lebenswichtigen Bereichen usw. Auch aus Sicht der modernen Wissenschaft hat sich daran nichts geändert.
3. Bestimmte Verhaltensmuster prägen auch das weitere Leben. So ist aus einer aktuellen Langzeitbeobachtung über 20 Jahre bekannt, dass Eigenschaften Vierjähriger ins spätere Leben mitgenommen werden. Kinder mit aggressivem Verhalten und Störungen der sozialen Entwicklung nehmen Aggressivität ins Erwachsenenalter mit. Der Intelligenzquotient war geringer als bei anderen Kindern, sie wurden später eingeschult, blieben häufiger sitzen und nur ein Drittel machte das Abitur. Zum Vergleich: Bei der Kontrollgruppe waren es zwei Drittel. Schüchterne und zurückhaltende Kinder werden im Alter positiv selbstbewusst. Aus ayurvedischer Sicht ist sattva (zielstrebig, voll Energie, fair, ausgleichend, aktiv etc.) als Ziel der Erziehung gefragt. Das Tolerieren oder gar Fördern von rajas (instabil, unfair, unberechenbar, intolerant, überehrgeizig etc.) oder tamas (unbeweglich, ziellos, faul, ohne Energie, hinterhältig, feige, gierig etc.) muss zu Problemen wie Verhaltensstörungen, Störungen der sozialen Entwicklung und Kompetenz, Störungen der Grob- und Feinmotorik, Störungen der Intelligenzentwicklung, Gesundheitsproblemen, psychischen Störungen usw. führen (siehe hierzu auch in Kapitel 3 „Die psychische Konstitution“).

Die aktuellen Daten und Fakten

Es gibt inzwischen viele Daten zum Thema Kinder- und Jugendgesundheit, Bildungsstandard, Gesundheitsbewusstsein etc. Einige dieser Daten möchte ich, teilweise mit anschaulichen Vergleichsdaten, unkommentiert darstellen.

Geburtenzahlen

- Deutschland ist Schlusslicht in Europa bei den Geburtenzahlen.

Schulbildung

- Wie die PISA-Studien verdeutlichen, liegen deutsche Schüler beim weltweiten Vergleich nur im Mittelfeld (mit Ausnahme der bayerischen und württembergischen Schüler). Die Schüler der nördlichen Bundesländer liegen in Europa im Schlussdrittel.

Bewegungsförderung

- Unter 50 % der Jungen und unter 20 % der Mädchen sind ausreichend körperlich aktiv.
- 19 % der Jugendlichen treiben gar keinen Sport.
- Im Kindergarten in Deutschland wird in der Regel nicht mehr als einmal pro Woche altersentsprechender Sport angeboten. Zur Erklärung: Freie Bewegung ist nicht gleichzusetzen mit sportlicher Aktivität unter Anleitung!
- Schulsport in Deutschland beschränkt sich meist auf zwei Termine pro Woche und maximal 3 Schulstunden (häufig auch weniger).

(Mindest)-Empfehlungen für gesundheitsorientierten Sport:

Die meisten Experten sind sich einig:

- Kinder und Jugendliche sollen täglich eine Stunde körperlich aktiv sein.
- Mindestens dreimal pro Woche ist sportliche Aktivität notwendig.
- Zweimal pro Woche sollen die Kraft und Beweglichkeit geübt und verbessert werden.
- Mindestens 30 Minuten Sport jeden Tag wären ideal.

In vielen Ländern der Welt, wie z. B. Norwegen, Neuseeland, aber auch Vietnam etc., wird die optimale Empfehlung (täglich Sport in Kindergarten und Schule) tatsächlich umgesetzt! Und: Viele dieser Länder belegen die Spitzenplätze in den PISA-Studien.

Einstellungen zur Erziehung

Diese Daten stammen aus einer repräsentativen Umfrage des Instituts für Demoskopie Allensbach aus dem Jahre 2006. Diese Umfrage wurde im Auftrag des Bundesministeriums für Familie, Senioren, Frauen und Jugend durchgeführt.

Was sollten Kinder im Elternhaus lernen? (Auszüge)

- Höflichkeit und gutes Benehmen (88 %)
- Andersdenkende achten, tolerant sein (77 %)
- Gesunde Lebensweise (63 %)

Wo sollten Eltern Ihre Kinder beeinflussen? (Auszüge)

- In ihrem Benehmen, ihrem Verhalten (96 %)
- Wie sie mit anderen Leuten umgehen (91 %)
- Was sie in ihrer Freizeit machen (45 %)

Welche Erziehungsfehler werden beobachtet? (Auszüge)

- Eltern nehmen sich zu wenig Zeit für ihre Kinder (81 %).
- Eltern sind zu nachgiebig gegenüber ihren Kindern (68 %).
- Eltern machen den Kindern nicht genügend klar, was richtig und was falsch ist (62 %).
- Eltern verhindern nicht, dass Kinder früh rauchen oder Alkohol trinken (55 %).
- Eltern achten zu wenig auf eine gesunde Ernährung ihrer Kinder (49 %).
- Eltern achten zu wenig darauf, dass ihre Kinder ausreichend Bewegung bekommen (47 %).

Das Armutsrisiko in Deutschland

Die Daten stammen aus dem statistischen Bundesamt (Stand 2004). So viel Prozent der Bevölkerungsgruppe gilt als arm (hat weniger als 60 % des Durchschnittseinkommens):

- bis 10 Jahre 14,8 %
- 11 bis 20 Jahre 18,4 %

Kinder und Jugendliche und ihre Familien sind in Deutschland weit überdurchschnittlich von Armut betroffen.

Deutschland wird kinderfreundlich

Der Titel des Faltblattes aus dem Bundesministerium für Familie, Senioren, Frauen und Jugend vom Oktober 2006 spricht für sich. Einzelne Ankündigungen und Daten daraus:

- Eltern sollen mehr Zeit bekommen für ihre Kinder.
- Eltern sollen mehr Geld bekommen für ihre Kinder.
- Es sollen mehr Kindertagesstätten, Krippen und Kindertagespflegestellen entstehen (bis zum Jahr 2010 230 000 Plätze). Dieser Plan wird tatsächlich umgesetzt.

Dazu einige weitere Fakten:

- Im Januar 2007 wird die Mehrwertsteuer um 3 % auf 19 % erhöht.
- Ab 2007 gibt es Studiengebühren.
- Kindergeld und Kinderfreibetrag werden ab dem 25. Lebensjahr (in diesem Alter sind viele Studenten in den Examenssemestern) gestrichen.
- Seit den Bundestagswahlen bis Ende 2006 wurden 21 500 neue Plätze für die Betreuung von kleinen Kindern bis zum Alter von 3 Jahren geschaffen. Bei den jetzigen Geburtenzahlen sind ca. 2,1 Millionen Kinder in diesem Alter.

Die Richtung des Weges scheint zwar richtig. Die aktuellen Tatsachen sprechen jedoch teilweise eine andere Sprache.

Die Gesundheitsvorsorge für Kinder und Jugendliche

Seit 30 Jahren gibt es in Deutschland die bekannten Vorsorgen U1 bis U9, die seit einigen Jahren um die Jugendgesundheitsuntersuchung erweitert wurden. Nach heutigen Maßstäben ist dieses Vorsorgeprogramm unvollständig und lückenhaft, was die Daten der Jugend- und Kindergesundheit deutlich zeigen.

Folgende Lücken bestehen:

- Keine Vorsorge zwischen dem 2. und 4. Lebensjahr
- Keine Vorsorge zwischen dem 5. und 12. Lebensjahr
- Keine Vorsorge zwischen nach dem 12. bis 14. Lebensjahr

Es ist auch nicht gewährleistet, dass die Vorsorgeuntersuchungen qualitativ hochwertig von einem Kinder- und Jugendarzt durchgeführt wird. Nur dieser hat eine mindestens fünfjährige Weiterbildung, welche die Diagnostik und Therapie aller (!) wichtigen Erkrankungen, Entwicklungsstörungen und speziellen Probleme dieser Altersgruppe umfasst. Kinder sind keine kleinen Erwachsenen!

Statement für gesunde, fitte und intelligente Kinder und Jugendliche

18

Deutschland hat sich 1992 mit der Ratifizierung der UN-Kinderrechtskonvention verpflichtet, jedem Kind das erreichbare Höchstmaß an Gesundheit zu garantieren und eine umfassende Daseinsvorsorge für nachfolgende Generationen zu gewährleisten.

Messen Sie als Eltern, Erzieher, Lehrer, Kinder- und Jugendärzte usw. die Entscheidungen der jeweiligen Regierungen und Ministerien an diesen Maßstäben!

Wie können Sie persönlich Gesundheit, Fitness und Intelligenz Ihres Kindes positiv beeinflussen?

1. Berücksichtigen Sie die Empfehlungen in diesem Buch zu den verschiedenen positiven und negativen Einflussfaktoren während der Schwangerschaft (siehe Kapitel 1 „Die individuelle Konstitution“).
2. Ernähren Sie Ihr Kind/Ihren Jugendlichen wirklich vollwertig und gesund (siehe hierzu die Kapitel 4 „Die Bedeutung der gesunden Ernährung “und Kapitel 5 „Vom großen Wert der Kleinigkeiten“). Berücksichtigen Sie dabei seine individuelle Konstitution (siehe Kapitel 1 „Die individuelle Konstitution“ und Kapitel 2 „Der individuelle Weg“).
3. Sorgen Sie für eine rauchfreie Umwelt für sich und Ihr Kind.
4. Halten Sie Ihr Kind/Ihren Jugendlichen fern von Sucht- und Rauschmitteln aller Art (auch von Nikotin und Alkohol).
5. Erziehen Sie Ihr Kind/Ihren Jugendlichen sattvisch, konsequent und mit positiven Zielen (siehe Kapitel 3 „Die psychische Konstitution“). Vermitteln Sie ihm positive Werte.
6. Sorgen Sie für ausreichend Sport und Bewegung. Schaffen Sie ein bewegtes Umfeld. Berücksichtigen Sie auch bei Sport und Bewegung die individuellen Fähig-

keiten und Vorlieben Ihres Kindes/Jugendlichen (siehe Kapitel 6 „Die Bedeutung von Bewegung und Sport im Kindes- und Jugendalter“).

7. Nutzen Sie auch die Angebote der musikalischen Früherziehung und der Förderung musikalischer Fähigkeiten.
8. Nutzen Sie die Angebote zur Gesundheitsvorsorge. Lassen Sie Ihr Kind/Ihren Jugendlichen regelmäßig bis zur Schule mindestens einmal pro Jahr (auch außerhalb der von den gesetzlichen Kassen vorgesehenen Vorsorgen) und anschließend mindestens einmal alle 2 Jahre von Ihrem Kinder- und Jugendarzt untersuchen.
9. Lassen Sie Ihr Kind/Ihren Jugendlichen gegen alle wichtigen und schweren Erkrankungen impfen! Impfungen sind eine sehr effektive Gesundheitsvorsorge auch im Sinne von Ayurveda!
10. Wenn sich Störungen einstellen und wenn Ihr Kind/Jugendlicher krank wird, nutzen Sie die Tipps in diesem Buch (siehe Kapitel 2 „Der individuelle Weg“ und Kapitel 11 „Häufige Beschwerden und Symptome“) und halten Sie sich an die Anweisungen Ihres Kinder- und Jugendarztes.
11. Bei schweren Erkrankungen und unklaren Symptomen suchen Sie in jedem Fall Ihren Kinder- und Jugendarzt auf.

Seien es Individuen oder Regierungen: Das Prinzip, das uns leiten sollte, ist das der Menschenrechte. Die Tatsache, in einem Land zu leben, wo die Menschenrechte existieren und wir uns ihrer erfreuen können, beinhaltet notwendigerweise auch Aufgaben und Verantwortungen.
(Der XIV. Dalai Lama)

Möge kein Wesen unglücklich, behindert, krank, entmutigt, missachtet, geängstigt sein! (Shantideva)

Nützliche Internetadressen

19

www.kinderaerzte-im-netz.de
Die Seite des Berufsverbandes der Kinder und Jugendärzte (BVKJ) mit sehr vielen nützlichen Informationen zu allen Themen der Kinder- und Jugendmedizin und Adressen von Kinder- und Jugendärzten sowie Kliniken in Deutschland.

www.familienhandbuch.de
Die Seite informiert über Kindererziehung, Familienbildung und Partnerschaft.

www.familienratgeber.de
Die Seite informiert über Frühförderung, Kindergarten und Schule für Kinder mit einer Behinderung.

www.familien-wegweiser.de
Die Seite des Familienministeriums des Bundes informiert über eine Vielzahl von Leistungen und Angeboten für Familien.

www.kindernetzwerk.de
Das Kindernetzwerk vermittelt umfassende Hilfe bei zahlreichen Erkrankungen und Behinderungen.

www.bke-jugendberatung.de
Hier können sich Jugendliche, die Probleme mit Schule, Freunden, Eltern etc. haben, beraten lassen.

www.schuetzdich.de
Diese Seite informiert Jugendliche über Gesundheit und Gesundheitsvorsorge.

Nützliche Adressen

Hier finden Sie eine Auswahl an Firmen, die ayurvedische Produkte vertreiben, Ayurveda-Ausbildungsprogramme und Seminare anbieten oder Kuren vermitteln etc.

Allvedya
Ayurveda Projekt GmbH
A-2133 Loosdorf 7
Tel.: 0043 (0)2524-48345
www.allvedya.com
info@allvedya.com

Amla Natur GmbH
Schulstr. 38
D-21224 Rosengarten
Tel.: 0049 (0)4108-590666
www.amla.de
info@amla.de

Ayurveda-Studio Seefeld
Michaela Stahl
Weinhartstr. 12 B
D 82211 Herrsching
Tel.: 0049 (0)8152-794119
www.ayurveda-studio-seefeld.de

Mahindra Institut
Forsthausstr. 6
D-63633 Birstein-Obersotzbach
Tel.: 0049 (0)6054-9131-0
www.mahindra-institut.de
info@mahindra-institut.de

Santulan Ayurved GmbH
Wörthstr. 13
D-81667 München
Tel.: 0049 (0)1805-726885
www.santulan.com
info@santulan.com

SEVA Akademie Ayurveda AG
Zweigstr. 10
D-80336 München
Tel.: 0049 (0)89-790468-0
www.ayurveda-seva.de
info@ayurveda-seva.de

Zeitschrift:
Ayurveda – Journal für ein gesünderes Leben
AYUS Publications Buko Hartmann
Fliederweg 12
D-21255 Kakenstorf
Tel.: 0049 (0)4108-4161775
info@ayus-publications.de

Internet-Portal:
Ayurveda-Portal
In der Lei 18
D-65527 Niedernhausen
Tel.: 0049 (0)6128-859184
www.ayuveda-portal.de

Wo kann ich nachlesen? Literatur

20

Ayurveda

Diehl E., Kiehl E. (2005) .Klassische Ayurveda-Massage. Urania Verlag, Neuhausen (Schweiz).

Grunert D. (2002) Bewegung und Sport im Ayurveda. CO'MED 7:20–22.

Leboyer F. (2004) Sanfte Hände – Die traditionelle Kunst der indischen Baby-Massage, Kösel-Verlag, München.

Ranade S. (1994) Ayurveda – Wesen und Methodik. Haug Verlag, Stuttgart.

Rhyner H. (2004) Das Praxis Handbuch Ayurveda. Urania Verlag, Neuhausen (Schweiz).

Swami Sada Shiva Tirtha (1998) The Ayurveda Encyclopedia. Sri Satguru Publications, Delhi.

Weise O. (2004) Momordica charantia. TABULA SMARAGDINA Verlag, Würzburg.

Zoller A., Nordwig H (1997) Heilpflanzen in der ayurvedischen Medizin. Haug Verlag, Stuttgart.

Ernährung

Feil W., Oberem S., Reichenauer-Feil A. (2005) Ernährungs-Coach. Haug Verlag, Stuttgart .

Rhyner H., Rosenberg K. (2003) Das große Ayurveda Ernährungsbuch. Urania Verlag, Neuhausen (Schweiz).

Kinder- und Jugendmedizin

Dorsch W., Sitzmann F.-K. (Hrsg.) (2003) Naturheilverfahren in der Kinderheilkunde. Hippokrates Verlag, Stuttgart.

Kast-Zahn A., Morgenroth H. (1997) Jedes Kind kann schlafen lernen. O & P Verlag.

Stier B., Weissenrieder N. (Hrsg.) (2006) Jugendmedizin – Gesundheit und Gesellschaft. Springer Medizin Verlag, Heidelberg.

Sportmedizin und Sport allgemein

Engelhardt M., Neumann G. (1994) Sportmedizin. BLV, München.

Grunert D. (2001) Fit, gesund und sicher Arbeitsbuch. Beim Autor, Nördlingen.

Grunert U., Grunert D. (2007) Yoga für Läufer. Knaur Verlag, München.

Huber E. G. (1988) Sport im Kindes- und Jugendalter aus ärztlicher Sicht. Marseille Verlag, München.

Koinzer K. (1997) Gesundheitssport mit Kindern und Jugendlichen. Johann Ambrosius Barth, Heidelberg, Leipzig.

Prokop L. (1986) Kinder-Sportmedizin. Gustav Fischer, Stuttgart, New York.

Sport bei Erkrankungen und Sportverletzungen

Lecheler J., Biberger A., Pfannebecker B. (1997) Asthma und Sport. INA, Berchtesgaden.

Luckstead E., Greydanus D. (1993) Medical care of the adolescent athlete. Practice Management Information Corporation, Los Angeles.

Luckstead E., Satran A., Patel D. (2002) Sport injury profiles, training and rehabilitation issues in American sports In: Pediatr Clin N Am 49 (2002) 753–767.

Yoga

Berufsverband Deutscher Yogalehrer (1991) Der Weg des Yoga. Verlag Via Nova, Petersberg.

Grunert U., Grunert D. (2006) Ayurveda-Yoga. Knaur Verlag, München.

Grunert U., Grunert D. (2007) Ayurveda-Yoga für die Wohlfühlfigur. Knaur Verlag, München.

Grunert U., Grunert D. (2006) Ayur VedaYoga – Yogaprogramme für die eigene Konstitution, 3 DVDs. pro literatur Verlag.

Tatzky B., Trökes A., Pinter-Neise J. (1995) Theorie und Praxis des Hatha-Yoga. Verlag Via Nova, Petersberg.

Danksagung

Dieses Buch konnte nur entstehen, weil ich die Unterstützung vieler Menschen hatte und immer noch habe.

Zuerst möchte ich meiner Frau Ulrike danken, die mir den Freiraum und die Zeit gab, um meine Ideen zu Papier zu bringen, und die mit konstruktiven Anregungen zum Entstehen dieses Buches einen wichtigen Beitrag geleistet hat.

Außerdem bedanke ich mich bei meinen Töchtern Birgit und Kristina, für die ich während der Entstehung dieses Buches nur wenig Zeit zur Verfügung hatte und von denen ich viel zum Thema Ausdauersport und Pferdesport gelernt habe.

Herrn Dr. Eberhard Leidig möchte ich danken, dass er mir für dieses Buch Bilder aus seinem großen Fundus zur Verfügung gestellt hat. Meiner Tochter Birgit möchte ich ebenfalls danken für ihre Bilder und Daten aus Neuseeland und für ihre Anregungen zum Thema Schule.

Außerdem bedanke ich mich bei meinen zahlreichen Lehrern. Hier möchte ich in Vertretung für alle meinen ehemaligen Chef und Lehrer an der Universitäts-Kinderklinik Tübingen, Herrn Prof. Dr. Bierich, erwähnen. Sein Wissen und seine Erfahrung, die er mir weitergegeben hat, und die Art, wissenschaftlich zu arbeiten und zu denken, die ich von ihm gelernt habe, sind letztlich Grundlage für dieses Buch.

Zum Abschluss noch ein Wunsch für alle Leser:

Ich wünsche Ihnen gesunde, fitte und intelligente Kinder und Jugendliche. Alle anderen Dinge können Sie sich kaufen.

Dr. med. Detlef Grunert

Jeder ist der Meister seines Schicksals; es ist an uns, die Ursachen des Glücks zu schaffen. Das liegt in unserer eigenen Verantwortung und nicht in der irgendeines anderen.

Der XIV. Dalai Lama)

Der Autor

Dr. med. Detlef Grunert
Arzt für Kinder- und Jugendmedizin
Ayurveda-Spezialist (SEVA)
Ultraschall-Ausbildungsleiter

Gemeinsam mit seiner Frau Ulrike Grunert (Yogalehrerin und Ayurveda-Therapeutin) hat er das Buch Ayurveda-Yoga und die DVD AyurVedaYoga veröffentlicht.

Schwerpunkte der Tätigkeit von Dr. Grunert sind u. a. Präventivmedizin (Gesundheitsvorsorge), Ayurveda (klassische indische Medizin), Sportmedizin, Asthma bronchiale, Allergien, Ultraschalldiagnostik. Seit vielen Jahren hält er Vorträge und Seminare zu den Themen Ayurveda, gesundheitsorientierter Sport, gesunde Ernährung, gesunde Lebensweise, Stressmanagement etc. Er führt in seiner Praxis sportmedizinische Leistungstests durch und erstellt Trainingspläne für jede Leistungsklasse.

Dr. Grunert ist aktiver Ausdauersportler (Langstreckenlauf und Radsport; früher Duathlon und Triathlon) und praktiziert seit vielen Jahren Yoga. Er hat mehrere Marathonläufe erfolgreich absolviert und zuletzt im Juni 2006 an dem Extremradrennen von Bordeaux nach Paris (615 km ohne Unterbrechung) teilgenommen. Nach gut 24 Stunden Fahrzeit erreichte er gesund und noch fit das Ziel.

Im Ayurveda-Zentrum in Nördlingen werden unter der Leitung von Dr. med. Detlef Grunert Ayurveda-Therapien durchgeführt.

Kontaktadresse:

Dr. med. Detlef Grunert
Medien und Fortbildung für die Gesundheit
Am Goldbach 18
86720 Nördlingen

Tel.: 0 90 81 - 60 15
Fax: 0 90 81 - 2 31 05
Email:
info@kinderarzt-noerdlingen.de
Internet:
www.kinderarzt-grunert.de
www.yoga-schule.de

Weitere Bücher aus dem Verlag Via Nova:

Gesund und leistungsfähig durch Ayurveda im Sport

Der ideale Sport für jeden Typ

Dr. med. Detlef Grunert

Paperback, 232 Seiten, 108 Fotos, 32 Grafiken, ISBN 978-3-86616-041-5

Sie werden sich sicher fragen: Was hat Sport mit Ayurveda zu tun? Welchen Nutzen habe ich persönlich für mich, meine Gesundheit, mein Wohlbefinden und meine Leistungsfähigkeit, wenn ich mich mit Sport und Ayurveda beschäftige? Habe ich als Leistungssportler einen Vorteil, wenn ich nach „ayurvedischen Richtlinien" trainiere? Diese und viele andere Fragen werden in diesem Buch beantwortet. Dabei wird das Wissen der modernen Sportmedizin mit dem Wissen von Ayurveda verbunden. Das Wissen dieser Jahrtausende alten Wissenschaft vom Leben ist höchst modern und aktuell. Es wird von vielen Menschen bereits bewusst oder unbewusst genutzt. Auch bekannte und erfolgreiche Hochleistungssportler wie z. B. die Biathletin Martina Glagow kennen die Vorzüge der ayurvedischen Denkweise und erweitern ihre Möglichkeiten mit Hilfe von Ayurveda! Das Ziel von Ayurveda ist ein langes, erfolgreiches Leben bei körperlichem und seelischen Wohlbefinden, bestmöglicher Gesundheit und hoher Leistungsfähigkeit. Ob Sie gesundheitsorientierten Sport betreiben oder Leistungssportler sind – dies sind sicher auch Ihre Ziele.

Sprechstunde mit dem inneren Arzt

Wecke die Heilkräfte in dir selbst

Matt Galan Abend

Hardcover, 160 Seiten, ISBN 978-3-86616-071-2

Dieses Buch ist vor allem für Laien geschrieben und erklärt in verständlicher Sprache, wie typische Verhaltensmuster zu ebenso typischen Krankheitsbildern, zu sogenannten Zivilisationskrankheiten führen wie Rückenbeschwerden, Tinnitus, Stress-Syndrom, Bluthochdruck, Sexualstörungen u. a. Der Autor beleuchtet auch den psychischen Hintergrund. Sein Modell der 5 Ebenen beweist, dass eine Erkrankung immer den ganzen Menschen betrifft.
Aber wie wir uns selbst krank machen, können wir uns auch selbst wieder gesund machen. Wir können die Gesundheit unserer unbegrenzten Geistebene auch auf unsere begrenzte körperliche Materie übertragen, indem wir uns unserer eigenen Kraft, heilsamer und unheilsamer Energiefelder bewusst werden, die Erkrankung als Aufgabe annehmen und die richtigen Techniken anwenden.
An praktischen Beispielen wird erklärt, wie wir uns selbst testen können, ob Medikamente uns nützen oder schaden, wie wir die Wirkung medizinischer Therapien beträchtlich steigern und vermeiden können, dass eine Krankheit chronisch wird.

Spirituelle Energiemedizin

Atlas der psychosomatischen Energetik – Band 2

Dr. Reimar Banis

Hardcover, Großformat, 272 Seiten, 110 farbige Abbildungen und Grafiken, ISBN 978-3-86616-055-2

In diesem Buch wird ein neues, ganzheitliches Weltbild sichtbar, das Psychologie, Spiritualität und Naturwissenschaften vereint. Der Autor sieht die eigentliche Ursache von Krankheiten in ungelösten seelischen Konflikten. Darüber hinaus begreift er sie als eigentliches Grundgerüst des menschlichen Bewusstseins. Zu den Kernthesen des Buches gehört die Idee der Wiedergeburt. Dabei bleiben bestimmte charakteristische Eigenschaften der Persönlichkeit ebenso wie traumatische Erfahrungen erhalten. Solche karmischen Vorprägungen führen nach Ansicht des Autors zur Ausbildung eines festgelegten Charakters, der viele Vor-, aber auch Nachteile hat. Letztere gilt es zu überwinden, um wieder zur verloren gegangenen Ganzheit der Seele zurückzufinden. Den eigenen Charaktertyp zu kennen ist wichtig, um zu einer tieferen Selbsterkenntnis zu kommen und besser mit anderen Menschen umzugehen. Insofern will dieses Buch auch ein praktischer Lebensratgeber sein.

Heilung und Neugeburt

Aufbruch in eine neue Dimension des Lebens

Barbara Schenkbier / Karl W. ter Horst

Hardcover, 272 Seiten, 30 Fotos, 10 Grafiken, ISBN 978-3-936486-57-5

Immer mehr Menschen suchen Auswege aus Einsamkeit und Trauer, Isolation und Sinnkrise. Sie sehnen sich nach Wärme und Licht, einem Aufbruch ins Leben, dem erneute Enttäuschungen und Niederlagen erspart bleiben. Barbara Schenkbier und Karl W. ter Horst geben anregende Impulse für den Aufbruch in eine neue Dimension des Lebens, für die spirituelle Neugeburt des Menschen. Diese Impulse sind begleitet von wegweisenden Ratschlägen für die Heilung von Seele und Körper. Die Autoren schöpfen aus der spirituellen Erfahrung einer neuen Dimension der Heilung und der Geschichte ganzheitlicher Heilverfahren aus dem göttlichen Feld. Die spirituelle Heilung wird ausführlich dargestellt. Mit einer bisher unveröffentlichten evolutions-psychologischen Methode ermöglichen sie dem Leser überraschende Einblicke in die verschlungenen Verläufe seiner eigenen Entwicklung. Alles Mitmenschliche und Kraftspendende, das dabei ans Licht des Bewusstseins dringt, bewerten die Autoren als Quellen von Heilung und Glück.

Yoga-Therapie

2. Auflage

Gesund und leistungsfähig durch Yoga und Ayurveda
Mit CD-Originalton von Sri T. Krishnamacharya

A.G. Mohan

Hardcover, 320 Seiten, 16 Graphiken, über 200 Zeichnungen, ISBN 978-3-936486-53-7

Dieses in seiner Art einzigartige Buch des bekannten Yogameisters A.G. Mohan erklärt aus authentischer Quelle

- die Kernprinzipien und Techniken des Atmens und der Bewegung im Yoga und der Yoga-Therapie, welche nötig sind, um einen besseren Gesundheitszustand und Stetigkeit des Geistes durch das Praktizieren von Asanas zu erreichen;
- wie man eine ausgewogene und schrittweise aufbauende Yoga-Praxis gestaltet. Und noch wichtiger, wie Sie sicherstellen, dass ihre Praxis nicht ein Ungleichgewicht in Ihnen schafft.
- die Prinzipien und Techniken der Pranayama-Praxis als Meditation und als ein Mittel, um bessere Gesundheit zu erreichen;
- die Grundlagen des ayurvedischen Vorgehens und die ayurvedische Ernährung im Besonderen;
- die Anwendung von Yoga und Ayurveda als Therapie, mit über 30 Fallstudien und detaillierten Erklärungen über die Hintergründe der Anwendung.

Dein Seelenhaus

Ein direkter Weg mit der Seele zu sprechen

Peter Reiter

Hardcover, 200 Seiten, ISBN 978-3-86616-062-0

Spielerisch die eigene Seele erkunden, Vorzüge und Defizite seiner Persönlichkeit in wenigen Minuten erkennen lernen und dabei auch noch Spaß und Entdeckerfreude haben – geht das? Ja, mit der hier vorgestellten und neu entwickelten Methode von Dr. Peter Reiter ist dies einfach.
Nicht nur, dass Sie endlich wissen werden, welche Talente und Fähigkeiten in Ihnen schlummern, Sie erkennen in diesem Bild des Seelenhauses sofort, schnell und sicher Ihre Defizite oder Bereiche, die der Zuwendung, Entwicklung und Heilung bedürfen. Sie verändern mit dem Umbau des Seelenhauses auch Ihre Seelenmuster und von da ausgehend auch Ihre äußere Erscheinung und Ihr Verhalten zur Mitwelt. Dies funktioniert bei Ihnen selbst wie auch bei Ihren Freunden, Kindern, Partnern oder Klienten und Patienten – eine kurze Bildmeditation genügt, um das Innere zu erfassen. Es geschieht mühelos, nur über eine entsprechende Visualisation und Absicht, denn die Lebensenergie folgt den Gedanken oder Bildern.

Heilung durch unbegrenzte Energien

Ein Selbsthilfeprogramm für jedermann – Audio-CD mit Heil-Gesang des Autors
Peter K. Keller

Hardcover, 176 Seiten, 3 Grafiken, ISBN 978-3-86616-033-0

Dieses neue, einzigartige Selbsthilfeprogramm gibt einen Schlüssel in die Hand, das gesamte menschliche Potenzial zu erschließen. Es zeigt auf anschauliche Weise, wie sich jeder an ein unendliches Energie-Reservoir anschließen und stets daraus schöpfen kann. Dabei erhält der Leser wertvolle Anregungen, um ein positives Selbstbild aufzubauen, das geeignet ist, das Leben erfolgreich zu gestalten. Wichtige Erkenntnisse der modernen Wissenschaft, der Kunst und Religion über das Thema des Buches werden zusammengefasst. Der Verfasser wendet sie in seinem Buch an und bezieht die verschiedenen Wahrnehmungskanäle des Menschen mit ein. Er benutzt unter anderem hierfür ein Energiebild, in dessen Heilwirkung der Leser sofort einsteigen kann. Außerdem hat der Autor eingängige Lieder komponiert, die uns wie gute Freunde begleiten. Sie helfen uns, loszulassen und neu anzufangen, vermitteln uns eine positive Lebens-Einstellung und befreien uns von alten, krank machenden Konditionierungen. Der Autor selbst war so krank, dass er von den Ärzten aufgegeben wurde. Er heilte sich aus eigener Kraft und gibt in diesem Buch seine Erkenntnisse und Erfahrungen weiter.
Yehudi Menuhin über den Heil-Gesang des Autors: „Ich war sehr berührt."

Das Geheimnis der richtigen Schwingung

Anleitung für ein wunder-volles Leben

Jill Möbius

2. Auflage

Hardcover, 232 Seiten, ISBN 978-3-86616-000-2

Alles, so die Autorin, ist eine Frage von Schwingung und Resonanz. Auf fundierte und leicht verständliche Weise vermittelt dieses Buch, wie das Resonanzprinzip als grundlegendes Gesetz unsere Realität, unseren Körper und unser Schicksal prägt – und wie wir dieses Wissen spielerisch nutzen können, um ein erfülltes und erfolgreiches Leben zu gestalten: Wie es wirkungsvoll gelingt, die Realität im Voraus so zu programmieren, dass sich Wünsche erfüllen und sogar Wunder möglich werden; wie man effektive, kraftvolle Wege der Selbstheilung nutzt, um Gesundheit, Jugendlichkeit und Vitalität zu steigern; wie man inneren Frieden findet und es schafft, in jeder Situation in sich selbst zu ruhen; wie man seine Schöpferkraft wirksam einsetzt, um eine friedvolle globale Zukunft mit zu erschaffen. Viele wirkungsvolle Übungen ermöglichen die direkte Umsetzung der Erkenntnisse im Alltag. Ein unterhaltsames, praxisnahes Handbuch zur Steigerung des Bewusstseins, der Lebensfreude und Lebensqualität.

Licht – Quelle des Lebens und der Liebe

Heilung und innere Harmonie mit Licht und Farben

Diethard Stelzl

Hardcover, Großformat, 336 Seiten, 119 farbige Fotos, 179 farbige Grafiken,
ISBN 978-3-86616-039-2

Das vorliegende Buch des Erfolgsautors Dr. Diethard Stelzl legt überzeugend und wissenschaftlich fundiert dar, wie jedes Leben seine dynamische Energie, aber auch kosmische Informationen und Ordnungsstrukturen durch das Licht und seine Farben erhält. Es zeigt auf, wie Menschen auf diese Farben und ihre Frequenzen sowie auf farbige Gegenstände (z. B. Pflanzen, Steine, Nahrungsmittel) und unterschiedliche Lichtverhältnisse reagieren. Dieses Buch macht bewusst, dass Lichtenergie sowohl einzelne Zellen, Organe und Lebewesen als auch kosmische Bewegungen und Abläufe beeinflusst. Wissen und Heilmethoden älterer Kulturen werden mit neueren wissenschaftlichen Erkenntnissen verknüpft, damit der Leser diese nutzen kann für seine Orientierung im Alltag, um Störungen zu vermeiden, entsprechende Probleme zu lösen und ganzheitlich eine Atmosphäre des Wohlbefindens, Wohlwollens und der Heilung in sich und in seiner Umwelt zu schaffen.

Heilung des Körpers durch den Geist

Krankheit als körperlicher Ausdruck psychischer Störungen

3. Auflage

Chuck Spezzano / Janie E. Patrick

Hardcover, 192 Seiten, 3 farbige Poster, ISBN 978-3-936486-01-8

Das Buch geht von der engen Verbindung und Wechselwirkung Körper – Geist/Seele aus und versteht den Körper als Spiegel der Seele. Wir projizieren unsere inneren Konflikte auf ihn und in ihn und verkörpern sie auf diese Art und Weise. Der Körper antwortet mit Symptomen, die wir als bildhaften Ausdruck und Sinn-Bild dessen verstehen können, was wir als Konflikte in unserem Innern vor uns selbst verleugnen, verbergen und verdrängen. Diesen Ansatz greifen die Autoren auf. Sie nehmen die körperlichen Symptome als Signale unseres Inneren, entschlüsseln und lesen sie. Sie nutzen dazu mehrere Ausgangspunkte wie die Funktion des betroffenen Körperteils oder Organs, seine Bezeichnung, Sprichwörter und Redewendungen usw. und fragen: Was will uns der Körper mit diesem Symptom, mit der Störung gerade an diesem Teil oder Organ sagen? Ist in diesem Punkt Klarheit gewonnen, so ist der Zeitpunkt gekommen, das seelische Problem zu lösen und wieder gesund zu werden.

Wo Engel gehen auf leisen Sohlen

Wie Sie Beziehungen erfolgreich und harmonisch gestalten können

2. Auflage

Chuck Spezzano

Hardcover, 304 Seiten, ISBN 978-3-86616-056-9

„Narren stürmen blind voran, wo Engel gehen auf leisen Sohlen." Unter diesen von dem britischen Schriftsteller Alexander Pope geprägten Satz stellt Chuck Spezzano sein neues Buch. Wieder einmal geht es um menschliche Beziehungen, und wieder einmal ist es dem weltbekannten Lehrer und Experten in der Kunst von Beziehungen hervorragend gelungen, seine neuesten Erkenntnisse auf unterhaltsame, spannende und zugleich unnachahmlich humorvolle Weise zu Papier zu bringen. In 101 abgeschlossenen Kapiteln zeigt er anhand zahlreicher „wahrer Begebenheiten" aus seinem eigenen Leben und praktischer Beispiele aus den unzähligen Seminaren, die er seit vielen Jahren auf der ganzen Welt leitet, in welche Beziehungsfallen Menschen tappen und wie sie sich schnell und erfolgreich daraus lösen können, um ihre Beziehungen zu einem wahren „Kunstwerk" zu gestalten. Der „neue Spezzano" zeigt einmal mehr richtungweisende psychologische und spirituelle Wege auf, die uns zu glücklichen Beziehungen und damit auch zu einem glücklicheren Leben führen können.

Wenn es verletzt, ist es keine Liebe

Die Essenz des Bestsellers
Hörbuch mit 3 CDs – gelesen von Werner Vogel

Chuck Spezzano

Hörbuch mit 3 CDs, ISBN 978-3-86616-066-8

Die Weisheit der Liebe, die der Verfasser des Bestsellers in jahrzehntelanger Forschungsarbeit als Psychotherapeut, als weltweit bekannter Seminarleiter, als visionärer Lebenslehrer und als Begründer der „Psychology of Vision" entdeckt und in klare Weisungen umgesetzt hat, verwandelt den Menschen und berührt sein wahres Wesen, das Liebe ist. Die wichtigsten Aussagen des Buches sind in dem Hörbuch zusammengestellt. Durch die nach jedem Abschnitt angebotenen Übungen kann das theoretisch Erkannte auch in den praktischen Alltag umgesetzt werden, dann wird das Hörbuch zu einem Wegbegleiter und Ratgeber in bedrängenden Beziehungsnöten. Eine begleitende spirituelle Musik führt noch stärker in die Tiefe und verstärkt die Wirkung der Übungen. So werden Sie Schritt für Schritt in die wichtigsten Grundprinzipien der Liebe eingeführt, reifen in Ihrer Selbsterkenntnis und können Ihre Beziehungen in Partnerschaft und Freundschaft neu ordnen, vertiefen und intensivieren.

Mit Yoga Nidra das Leben meistern

Das Energiepotenzial des Unbewussten erkennen und die Kreativität der Alpha-Ebene nutzen

Anna Röcker

Hardcover, 224 Seiten, ISBN 978-3-86616-069-9

Leicht erlernbare „magische" Praktiken ermöglichen es auf verblüffend einfache Weise, die Fähigkeiten des Geistes optimal und zielgerichtet zu nutzen. Auf verschiedenen Stufen führt Yoga-Nidra von einer ganzheitlichen, tiefen Entspannung bis hin zur Lösung von alten Mustern und Blockaden sowie Programmierungen aus der Kindheit. Davon frei zu werden eröffnet völlig neue Möglichkeiten, die innere Stimme zu hören und das eigene kreative Potenzial zu entwickeln und für die eigene Lebensgestaltung einzusetzen. Im besten Sinne führt Yoga-Nidra nicht nur zur eigenen Weiterentwicklung und inneren Freiheit, sondern zur Mitgestaltung und Erhaltung der Schöpfung. Yoga-Nidra ist für jeden Menschen geeignet, da es sich um ein in sich schlüssiges System handelt. Das uralte Yoga-Nidra-Wissen wird damit zum Schlüssel für die „neue Zeit", von der die moderne Gehirnforschung spricht.

Das Geheimnis der ewigen Jugend der Derwische

Einführung in die 7 höheren Arkanas
Ein Praxisbuch

Idris Lahore – Ennea Tess Griffith – Emma Thyloch

Hardcover, 204 Seiten, über 250 farbige Fotos, ISBN 978-3-86616-075-0

Die Kunst, die Philosophie und die Wissenschaft der Bewegungen der sieben höheren Arkanas werden von Derwischen in ihren geheimen Bruderschaften seit undenklichen Zeiten praktiziert. Die Kunst der Bewegungen des Samadeva steht sowohl dem Yoga als auch dem Tai Chi Chuan und dem Tanz nahe.
In diesem Buch werden die sieben grundlegenden Arkanas, die von den Derwischen auch „Übungen der Verjüngung" genannt werden, dargestellt. Sie sind sehr einfach und dennoch außerordentlich belebend. Sie kräftigen den Körper und schenken ihm Gesundheit, Energie, Beweglichkeit und Entspannung. Sie bringen die Psyche ins Gleichgewicht, verlangsamen den Alterungsprozess, erneuern den Geist und lassen ihn klarer und lebendiger werden. Diese wirklich bemerkenswerten Übungen harmonisieren und stimulieren unsere körperlichen, emotionalen und mentalen Kräfte, und sie helfen uns, den Situationen des Alltags gelassener, fröhlicher und kreativer zu begegnen. Anhand zahlreicher Detailphotos werden die Übungen im vorliegenden Buch sowohl einfach als auch wirkungsvoll beschrieben.

Lachen ohne Grund

2. Auflage

… eine das Leben verändernde Erfahrung

Madan Kataria

Paperback, 208 Seiten, 45 Fotos, 18 Grafiken, ISBN 978-3-928632-93-5

Voller Witz und doch eindringlich schildert der Verfasser in diesem Buch, wie die Lachbewegung in Indien entstand, wie er die ersten Lachclubs in seiner Heimatstadt Mumbai (Bombay) gründete, ohne sich von der Ironie und dem Spott seiner Mitmenschen beirren zu lassen, und wie die Bewegung sich langsam, aber sicher zunächst über ganz Indien und schließlich über die ganze Welt ausbreitete. Er führt uns die gesundheitlichen Vorteile vor Augen, die das regelmäßige Lachen in unserer gehetzten und stressbeladenen Zeit nicht nur unserem Körper, sondern auch unserem Gemüt zu bieten hat. Auf wunderbare Weise verknüpft er die verschiedenen, von ihm selbst entwickelten Formen des Lachens, wie das herzliche Lachen, das stille Lachen, das Löwen-Lachen, das aufschwingende Lachen, das Ein-Meter-Lachen und das Cocktail-Lachen, mit Atem- und Dehnübungen, die ihren Ursprung im Yoga haben. Er zeigt uns, wie wichtig das Lachen für unseren Alltag ist und in welchem Maße es unsere Einstellungen und unser Leben verändern kann.

Erleuchtet leben

Ein Aufruf zur Evolution über das Ego-Bewusstsein hinaus

Andrew Cohen

Hardcover, 112 Seiten, ISBN 978-3-936486-26-1

In 20 Kapiteln behandelt der bekannte amerikanische spirituelle Lehrer Andrew Cohen in Form von Antworten auf spirituelle Fragen das Thema der persönlichen geistigen Entwicklung und wie sie mit der Entwicklung des Bewusstseins der Menschheit zusammenhängt. Bewusstsein kann sich nicht über einen bestimmten Punkt hinaus entfalten, wenn Menschen nicht aus ganzem Herzen und voll bewusst an diesem Prozess teilnehmen. Und damit das geschehen kann, müssen wir uns zur Verfügung stellen. Das Buch bietet einen oft sehr persönlichen Einstieg in spirituelle Fragen. Es verbindet buddhistische und jüdische Betrachtungsweisen mit dem wissenschaftlichen Denken, der Evolutionstheorie und dem ewigen Ruf der Mystik, die zur eigenen Innenschau einlädt. Das Buch möchte ein Begleiter für Suchende auf dem Weg sein, der die Pilger bei ihrer Lebensreise immer wieder auf überraschende und herausfordernde, dabei jedoch freundschaftliche Weise damit konfrontiert, selber Erfahrungen zu machen, eigene Anschauung zu gewinnen, sich dem Leben ganz anzuvertrauen. Das Vorwort hat Ken Wilber geschrieben.